JN260842

宗教の世界史 2

ヒンドゥー教の歴史

立川武蔵 著

山川出版社

沐浴する女性　罪を浄める。これはヒンドゥー教徒にとってもっとも大切なことである。水，とくにガンジス川の水には罪を浄める力があると信じられている。(ヴァーラーナシー，ダシャーシュヴァメーダ沐浴場にて)

「死を待つ家」ムクティ・バヴァンでの夕べの祈り　樹木には聖なる力があるとヒンドゥー教徒は信じている。紫蘇（しそ）の仲間の薬草トゥルシーは，神への供物としても用いられる。毎夕，リンガ・ヨーニ（シヴァとその妃のシンボル）にトゥルシーの葉が捧げられる。（ヴァーラーナシーにて）

樹木崇拝　インドでは町のあちこちに巨木が立っており，それらの木々は聖なるものとして崇められる。人人はそれらの木に神が宿るとも，木そのものが神であるとも考える。毎日人々はそれらの木々に供物を供えて礼拝する。（ヴァーラーナシーにて）

秋のドゥルガー祭におこなわれたホーマ
古代インドではバラモン僧たちにより彼らの義務として定期的にホーマ（火への奉献，護摩）がおこなわれた。この古代の儀礼の伝統は，今日のヒンドゥー教にも伝えられている。（ヴァーラーナシーにて）→ 29 頁参照

象面神ガネーシャへのプージャー　ヒンドゥー教ではホーマとプージャー（供養）が代表的な儀礼である。プージャーとは，花，線香，灯明，水，果物などの供物を差し出して神を崇めることをいう。（ヴァーラーナシーにて）→ 34 頁参照

結婚儀礼　人生の節目におこなわれる人生儀礼（通過儀礼）のなかで，結婚式はもっとも重要である。ガンジス川を訪れた新婚夫婦はバラモン僧より祝福を受ける。新婦のサリーの端と新郎の肩掛けは結ばれていた。（ヴァーラーナシーにて）

すりつぶしたウコンの実が新婦のサリーに付けられる。（アジャンタにて）

葬送儀礼　人の一生は死で終わる。その最後を葬儀が飾る。2本の竹に布を渡したタンカで遺体は運ばれる。遺体を覆う布が赤であれば女性，黄であれば男性である。(ヴァーラーナシーにて)

亡くなった親族を思いながら，遺族は団子をつくり，亡くなった人の霊に捧げる。今日のヒンドゥー教では中国や日本におけるほど重要ではないが，祖先崇拝がおこなわれている。米粉で団子がつくられている。

(ヴァーラーナシーにて)

ダサラーで壺のなかに種を蒔く信者　秋にはドゥルガー女神の大祭があり，各地方でさまざまなかたちの祭りがおこなわれる。元来は収穫を祝う祭りであったらしく，各家庭では壺のなかで麦などの種を蒔き，その若芽を神に捧げる。マハーラーシュトラ州では，ダサラー（十日目祭）と呼ばれる。（エローラにて）→ 286 頁参照

ダサラー第１日目，戸主が種を入れた壺を祭壇に捧げる。（エローラにて）

ダサインでおこなわれるパチャリ・バイラブの行列　ネパールでは秋のドゥルガー女神の大祭はダサインと呼ばれる。この祭りでカトマンドゥ盆地は2週間，湧きかえるのである。シヴァの畏怖相バイラブ（バイラヴァ）の面を付けた壺から酒が振る舞われる。（カトマンドゥにて）

ナーガ・パンチャミー祭の護符を貼る人たち　7～8月には蛇（ナーガ）への供養祭ナーガ・パンチャミーがインドやネパールでおこなわれる。カトマンドゥ盆地では護符が家の壁や軒に貼られる。（カトマンドゥにて）→283頁参照

クンブ・メーラーに集まった人々　インドの4つの場所（ハリドワール，アッラーハーバード，ウッジャイン，ナーシク）では12年ごとに「クンブ・メーラー」（壺のなかの甘露を求めての集まり）がおこなわれる。インドラ神の息子が天界から盗んだ甘露の壺をかの4場所に1日ずつ隠したという神話に基づく祭りである。（アッラーハーバードにて）

第2巻

ヒンドゥー教の歴史

◈目次

ヒンドゥー教の歴史

序章　ヒンドゥー教の世界

ヒンドゥー教とは何か

「インド」と聞いて多くの日本人は「お釈迦《しゃか》さんの国だ」と答える。それはそれで間違いではないのだが、インドの歴史において仏教が占める位置はむしろ小さなものである。アジアの文化・歴史における仏教の位置はまことに大きい。しかし、インドには結局は仏教を呑み込んでしまった巨大勢力を誇る宗教がある。ヒンドゥー教（ヒンドゥイズム）である。現在インドの総人口（約一二〜一三億）の約八割がこの宗教の信徒である。つまり日本の総人口の約八倍のヒンドゥー教徒が存在するのである。

インドはじつに広い。その面積は三二八万七五九〇平方キロであり、日本の総面積（三七万七九三〇平方キロ）の約八・七倍である。インドの南端から北端まで行くには飛行機でも四〜五時間かかる。その広大な全領域においてヒンドゥー教は、その前身ともいうべきバラモン教を含めるならば、約三五〇〇年のあいだインド精神文化の柱でありつづけてきた。インド人一人一人がこの事実を誇りに思っている。

今日の世界においてインド文明圏は無視できない。ヒンドゥー教は人類の精神の一つの柱と考えるべきであろう。日本文化もまたヒンドゥー教から多くのものを受け取ってきた。

ヒンドゥー教を一つの宗教というのは、誤解を招くかもしれない。なぜなら、ヒンドゥー教は信仰や儀礼にのみかかわるのではなく、インド人の法律、芸術、建築など人々の生活のほとんどすべてにかかわる規範だからである。かつて「ヒンドゥイズム」は「インド教」(ヒンズー教)と呼ばれたこともあったが、「ヒンドゥイズム」(Hinduism)という名称は、文字通りには、インド主義を意味する。要するに、インド人たちの生き方といってもよいであろう。「ヒンドゥー」は、元来、川、とくにインダス川を意味した「シンドゥ」(sindhu)という語がペルシアに伝えられてインドを意味する語となった。さらに英語の「ヒンドゥー」(Hindu)となって、インド教徒すなわちヒンドゥー教徒を指す語になったと考えられる。

仏教やヒンドゥー教といったインドの宗教のキーワードとして「世界」「神」および「人間」があげられる。これらの三つのキーワードが指し示す三要素(世界、神、人間)は、インドの宗教の大枠を理解するためのみではなくて、西洋文化の主軸となってきたユダヤ・キリスト教的伝統の大枠を知るためにも有効であろう。すなわち、それらの三要素がそれぞれの宗教においてどのような関係にあるかを知るならば、その宗教の基本的な考え方がわかるように思われる。

例えば、ユダヤ・キリスト教的な考え方にあっては、まず創造主としての神が存在して、次にその神の被造物としての人間と世界が存在すると考えられる。この伝統にあっては、神と被造物とのあいだには越えることのできない断絶がある。それゆえに、この伝統にあっては被造物としての人間が魔女のように人間の力を超えた超自然的能力を有することは許されないことであった。一方で人間たちは、自分たちの生活のための素材として自然という世界を用いることを神から許されていた。

ヒンドゥー教や仏教におけるかの三要素の位置関係は、ユダヤ・キリスト教の場合とは大きく異なる。キリスト教的な考え方では、すでに述べたように、まず神、次に人間、そして世界という順序でかの三要素があげられる。一方、インド的世界では、神、世界、人間が「縦の序列」ではなくて、いわば横に同列に並ぶ。ヒンドゥー教にあっては世界と神、あるいは人間と世界のあいだにキリスト教におけるような断絶は存しないのである。ヒンドゥー教では、神は世界であり、世界は神である。さらに神あるいは宇宙の根本原理ブラフマンと個々の人間の有するアートマン（自己、我《が》）が本来同一であるというのが古来、インド精神のテーゼであった。すなわち、インドでは神は人間であり、人間は神である。ヒンドゥー教的世界観においては、キリスト教におけるような神と人間との断絶は想定されていない。

本書においては「聖なるもの」を重要な基礎的な概念として用いたい。ほとんどの宗教において人々を畏怖させるかあるいは崇めさせるか、ともかくも威力あるものとして人々を捉える何ものかの存在が認められているが、その何ものかを、ドイツの宗教哲学者R・オットーやルーマニア出身でのちにシカゴ大学教授であった宗教学者M・エリアーデたちは「聖なるもの」と呼んだ。本書においても、オットーやエリアーデの概念の規定の仕方と同一ではないが、基本的にはかの先達《せんだつ》たちに倣って「聖なるもの」という概念を用いたい。

ヒンドゥー教徒は、世界に対して神と等しいものとしての「聖なる」価値を与えた。また、それぞれの人間の自己（我）は宇宙の根本原理と本質的には一体のものであるゆえに、人間も「神」に等しく「聖なるもの」であると考えられた。本書では、ヒンドゥー教において世界がいかにして「聖なるもの」としての意味をもつに至ったのか、を考えたい。

インド世界の統一性

ヒンドゥー教は、神、世界、人間に等しく「聖なるもの」としての価値を認める一方、現実の社会生活のなかにあっては人間のなかに厳然とした階級的区別を認めた。すなわち、ヒンドゥー教は僧侶（ブラーフマナ）、武士（クシャトリヤ）、庶民（ヴァイシュヤ）および隷民（シュードラ）という四つの階級より構成されるヴァルナ制度を土壌として発展してきた。この土壌のないところでは、少なくとも二十世紀中葉までは、ヒンドゥー教は存続できなかった。ヴァルナ制度の存在しない地域にヒンドゥー教が伝播することはなかったが、この制度を必要としない仏教は中央アジア、東アジアなどに伝播することができた。

ヒンドゥー教は何千年にもわたって人種や言語の異なるさまざまな民族を一つの世界にまとめてきた。ここにヒンドゥー教（ヒンドゥイズム）の特質がある。そのような多様な民族の統一を可能にした要因の一つがヴァルナ制度であることに疑いはない。もっともこの階級制度がさまざまな側面で人々の生活や思想を拘束・制限してきたということは否定できない。現在、インドではこのヴァルナ制度は公的には存在していないことになっているが、この制度の名残は人々の生活の諸側面においてさまざまな問題を引き起こしている。

インドではいくつかの中央集権的国家が成立したが、それらの国家権力がインド三千年の歴史を一つにまとめてきたわけではない。元来、ヒンドゥー教にはカトリック教会にみられるような教皇を頂点と

パキスタン
パンジャーブ
チャンバー
ハラッパー
モヘンジョ・ダーロ
インダス川
ラージャスターン
ハル(ハリ)ドワール
デリー
ヤムナー川
マトゥラー
ネパール
カトマンドゥ
ブータン
ラクナウ
サールナート
パトナ
ガンジス川
バングラデシュ
グワリオール
アッラーハーバード
ヴァーラーナシー
ボード・ガヤー
デオーガルフ
ビハール
パールフト
コルカタ
サーンチー
ウダヤギリ
ウッジャイン
グジャラート
ヴィンディヤー山脈
バローダ
ナルマダー川
オリッサ
マハーラーシュトラ
ブヴァネーシュヴァル
コナーラク
プーリ
アジャンタ
ナーシク
エローラ
オーランガバード
ゴーダーヴァリー川
エレファンタ
ラフリ
ムンバイ
プネー
(旧プーナ)
キストナ川
アマラーヴァティー
アイホーレ
バーダーミ
パッタダカル
ナーガールジュナコーンダ
カルナータカ
ハーレービド
チェンナイ
カーンチープラム
マハーバリプラム
タミル・ナドゥ
ティルチラーパッリ
タンジョール
マドゥライ
カニヤークマーリー
スリランカ
コロンボ
南アジア

したピラミッド型の堅固な組織はなかった。ヒンドゥー教において学的知識、儀礼の実際に関する知識、身体技法の伝授などは基本的には親から子へ、あるいは師から少人数の「内弟子」へという方向で伝えられたのであって、大僧院を中心とした学習形態によったのではなかった。一方、インドの仏教は僧院主義を採用していた。もともと仏教は出家者たちのためのものであって、家庭のなかで仏教に関する知識や技法の伝授がおこなわれるということは考えられなかった。

インドにはローマ・カトリックのような政治的権力をも合わせもつような宗教的組織はなかった。それにもかかわらず、インドでは伝統的知識や技法が極めて正確に、しかも長期にわたって伝えられた。そして、それらの知識や技法はヴァルナ制度を通じてヒンドゥー社会を支配する強力な道具となった。M・ウェーバーはインドにおけるこのような現象を説明するためにジェンティル・カリスマ(氏姓霊威)という概念を導入した。「カリスマ」とは、モーセ、イザヤといった卓越した指導者などが有する精神的資質を意味し、元来は個人に帰属する霊的な指導力(霊威)のことであった。

古代インドのヴェーダの宗教やヒンドゥー教にあっては、強力な個々の指導者にカリスマが属するというよりは、それぞれの一族あるいは家にカリスマが属するとウェーバーは考え、「ジェンティル・カリスマ」と名づけたのである。国家権力によってではなく、氏姓に存する宗教的権威によってインドを一つの世界としてまとめてきたというのである。

ユダヤ・キリスト教的伝統にあっては、神に与えられる聖性と人間に与えられるそれとのあいだには大きな開きがあった。しかし、ヒンドゥー教にあっては宇宙の根本原理としての神と輪廻の世界に沈む人間たちのあいだには質的な差異はなかった。僧侶階級（バラモン）たちは、ヴァルナ制度の最高位に位置しながら、宇宙の根本原理、現象世界、そして人間たちすべてに「聖なるもの」としての意味を与えた。さらにバラモン僧たちも「聖なるもの」とみなされた。この僧侶階級に与えられた「聖なるもの」の意味こそ、僧侶階級の有する「ジェンティル・カリスマ」がヒンドゥー社会において現実的に機能した結果であった。

宇宙の根本原理と人間たちのあいだに質的な差異がないといいながら、ヒンドゥー教徒たちは長い期間ヴァルナ制度のもとで社会的差別を認めてきた。神と人間とのあいだに差別がなかったことが、人間たちのあいだの差別を生むことに繋がったのであろうか。もしもそうであるならば、バラモンたちが世界、人間、そして宇宙の根本原理に与えた宗教的根拠つまり「聖なるもの」としての意味は、今日のわれわれにとって意味があるのか。もしあれば、われわれはそれをどのように受け取るべきなのか。

このような疑問に答えつつ、ヒンドゥー教の歴史を概観しようとするのが本書の狙いである。

ヒンドゥー教の広がり

ヒンドゥー教の歴史を考えるにあたってはじめに述べておかねばならないことがまだ二つある。第一は「ヒンドゥー教」が伝播した地域の問題である。従来、ヒンドゥー教といえば、インドおよびネパールにおけるヒンドゥー教を考えるというのが一般的であった。しかし、十三〜十四世紀まではヒンドゥー教はベトナム、カンボジア、ジャワなどにおいてかなりの勢力を有していたのである。ベトナム、カンボジアに残るヒンドゥー教遺跡をみるならば、それらの地域には明らかにインド・ネパールにおけるヒンドゥー教に似た崇拝形態が存在していたことがわかる。

インドネシアのバリ島においては今日も「ヒンドゥー教」と呼ばれる形態が残っているが、バリの「ヒンドゥー教」がインド・ネパールのヒンドゥー教と同種の宗教であるか否かについては研究者の意見が分かれている。本書はインドネシアのバリ島にもインド亜大陸のヒンドゥー教とはかなり異なってはいるが、ヒンドゥー教が存在するという立場に立っている。もしもバリ島にみられるヒンドゥー教を「ヒンドゥー教」と呼ぶべきではないというならば、日本の仏教は「仏教」ではないであろう。日本の仏教もインドの仏教、とくに初期仏教とは大きく異なっているのである。

今日、ヒンドゥー教とは何かという問いに答えようとするならば、インド、ネパールに加えて、ベトナム、カンボジア、インドネシアなどの東南アジア諸国において存在していたヒンドゥー教、さらにはバリ、シンガポール、タイなどに残る現在のヒンドゥー教も視野に入れるべきであろう。われわれは「ヒンドゥー教とは何か」「仏教とは何か」という問いに対して全アジア的な見地から考えなければならないときに至っている。したがって、本書では東南アジアのヒンドゥー教について独立の章を設けることにした。

もう一つの問題は「ヒンドゥー教」という名称がインドにおける諸宗教のうち、どの形態を指しているのかということである。インドにはじつにさまざまな宗教が存在する。その諸宗教のうち、どれがヒンドゥー教であると考えるかという問題に答えることは簡単ではない。キリスト教、イスラーム教、シーク教、仏教、ジャイナ教、パーシー教などを除いたインドの宗教がヒンドゥー教であるということはできない。例えば、ヒマーラヤ地方にはいま列挙した諸宗教とは接触がない呪術的な地域的宗教が存在するが、この種の宗教がヒンドゥー教に属すということはできない。またインドの大都市のなかで千年あるいはそれ以上の長い期間、正統バラモンたちのヒンドゥー教的伝統と接触して存在していながら、正統バラモンたちからはしばしばヒンドゥー教の一部とみなされていない崇拝形態がある。そのような形態は第四の階層シュードラおよびさらにその「下」の階層にみられる。そのような異端の宗教形態に属する人口は明らかに一億を超えており、決して無視できる数ではない。

「ヒンドゥー教」とは何か、という問いに関して研究者たちのあいだでも理解は一致していない。本書ではこのような低い階層の宗教もヒンドゥー教のなかに含める立場に立っている。

ヒンドゥー教の時代区分

インド文化史は次のような六期に分けることができる。

第一期　インダス文明の時代　　紀元前二五〇〇〜前一五〇〇年

第二期　ヴェーダの宗教の時代(バラモン教の時代)　　紀元前一五〇〇〜前五〇〇年

第三期　仏教などの非アーリヤ系文化の時代　　紀元前五〇〇〜紀元六五〇年

第四期　ヒンドゥー教興隆の時代　　紀元六五〇〜一二〇〇年

第五期　イスラーム教支配下のヒンドゥー教の時代　　紀元一二〇〇〜一八五〇年

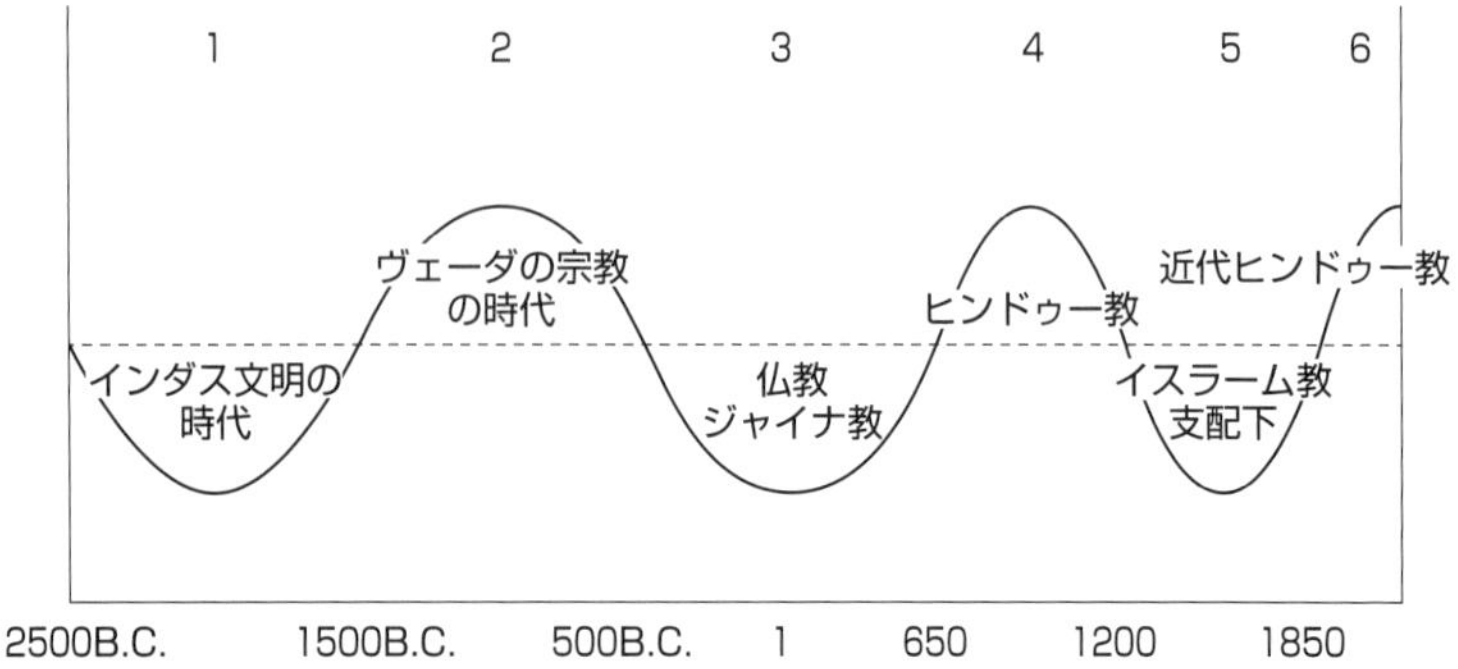

インド文化史の時代区分

第六期　ヒンドゥー教復興の時代　一八五〇年以降

このようなインド文化史の時代区分は上のような図によって示すことができよう。

第一期のインダス文明の時代は紀元前二五〇〇〜前一五〇〇年といわれている。これはインダス川流域パンジャーブ地方(パキスタン北部)に栄えた都市文明の時期である。おそらくはカブール谷あたりからアーリヤ人がこの地方に侵入してきた。この侵入の時期はこれまで前一五〇〇年頃といわれてきたが、最近では前一九〇〇年頃あるいは前二〇〇〇年頃であったという説も出されている。アーリヤ人がヴェーダ聖典を中心に儀礼をおこなった時期が前一五〇〇年頃(あるいはそれ以前)から前五〇〇年頃であるが、この時期が第二期の「ヴェーダの宗教の時代」あるいは「バラモン教の時代」である。

パンジャーブ地方に侵入したアーリヤ人は、千年をかけて東インドに向けて移動していった。アメリカにおける西部開拓のように、インド・アーリヤ人たちはインド平野を開拓していったのである。東インドに到着した頃には、彼らの生産様式や生活形態が変わっており、ヴァーラーナシー（ベナーレス、カーシー）などの多くの都市ができ、農業を中心とした生活を営む人々の数は増えていた。このような状況のなかで釈迦（ブッダ）の仏教が誕生したのである。ジャイナ教の開祖ジナもほとんど同じ時代の人である。仏教とジャイナ教が、比較的勢力を保った時代が第三期、すなわち前五〇〇年から紀元六五〇年である。この間、とくに前三〜前二世紀から紀元三〜四

デカン高原によくみられる平坦な段丘面　大規模な火山活動の痕跡を示す景観は「デカントラップ」と呼ばれている。デカン高原はインド半島部の主要部分を占め，南インド文化の舞台となった。「デカン」とは「南」つまりインド半島中央部を流れるナルマダー川の南を意味する。この川の北はガンジス川流域を中心とするインド平原であり，北インド文化を育んだ。ムンバイから東に車で走り，デカン高原を南北に走る西ガーツ山脈を登ったあたりから，写真にみるような丘が続く。岩肌をむき出しにした岩山が多い。プネー郊外(214頁参照)。

アジャンタ石窟　古代インドの仏教遺跡。デカン高原の「岩肌」がむき出しになったところに石窟がつくられた。虎狩りにきたイギリス人官吏が写真のような光景を目にしたとき，入り口上部がアーチ形になっている石窟があるのに気づき，アジャンタ石窟発見となったという。マハーラーシュトラ州。

世紀頃までは、インド商人たちはローマ世界との交易を通じて財を蓄積した。通貨共通性を設け、財を蓄積し、その財によって商人たちは仏教をサポートしたのである。

しかし、五世紀半ばに西ローマ帝国が亡び、六世紀にグプタ朝が亡ぶと、インド商人たちは力を失っていった。六世紀頃、仏教の勢力と徐々に台頭してきたヒンドゥー教の勢力は拮抗するようになり、七世紀にはヒンドゥー教の力が仏教のそれを凌ぐようになる。

インド文化史の第四期はヒンドゥー教が勢力を得ていた時代であった。この時期にはヒンドゥー教の主神の一人ヴィシュヌは一〇の化身を有すると考えられた。それまでに育っていたヴィシュヌ系のもろもろの伝統が統合されたのである。元来は北インドの神であったシヴァの崇拝が全インドに広まったのもこの時期においてであった。さらにこの時期には女神崇拝も台頭した。例えば水牛の魔神を殺すドゥルガー女神や、犠牲にされた動物の生き血を好むとされるカーリー女神への崇拝が盛んになった。

十三世紀の初頭、インドの政治情勢は一変する。第五期「イスラーム教徒支配下のヒンドゥー教の時代」の始まりである。十九世紀の半ばあたりから、インドではイスラーム教徒からの影響を除くとともに、イギリス帝国からの支配も跳ね除けようとする気運が高まった。もっとも、政治的にインドがイギリスから独立するのは一九四七年である。

十九世紀半ばから今日までのインドの歴史には一貫してヒンドゥー教の復興運動がみられる。そしてこの流れのなかに今日のインドはある。一八五〇年頃から今日までの時代は第六期「ヒンドゥー教の復興の時代」といえる。

第1章　インダス文明とヴェーダの宗教

1　インダス川流域における都市文明

インダス文明

紀元前二五〇〇年頃から前一五〇〇年頃のインダス川流域すなわち、今日のパキスタン北部から西北インドにかけて、ドラヴィダ系と思われる言語を話す民族が都市文明をつくりあげていた。いわゆるインダス文明である。今日残っているおびただしい数の印章には明らかに文字と思われるものが刻まれている。その言語は今日もとくに南インドにおいて話されているドラヴィダ系の言語であるという説が有力であるが、今日、われわれはその言語を解読するに至っていない。それでも印章に刻まれた図像、さらには彼らの遺跡から掘り出された彫像などから彼らのあいだには多神教的な崇拝形態がおこなわれていたと推測できる。

また、後世のヒンドゥー教の主要神の一人であるシヴァ神の原型と思われる神像を刻んだ印章も見つかっている。その神らしき者の頭上にはシヴァの武器である三叉戟《さんさげき》を思い出させる角らしきものがあり、その者のペニスは勃起している。このことは、シヴァの怒った姿（相）であるバイラヴァはしばしばペニスを勃起させていることと合わせて考えられるべきであろう。

インダス川流域の遺跡の考古学的発掘は精力的に進められてきた。アラビア海の岸に近いストカーゲン・ドルから、北インドのシムラ丘陵地帯に近いルーパルまでの広範な領域にわたって数十の遺跡が発掘されている。その領域は今日のデリーの近郊にまで至っている。それらのうち、ハラッパー、モヘンジョ・ダーロなどの遺跡が有名である。上水道、下水道、さらには公衆浴場と思われる跡が見つかっており、それらは数千年も前のものであると思えないほど整備されていた。

その後の文明

これらの都市遺跡の上にほかの文明は築かれなかったらしい。もしもこのインダス文明の諸都市の上に次の時代の人々が住みついていたならば、インダス文明の都市の遺跡は今日われわれが見るような姿では残らなかったであろうし、それらの都市のかつての姿があらわれてくるまでに考古学者たちは、数メートルから十メートルにわたってインダス文明の次の時代の文明が積み上げた地層を掘り進めなくてはならなかったはずである。しかし、多くの場合、インダス文明の都市は意外に浅い地層のなかからあらわれた。これはインダスの都市文明が終わったあと、その土地には次の文明、少なくとも都市文明が築かれなかったことを意味している。

インダス文明と次の時代の文明とは、いちおう別のものであったと考えることができる。にもかかわらず、インダス文明とのちの文明とが無関係でないことはこれまでに繰り返し指摘されてきた。インダス文明の宗教の諸要素が「支配層によって抑圧されたもの」としてではあるが、次の時代に引き継がれていったことは容易に推測できる。インダス文明時代のテラコッタには七人の女神らしき者たちが描かれているが、これの女神は後世、ヒンドゥー教の七母神となったと考えられる。

2 ヴェーダの宗教

『リグ・ヴェーダ』

おそらく人口増加のためであろうが、紀元前二〇〇〇年頃から前一五〇〇年頃にかけて、カスピ海と黒海の中間のカフカース（コーカサス）北部地方から、北ヨーロッパに移動する民族と、カスピ海を迂回して南東つまりイラン、インド地方に至る民族があったと推定されている。前者はアーリヤ・ヨーロッパ人の祖先となり、後者はインド・イラン人の祖となった。後者のうち、さらに今日のパキスタン北部の五河（パンジャーブ）地方に至った者たちをインド・アーリヤ人と呼ぶ。

「アーリヤ」の語源はよくわかっていない。元来は土地、のちには農業に関係した語であり、「領主」をも意味したらしい。初期仏教における基本的な教説である「四つの聖なる《アーリヤ》真理」（四聖諦《ししょうたい》、すなわち苦・集・滅・道）にみられるように、後世では「アーリヤ」という語は一般に「聖なる（もの）」の意味でも用いられた。いずれにせよ、五河地方に侵入した、白色の肌、金髪のアーリヤ人たちは、黒色の肌の先住民を自分たちとは明確に区別しており、先住民たちと婚姻関係を結ぶことをきらった。

アーリヤ人たちがインダス川流域に侵入してきたとき、かのインダス文明がどのような状態であったのかはよくわかっていない。栄えていた都市をアーリヤ人の軍隊が襲撃したと主張する証拠はない。アーリヤ人たちが押し寄せる以前にかの都市文明は力を失っていたかもしれない。高度の都市文明を築いていた者たちのほかにも原始的な農耕文化を営んでいたドラヴィダ系の先住民が五河地方にいたと推定する研究者もいる。アーリヤ人たちが征服した人々には農耕に従事していた人々もいたことは十分考えられる。

アーリヤ人たちの宗教については、かなりのことがわかっている。彼らの祭式に関する文献が残されているからである。それらの文献のうち、もっとも古くまた重要なものは『リグ・ヴェーダ』である。これはアーリヤ人の祭官たちが祭式をおこなった際に用いた神への讃歌や祭詞（ヴィヤーフリティ）を集めたものである。祭詞とは、例えば、「オーム、地よ（ブール）、空よ（ブヴァハ）、天よ（スヴァハ）」（『リグ・ヴェーダ』三・六二・一〇のサーヴィトリー〈あるいはガーヤトリー〉讃歌の前につけられる）におけるように、極めて短い呼びかけの言葉をいう。

現在残っている『リグ・ヴェーダ』は、前一二〇〇年から前一〇〇〇年頃までに編纂されたと推定されるが、当時は文字に書かれることなく職業的に訓練された祭官たちが暗記しており、口承で次の世代に引き継がれていた。今日では書籍のかたちになっているが、それは『源氏物語』程の大きさである。

当時は膨大な量の神々への讃歌がつくられたと伝えられており、今日残ったのはその一部にすぎない。

祭式において神への讃歌を詠うことは特定の祭官にのみ許された権利であった。神への讃歌は神々を祭官たちの意のままに働かせる力を備えた呪文でもあった。この呪力ある言葉は「ブラフマン」と呼ばれた。この「ブラフマン」という中性名詞は、やがて世界の根本原理（梵《ぼん》）を意味することとなった。ブラフマンを専有する祭官たちを「ブラーフマナ」といい、「バラモン」あるいは「バラモン僧」と呼んでいる。一方、同じく「ブラーフマナ」と呼ばれる祭式に関する文献群もあらわれた（二七頁参照）。呪力ある讃歌を占有する職業的歌い手がバラモン階級として成長していく過程は、ヴェーダの宗教がアーリヤ人の社会のなかで確立していく過程でもあった。

祭式に関する文献ヴェーダやブラーフマナなどは古いかたちのサンスクリット（ヴェーダ語）によって書かれているが、サンスクリット（梵語）は印欧語の一種であり、現在のヨーロッパ人の諸言語であるギリシア語、ドイツ語、英語などと同じ語族に属する。ヴェーダの宗教の時代ののちに成立したヒンドゥー教の重要なものの多くが「古典サンスクリット」と呼ばれる新しいかたちのサンスクリットによって著されてきた。言語が思惟方法のすべてを規定するわけではないが、インドとヨーロッパとが思惟方法において類似する点を多く有していることは事実である。

火神アグニ

『リグ・ヴェーダ』において重要な神にアグニ（火神）がいる。この神への讃歌は『リグ・ヴェーダ』

全讃歌のなかの五分の一に相当し、英雄神インドラへの讃歌に次いで多い。

印欧語族にあっては古来、火の儀礼が重要であった。パンジャーブ地方に移動することなく、現在のイラン地方に残ったアーリヤ人、すなわちイラン人たちのあいだには、今日もチャンダナ（栴檀《せんだん》）の木片を燃やして火を崇拝するゾロアスター教（拝火教）の儀礼が残っている。パンジャーブ地方に侵入したインド・アーリヤ人たちは、儀礼をさかんにおこなう人々であったが、彼らのあいだでは、もっとも一般的な儀礼として火神への奉献（ホーマ）、つまり火に供物を投げ入れて利益《りやく》を願う儀礼がおこなわれた。「ホーマ」(homa) とは動詞根「フ」(hu, 火に供物を入れる) から語幹「ホー」がつくられ、名詞をつくる接尾辞「マ」がつけられた語である。「ホーマ」は後世、仏教に取り入れられ「護摩《ごま》」となって今日に至っている。

『リグ・ヴェーダ』の冒頭におさめられたアグニへの讃歌は以下のようである。

火神アグニをわたしは呼び招く。
もっとも栄ある祭官、祭祀を執行する神、
多大な財をもたらすホートリ祭官（火の奉献をおこなう祭官）として。［一・一・一］
アグニは古の聖仙によって、また今の聖仙によって讃えられるべきだ。
願わくは彼が神々をここに連れてこられんことを。［一・一・二］
願わくはアグニにより富を、また名声や勝れた男子に富む繁栄を
日に日に得んことを。［一・一・三］

アグニよ。あなた〔炎〕があらゆる方角から取り囲む祭祀（ヤジュニャ）や祭事（アドゥヴァン）のみが〔天界の〕神々に至らんことを。［一・一・四］

祭式において祭官が詠い上げるこのような歌が呪力ある言葉（ブラフマン）にほかならない。第一偈《げ》において「わたしは呼び招く」とあり、第一人称単数が用いられている。これは祭官がただ一人であったためというよりも、その儀礼場に参列していたと思われる依頼者の王族たちを排除するためであったろう。

もしも第一人称複数を用いて「われわれは呼び招く」といった場合には、かたわらで儀礼を見守る依頼者たちをも含むことになる。それは呪力ある言葉ブラフマンの専有者（ブラーフマナ）としては避けたいことであった。

祭官と儀礼依頼者との区別はしばしば讃歌のなかで示唆されている。例えば、『リグ・ヴェーダ』［七・一・二〇、二五］には次の歌が二回繰り返されている。

火神アグニよ。わたし〔祭官〕のもろもろの言葉（ブラフマン）に力を与えよ。
神よ。あなたは〔報酬という〕富を与える者（マガヴァン）たちにとって幸多き者となれ。
われわれ〔祭官および依頼者〕両者があなたの富のなかにあるように。
あなたの繁栄によってわれわれを永遠に守れ。

ここでは「言葉」（ブラフマン）を修飾する語は「わたしの」という単数、所有格であり、複数の「われわれの」ではない。つまり、儀礼依頼者を除いていると考えられる。一方、神の恵みが与えられる対象としては、祭官としての「わたし」と儀礼の依頼者との両者を指して「われわれ」と述べられている。呪力ある言葉を詠む祭官を指す「わたし」(単数)と、祭官および依頼者との両者を指す「われわれ」とのこのような使い分けは『リグ・ヴェーダ』においてしばしばみられる。

ちなみに『リグ・ヴェーダ』では「マガヴァン」という語は、右に引用した例にみられるように儀礼執行の報酬を払う依頼者を意味するとともに恵み深き神をも意味する。この語は呼びかけ(呼格)単数では神を指すが、「〜のために」(為格)の複数の場合のほとんどが依頼者たちを意味している。このように『リグ・ヴェーダ』の詩人たちは詩のなかで自分たちと儀礼の依頼者とを区別している。この区別は「職業的歌い手」がバラモン階級へと成長する際には必要なことであった。

『リグ・ヴェーダ』[一・一]に話を戻そう。アグニは火の神ではあるが、火つまり炎そのものもアグニ神であると考えられている。ちなみに、ヴァルナは水の神であるといわれるが、水そのものは神ではない。アグニは天界に住む神々へ供物を届ける使者である[一・一・四]。バター油(ギー)などの供物が燃えて黒い煙が天に昇っていくところからアグニは「黒い道を有する者」とも呼ばれる。また火神アグニはしばしば天界の神々を地上の祭式の場へと連れてくる役をする[一・一・二]。

火神は天上では太陽として輝き、空中では稲妻として光り、地上では木片(アラニー)の摩擦より祭火として生まれる。それぞれの家庭でも火が用いられる。このようにしてアグニは世界のどこにもあらわれる神として崇拝される。

英雄神インドラ

英雄神インドラに捧げられた讃歌は『リグ・ヴェーダ』全讃歌の約四分の一であり、このヴェーダのなかではもっとも多くの数の讃歌がこの神に捧げられている。

『リグ・ヴェーダ』〔一・三二・一〕はインドラの武勇を讃えていう。

インドラの数々の武勇を、わたしは今語ろう。

雷光（ヴァジュラ）をもつ者インドラがはじめになしたところの。

彼は、ヴリトラ龍を殺し、水を出し、山々の腹を切り裂いた。

インドラは、ヴァジュラ（雷光）を武器として用いたところから「ヴァジュラを有する者」とも呼ばれる。ヴリトラ殺しの話はインドラ神話の中核であるが、しばしばこの神話は自然現象の神話化として解釈されてきた。つまり、雲のなかで雷光が光ったあとに雨が降るのは、インドラが武器としてのヴァジュラ（雷光）を用いて雲を切り裂いたのであり、雲が敵ヴリトラだというのである。ヴリトラ神話がそのような自然現象から神話的素材をとったことは十分考えられるが、それでこのインドラ神話をすべて説明したことにはならない。ヴリトラ殺しの話は、バビロニア、エジプトなどで知られていたドラゴンの怪物ティアマトおよびそれを殺した英雄マルドゥークの神話と関係していると思われる。インドラの蛇（あるいは龍）殺しの神話はオリエントをも含む広い領域の古代神話を踏まえて理解されるべきであろう。ティアマト神話は、ギリシア人、ヘブライ人のあいだでもまた異なった発展を遂げた。このようなドラゴン神話の地域的差異および共通性は自然現象の解釈という説のみでは説明はつかない。

また、インドラがドラゴン・ヴリトラを殺して、閉じ込められていた水を解放したという話は、しばしば天地創造の神話と解釈されてきた。たしかに彼は人類の祖マヌのために水を解放し［一・三二・八］、太陽と暁紅《ぎょうこう》を生んだ［二・一二・七］。しかし、この場合インドラは宇宙を構成する素材の変形をおこなったのであり、『旧約聖書』において神ヤーヴェー（ヤハウェ）がおこなったような創造をおこなったのではない。インドラが水を開放し、太陽を出現させる以前に、宇宙のもろもろのものにはすでに形が与えられていたのである。

インドラは創造神であるというよりは英雄神というべきであろう。祭官たちの捧げるソーマ酒を飲んだインドラは力を増大させてヴリトラを殺す。祭官たちの捧げるソーマ酒は儀礼において祭官たちも飲む幻覚剤であり、これを飲んだ祭官は興奮した状態で呪力ある讃歌を詠った。ソーマ（搾り出されたもの）とは、特殊なキノコと牛乳を混ぜ、一晩おくことにより発酵させた飲料であったと推定されているが、時代がくだるにつれて、ソーマを実際に飲む伝統は失われた。今日残っているヴェーダの儀礼ではソーマの代用品が用いられている。

『リグ・ヴェーダ』に述べられた神話は、祭官たちにとって過去においてただ一度起きた事件ではなく、現在においても起きうることであった。ただしその神話に語られる事件が再現されるためには、祭官たちが神話のなかの神々を鼓舞する必要があった。インドラのヴリトラ殺しは、バラモンたちの執行する儀礼のおこなわれるたびに再現されたのである。神話を踏まえた儀礼を執行することは、神話の意味を演じ、その神話を儀礼のなかで実現させることなのであった。

『リグ・ヴェーダ』において太陽神はアグニやインドラと並んで重要な神である。この「太陽神」は一人の神というわけではなく、太陽のさまざまな側面が神格化されて幾柱もの太陽神が考えられていた。すなわち、太陽がもろもろのものを養う力の神格化であるプーシャン、もろもろのものに対して与えられる衝動を意味するサヴィトリ、生き物を友とするミトラ、輝く円輪の神格化であるスールヤなどである。火神アグニもまた太陽という火と考えられた。

これらの神々に祭官たちが依頼者のために願うのは現世利益の獲得であって、仏教や後世のヒンドゥー教におけるように個々人の精神的至福ではなかった。人は死後、死者たちの王であるヤマの国に行き、そこで祖霊たちとともに楽しむことを願ったことがヤマへの讃歌のなかで述べられている。『リグ・ヴェーダ』の時代には輪廻説(三九頁参照)はまだ成立していなかった。人々は生前に祭式を繰り返しおこなうなどによって功徳を積み、天界(スヴァルガ)に行き、そこに住むことを願ったのである。

『サーマ・ヴェーダ』『ヤジュル・ヴェーダ』『アタルヴァ・ヴェーダ』

第二のヴェーダの『サーマ・ヴェーダ』は、とくに歌詠を司る祭官グループが用いる聖典であり、歌詞を含むとともに特殊な音符によって旋律をも伝えるものである。その内容は『リグ・ヴェーダ』からの引用が多い。

『リグ・ヴェーダ』および『サーマ・ヴェーダ』は主として神々への讃歌や祭詞をおさめたものであるが、『ヤジュル・ヴェーダ』は真言(マントラ、呪)と祭式の説明部分を組み合わせながらそれぞれの儀礼の次第を説明する。このヴェーダは、真言と次第説明とを一緒に扱う「黒ヤジュル」と別々に扱う「白ヤジュル」に分かれる。後者に属する『ヴァージャサネーイ・マードゥヤンディナ・白ヤジュルヴェーダ』の各章はさまざまな儀礼を説明しているが、はじめの三章はとくに「新月祭・満月祭」(三六頁参照)を扱っている。この儀礼では地面に設けられた祭壇にある炉においてホーマ(火への奉献)がおこなわれる。『ヤジュル・ヴェーダ』第二章第一偈にいう。

あなた(薪)は覆いのなかに住む黒い鹿だ。
わたし(祭官)は火神アグニに好まれるようにあなたを水で浄めよう。
あなたは祭壇だ。
わたしは聖草に好まれるようあなたを水で浄めよう。

ここでは黒い毛糸に包まれていた薪(護摩木)を取り出して聖水で浄め、さらに聖草(クシャ)が敷かれる祭壇を浄める過程について述べている。ちなみにこの祭壇は原則として地面に掘り込まれたものである。このように『ヤジュル・ヴェーダ』においては、儀礼のなかで用いられる道具あるいは供物の捧げられる神々への呼びかけを含んだ讃歌や呪詞のなかで儀礼の過程が語られている。『ヤジュル・ヴェーダ』の編纂以前に成立していた『リグ・ヴェーダ』の内容は、神々への讃歌がほとんどであり、歌詞のなかで儀礼の過程が語られることはほとんどなかった。

『リグ・ヴェーダ』以下三つのヴェーダは、それぞれ神々への讃歌、歌を詠ずること、供物を捧げることという三つの分野に分担しながらかかわっており、三学(トライー・ヴィドゥヤー、三明)といわれた。

一方、次に述べる第四のヴェーダである『アタルヴァ・ヴェーダ』の内容はほかの三ヴェーダのそれとはかなり異なるが、後世、これらの四ヴェーダは、本集（サンヒター）と呼ばれた。

第四のヴェーダ『アタルヴァ・ヴェーダ』は呪法に関係する歌を多く含んでおり、民間信仰の要素も多分に組み入れている。そもそもこのヴェーダの古名は「アタルヴァ・アンギラス」といい、「アタルヴァ〔ン〕」は現世利益の呪法を、「アンギラス」は呪詛や調伏の呪法を意味した。この呪法集は『リグ・ヴェーダ』の成立後に編纂され、第四のヴェーダとして認められるまでにはかなりの年月を必要とした。そして、その後もとくに『アタルヴァ・ヴェーダ』を奉ずるバラモンたちはほかの三ヴェーダに属する者たちと共同して儀礼をおこなうことはなかった。今日、『アタルヴァ・ヴェーダ』を専門に学習するバラモンたちの派は東インドのオリッサなどにほんのわずかにしか残っていない。

ブラーフマナとアーラニヤカ

ヴェーダは韻文で著されていたが、祭式の規則（ヴィディ、儀軌《ぎき》）と解釈、さらには神話を主内容とした一連の書が生まれ、「ブラーフマナ」と呼ばれる。それらは散文である。かの四ヴェーダつまり本集の編纂が終わった紀元前十〜前九世紀頃にはそれぞれのヴェーダ本集に付随するかたちでブラーフマナが成立した。黒ヤジュル・ヴェーダに属する『タイッティリーヤ・ブラーフマナ』とサーマ・ヴェーダに属する『パンチャヴィンシャ・ブラーフマナ』がまず成立し、その後リグ・ヴェーダに属する『アイタレーヤ・ブラーフマナ』と『カウシータキ・ブラーフマナ』が編纂されたと考えられる。白ヤジュルに属する『シャタパタ・ブラーフマナ』とサーマ・ヴェーダに属する『ジャイミニーヤ・ブラーフマナ』は、よく知られているが、これらは比較的新しい層に属すると考えられる。前者の編纂は仏教誕生後であるという説もある。

ブラーフマナは儀礼の手順などを詳細に説明するのみの退屈な書であると考えられたこともあったが、この文献群こそ、後世のヒンドゥー教の母胎である。ヒンドゥー教においてよく知られる神話の多くはすでにブラーフマナのなかで語られている。ヒンドゥー教はヴェーダ祭式の伝統を完全に切り捨てたわけではなく、かなりな程度儀礼主義を守りつづけてきた。その際、しばしば意味不明になったヴェーダの儀礼や神話の意味づけを思い出そうとしてヒンドゥー教徒が繙《ひもと》いたのはブラーフマナ文献であった。

ブラーフマナと同様に、各ヴェーダに属し儀礼の手順細目や神話の解釈を述べる一連の書がある。「アーラニヤカ」と呼ばれるが、「アラニヤ」とは森林のことであり、人気のない森林のなかでひそかに伝授されるべき内容の書という意味で「森林書《アーラニヤカ》」といわれてきた。各アーラニヤカと各ヴェーダ本集との関係については表を参照されたいが、アーラニヤカの内容はブラーフマナのそれと似ている。

シュラウタ・スートラ

おそらくはブラーフマナやアーラニヤカの成立後に、ヴェーダ祭式の道具、祭場の設営、儀礼の次第の詳細な説明を主内容とする文献群「シュラウタ・スートラ」が成立した。要するに祭官たちのための儀礼マニュアルである。「シュラウタ」とは「シュルティ(天啓聖典)に関するもの」という意味があり、シュルティとはヴェーダ本集（サンヒター）、ブラーフマナ、アーラニヤカおよびのちに述べるウパニシャッドをいう。

シュルティすなわち天啓聖典は、表（三〇〜三一頁）にみられるように、各ヴェーダ本集を中心として分類されたが、そのようなヴェーダの伝統それぞれにさらに分派がある。例えば、表にみるように黒ヤジュル・ヴェーダのなかにも『マイトラーヤニー・サンヒター』『タイッティリーヤ・サンヒター』などがある。これらそれぞれのサンヒター（本集）にブラーフマナやアーラニヤカが属するが、このサンヒターを中心としたそれぞれの分派を「枝」（シャーカー）と呼ぶ。各バラモンたちはそれぞれの「枝」に属し、その伝統を誇りとしてきた。

この「枝」の存在は現代のヒンドゥー教においても無視することはできない。例えば、マハーラーシュトラ州のパンダルプールを中心としたヴィッタル（ヴィシュヌの一つの姿）への崇拝は、白ヤジュルのマードゥヤンディナの「枝」に属するバラモンたちによって支えられている。このように、ヴェーダの伝統を伝える「枝」と今日のヒンドゥー教のあり方はしばしば結びついている。

ヴェーダ祭式には定期的におこなわれるものと願望あるいは依頼のあるときにおこなわれるものとの二種があるが、前者の祭式の代表的なものとして新月祭・満月祭がある。これは新月と満月のときにおこなわれるホーマであるが、その儀礼の内容は月の満ち欠けとは直接関係がない。この儀礼は、バラモン僧たちの社会的義務としておこなわれるものであったが、その儀礼の変形（ヴィクリティ）であるパヴィトレーシュティ（三二頁参照）は、病気治癒や長寿といった世間的繁栄を願う者たちの依頼があったと

ヤジュル・ヴェーダ				アタルヴァ・ヴェーダ
黒			白	
カータカ	マイトラーヤニー	タイッティリーヤ	ヴァージャサネーイ，マードゥヤンディナおよびカーンヴァ	シャウナカ
カータカまたはカタ		タイッティリーヤ	シャタパタ	ゴーパタ
カータカ		タイッティリーヤ	ブリハッド	
カータカまたはカタ	マイトラーヤナ	タイッティリーヤ，シュヴェーターシュヴァタラ	ブリハッド・アーラニヤカ，イーシャー	ムンダカ，プラシュナ
	マーナヴァ	バウダーヤナ，アーパスタンバ，ヒラニヤケーシ	カーティアーヤナ	ヴァイターナ・スートラ
	マーナヴァ，ヴァーラーハ	バウダーヤナ，アーパスタンバ，ヒラニヤケーシ	カーティアーヤナ	
カータカ	マーナヴァ，ヴァーラーハ		パーラスカラ	カウシカ・スートラ
	ハーリタ・ダルマ・シャーストラ，マヌ・スムリティ	バウダーヤナ，アーパスタンバ，ヒラニヤケーシ	ヤージュニャヴァルキヤ・スムリティ	

ヴェーダ文献一覧表

	リグ・ヴェーダ		サーマ・ヴェーダ	
サンヒター(本集)	シャーカラ	ヴァーシュカラまたはバーシュカラ	カウトゥマ	ジャイミニーヤ
ブラーフマナ(梵書)	アイタレーヤ	カウシータキまたはシャーンカーヤナ	パンチャヴィンシャ	ジャイミニーヤ
アーラニヤカ(森林書)	アイタレーヤ	カウシータキまたはシャーンカーヤナ		ジャイミニーヤ・ウパニシャッド・ブラーフマナ
ウパニシャッド(奥義書)	アイタレーヤ	カウシータキ	チャーンドーギヤ	ケーナ
シュラウタ・スートラ(祭式綱要書)	アーシュヴァラーヤナ	シャーンカーヤナ	ラーティアーヤナ	ジャイミニーヤ
シュルヴァ・スートラ(測量綱要書)				
グリフヤ・スートラ(家庭儀典綱要書)	アーシュヴァラーヤナ	シャーンカーヤナ	ゴーヒラ	ジャイミニ
ダルマ・スートラ(法制綱要書)	ヴァーシシュタ		ガウタマ	

辻直四郎『インド文明の曙』岩波書店，1967年，付録 3 を参考に作成。

コラム　ヴェーダ祭式の道具

一九七九年七月の終り、ムンバイの東のプネー市においてヴェーダの宗教の代表的儀礼ホーマの一種パヴィトレーシュティ（新月祭・満月祭の変形）を見る機会を得た。午前八時頃、ロープで囲んで結界された儀礼場のなかで「火を起こすための木製道具」で火が起こされた。その火は儀礼場に設けられた五つの炉のそれぞれに移された。

ホーマ祭式に用いられる道具は、わずかな数のテラコッタ（素焼きの土器）や金属製のものを除いて、ほとんどが木製である。これらの道具や祭官たちの身体は、ホーマ祭式のなかで機能する前に浄められねばならない。その浄めは聖水（プラニーター）とマントラ（真言）によっておこなわれる。

炉のなかの炎が燃え上がると、僧たちは米粉に油と湯をまぜて練り、手の平ほどの大きさの餅をつくった。この儀礼では餅の数は五つと定められている。五つの餅は「家長火」と呼ばれる丸い炉のなかに置かれた。九時半頃だった。

餅が焼けるまでに、僧侶たちは人間の上半身をかたどった祭壇を儀礼的につくった。土を掘る真似をして、かつて古代において実際に土を掘って祭場をつくったときの名残を演じたのである。祭餅が焼けると、供物容器に一つずつ餅を載せて四角い「供犠火」の前、祭壇のなかに置く。そして神々への讃歌を詠いながら、アドヴァルユ祭官が三つの祭杓を用いてバター油や餅のかけらを火のなかに入れるのである。この火への奉献が幾度も繰り返されたあと、小さな祭杓（スルヴァ）でバター油を供犠火に入れる段階（三七頁図参照）がある。

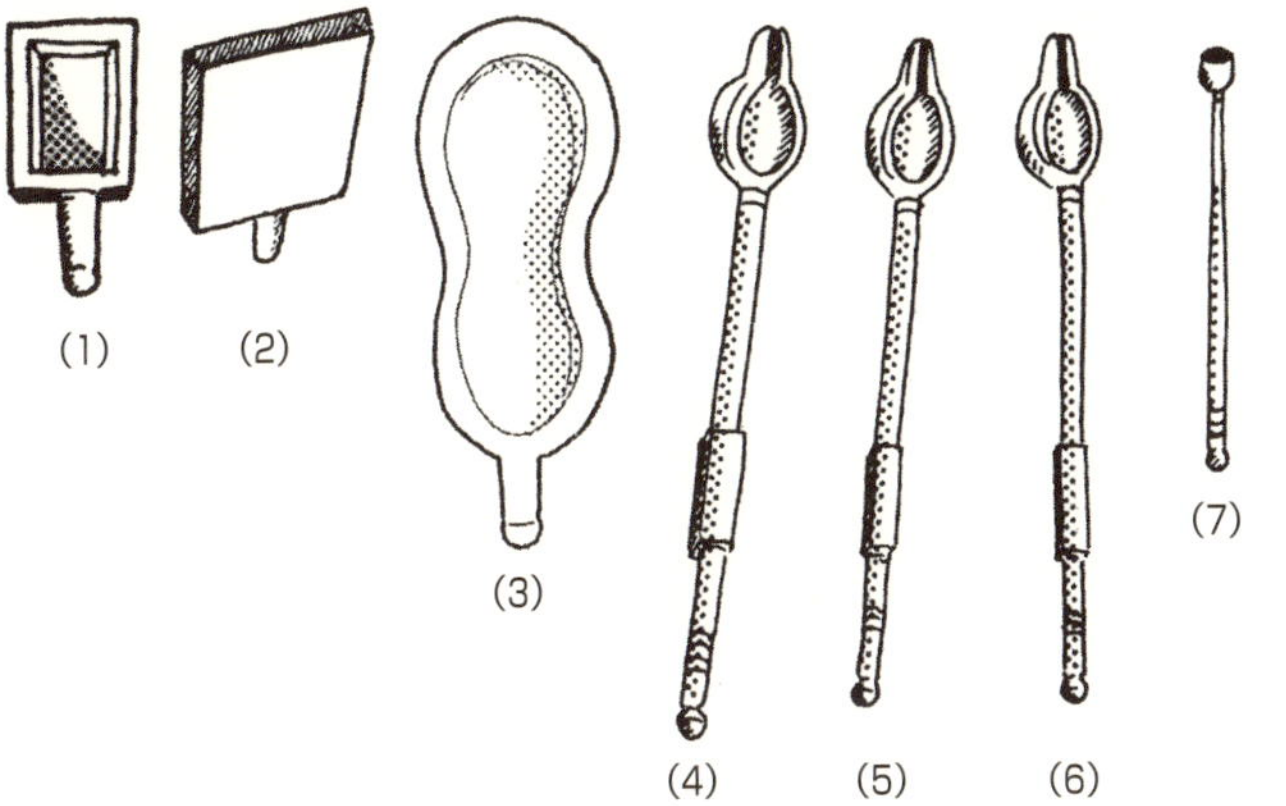

ホーマ儀礼の道具
⑴聖水容器　この四角い木製の容器のなかに水が入れられる。普通の水がこの容器のなかに入れられると聖なる水(プラニーター)となる。この水を草で編んだ棒状のものにひたして，僧侶の身体や儀礼の道具に振りかける。
⑵供物台　この台の上に焼き上がった米粉の餅を１つずつ載せる。
⑶供物容器イダー・パートラ　この供物容器は女神イダーに捧げる供物の容器(イダー・パートラ)である。この容器のヒョウタンの形は日本の護摩の杓に残っている。
⑷⑸⑹祭杓　図の祭杓の大きな３つの杓(ジュフー，ウパブリット，ドゥルヴァー)は同形であるが素材の樹は異なり，用途もそれぞれ違う。
⑺小祭杓　小さな杓(スルヴァ)はホーマの後半になってバター油を火に入れるのに用いる。

ヒンドゥー教の聖地ナーシクに住んでいたアグニ・ホートリンの自宅につくられたホーマのための儀礼場　後世はこのように屋内に儀礼場が設けられたが，元来はヴェーダの祭式は屋外でおこなわれた。写真では僧が家長火の炉の前に坐り，その妻が僧の右側にいる。ヴェーダ祭式にあっては，アグニ・ホートリン(生涯，自宅において聖火を保つという誓願を立てた僧)は妻帯していなければならない。

コラム　プージャー

プージャー(供養)とは、神などの「聖なるもの」に何らかの供物を捧げて崇拝する行為をいう。捧げる供物のない礼拝はプージャーではなく、礼拝(ナマスカーラ)と呼ばれる。

後世もっとも発達したかたちのプージャーは、「一六供養」すなわち「一六のウパチャーラによるプージャー」と呼ばれる。「ウパ」は「近くで」という意味で、「チャーラ」とは「仕えること」をいう。したがって、神あるいは主の近くで仕えることという意味になる。「親近」という古い漢訳はこの意味をよくあらわしているといえよう。「一六の供物(ウパチャーラ)のプージャー」とは、捧げる供物あるいは供物を捧げる所作を一六のステップにまとめた儀礼のことである。「ウパチャーラ」とは供物を意味するが、供物を捧げる所作(行為)のこともいう。例えば、神をはじめに儀礼場に招く所作、招かれた神に差し出される「座」もウパチャーラである。

この儀礼は、ほかの多くの儀礼と同様に、準備段階としての儀礼と主要な儀礼との二段階に分かれる。準備段階の儀礼において、まず儀礼を執行する者(僧あるいは在家)自身を浄め、神々に礼拝をし、儀礼執行の宣言をする。さらに僧は自分自身、儀礼のための用具を水や真言(マントラ)によって浄化し、壺のなかの水の聖化をおこなう。次に、その壺のなかの聖なる水を振りかけることによって再び僧自身、花などの供物を浄化する。

主要な儀礼の第一段階では、儀礼場に置かれた神像に神が招かれる。つまり、神像のなかに「神の霊が招かれる」。第二には、招かれた神の依代《よりしろ》としての神像に対して座を差し出す。第三には、招かれた神の足を洗う水が差し出される。第四の段階では、アルギヤと呼ばれる水が供物として差し出される。日本でいう閼《あ》伽《か》とはこのアルギヤ水のことである。第五の供物として、口すすぎのための水が差し出される。

第六の供物は神に沐浴してもらうことである。第七、第八の供物は神の衣服であるが、これには上と下がある。第七の供物として神像の「腰」に布を巻き、第八の供物として上部にショールをかける。

第九の供物である香（ガンダ、塗香）としては、栴檀《せんだん》などの香木を擂《す》って粉にしたものに油を混ぜて練ったものが供えられる。この香は水にとかされホラ貝のなかに入れられることが多い。第一〇の供物は花、第一一の供物は線香、第一二の供物は灯明である。第一三の供物は、馳走であり、第一四の段階では神像の回りを右回りにまわる行為（アールティー）が供物として捧げられる。第一五の供物は礼拝という行為であり、僧は女神に対して合掌して礼拝する。最終の第一六の段階では、僧は像に向かって花を投げる。これは神が帰るのを見送る仕草である。

このようにプージャーとは、客を招いてもてなしたあと、その客が帰るのを見送るように、神を招いてもてなし、その神が帰るのを見送るという形式をとる儀礼である。今日のヒンドゥー教においてはヴェーダ祭式を代表するホーマも残ってはいるが、プージャーがもっとも一般的な儀礼である。

プージャー　プネー・チャトゥフシュリンギー寺院。マハーラーシュトラ州。

きにおこなわれた。

新月祭・満月祭は、異なるヴェーダの「枝」に属するバラモンたちの共同作業によってなされる。すなわち『リグ・ヴェーダ』の「枝」に属し、このヴェーダのなかの讃歌を詠うホートリ祭官と、『ヤジュル・ヴェーダ』の「枝」に属し、儀礼の所作を受け持つアドヴァルユ祭官との共同作業によって主として執行されるのである。この二人のほかにアドヴァルユ祭官の補佐役であるアーグニードラ祭官と祭式が規則通りにおこなわれているか否かを見守るブラフマン祭官とを必要とする。この祭式は仏教誕生以前にはバラモンたちの義務としておこなわれていたと推定されるが、当時すでにバラモンたちの社会的分業システムがあったことがわかる。

ある地域において新月祭・満月祭が定期的につまり半月ごとにおこなわれるためには、聖火を自宅において絶やすことなく保ちつづけるバラモン僧、すなわちアグニ・ホートリンがいなくてはならない。後世、新月祭・満月祭がバラモンたちが定期的におこなうべき儀礼であることが定まってくると、かのアグニ・ホートリンが形式上、儀礼依頼者（ヤジャマーナ）となってバラモンたちを集めてかの儀礼をおこなうようになったと考えられる。

新月祭・満月祭の次第は次のようである。儀礼場に、供犠火（アーハヴァニーヤ・アグニ）、家長火（ガールハパティヤ・アグニ）、および南火（ダクシナ・アグニ）の三つの火が設けられる（図）。供犠火は通常四角の炉のなかにあり、この炉のなかに供物を捧げられる。家長火は祭餅を焼くために用いられ、円形の炉のなかにある。家長火の南に置かれる南火はバター油を温めるなどのために用いられ、その炉は半円形

ホーマの儀礼場
⑴供犠火，⑵家長火，⑶南火，⑷祭壇（ヴェーディ），⑸補助の火1，⑹補助の火2，⑺聖水（プラニーター），⑻アドヴァルユ祭官（僧）の基本的位置，⑼アーグニードラ祭官の基本的位置，⑽ホートリ祭官の基本的位置，⑾ブラフマン祭官の基本的位置，⑿祭主（ヤジャマーナ）の基本的位置，⒀祭主の妻の基本的位置，⒁祭官たちが祭餅をつくる位置。

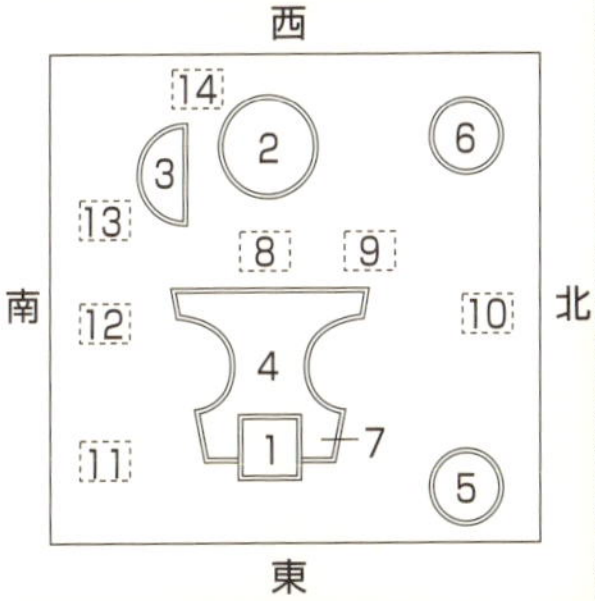

供物であるバター油を杓に入れるアドヴァルユ祭官　祭壇にクシャ聖草はまだ敷かれていない。

供犠火に供物を入れるアドヴァルユ祭官　祭壇にクシャ聖草が敷かれており，祭官の背後には5つの供物容器のそれぞれの上に祭餅（プローダーシャ）が置かれている。

である。儀礼場に持ち込まれた火はまだ「世間的なもの」(ラウキカ)であって、「ヴェーダ祭式のなかで機能する資格のあるもの」(ヴァイディカ)ではない。供犠火の回りに三本の木が置かれるが、この所作によって火は聖化され、ヴァイディカとなる。

この儀礼では、前半に準備的儀礼が、続いて後半に主要な儀礼がおこなわれる。前半では道具を聖化し、供物としての米粉を用いて祭餅をつくり、象徴的に土を掘って祭壇をつくる。後半では、アドヴァルユ祭官がマントラを唱えながら杓のなかに入れた祭餅とバター油を交互に供犠火のなかに投入する。アドヴァルユ祭官は南火に置かれてあった米飯をとり、祭壇の上に置きマントラを唱える。その後、祭主はその米飯を祭官たちに儀礼執行の報酬として与えるのである。

3　ウパニシャッドの思想

ウパニシャッドの成立

ヴェーダ聖典が編纂されたのち、インド思想史の第二期の終り頃(紀元前八～前七世紀)にはいくつかの初期ウパニシャッドが成立した。その成立はブラーフマナやアーラニヤカよりはあとと考えられている。ウパニシャッドとは、一つの文献をいうのではなく、仏教成立以前から十六世紀頃までにわたって編纂されつづけた数多くの聖典の一ジャンルをいう。後世、『ムクティカー・ウパニシャッド』には一〇八のウパニシャッドの名称があげられている。

死後、人がどこに行くのかは『リグ・ヴェーダ』においても問題にならなかったわけではない。人は死後、天において祖先たちの霊とともに楽しく暮らすとされていた。だが、第二期の終り頃の人々はこの説明に満足できなくなっており、当時すでに知られていた車輪のように生まれ変わり死を繰り返すこと、つまり輪廻に恐怖を覚えるようになっていた。

人が死後生まれ変わり、そしてまた死なねばならないという輪廻の観念は、死の恐怖をまた味わわなければならないという思いを人々にいだかせた。同時に、自分の子孫の継続が順調にいかなければならないという強迫観念をもいだかせることになった。つまり、父子のあいだに相続転生の関係が認められるようになると、父が子に生まれ変わると信じられるようになった。もしも男子の相続者がいないときには、祭祀が断絶し、死者は餓鬼になるという運命が待っているというのである。一方ではこの世におけるあり方は前世の業(行為)によって決定される。したがって、次の世でよりよい状態にあるためには浄い行為をこの世ではおこなわねばならない。その浄い行為とはウパニシャッドに至るまでは主として儀礼であった。ヴェーダ祭式を怠る者あるいは正しくおこなわない者は、死の恐怖を繰り返して味わわねばならない。このようなバラモンたちの儀礼主義の克服の試みがウパニシャッドである。

ウパニシャッドは、宇宙原理ブラフマンと個我《こが》アートマンとが本来的には同一のものであり、そのことは一種の神秘的直感によって直証《ちょくしょう》することができると主張した。この聖典群が説くブラフマンは中性原理と考えられており、人格(ペルソナ)を有する神ではなかった。男神ブラフマー(梵天《ぼんてん》)が登場するのは仏教誕生以後のことである。

ブラフマンとアートマン

儀礼主義をとるヴェーダ聖典と較べるならば、ウパニシャッドは明らかに主知主義の立場に立っている。ヴェーダの儀礼主義とウパニシャッドの主知主義とは、その後のインド宗教史における二大潮流となった。

「ウパニシャッド」とは、元来は「近くの」(ウパ)「座」(ニシャッド)あるいは侍坐の意味であったが、転じて「秘密の教え」をいうようになり、さらにはその秘密の教えを述べる文献を意味するようになったと考えられる。したがって、少なくとも当初は限られたエリート集団のなかにおいてのみ知られていたものであろう。

すでに述べたように数多くのウパニシャッドが生まれたのであるが、その後のインドの思想史において影響を与えたという意味では、仏教以前に成立した初期ウパニシャッド、例えば、『ブリハッド・アーラニヤカ・ウパニシャッド』『チャーンドーギヤ・ウパニシャッド』『アイタレーヤ・ウパニシャッド』『タイッティリーヤ・ウパニシャッド』がとくに重要である。仏教成立後、紀元前三五〇〜前三〇〇年頃に『カータカ・ウパニシャッド』『ムンダカ・ウパニシャッド』などが編纂されている。さらに『マーンドゥーキヤ・ウパニシャッド』のように紀元一〜二世紀の成立のものもあり、さらに後世のウパニシャッドもある。

『タイッティリーヤ・ウパニシャッド』〔三・一・一〕には有名なくだりがあって、今日でもバラモンたちの集会の始まりには詠み上げられる。この箇所はウパニシャッドにおけるブラフマンの特質を簡潔に述べている。
ヴァルナの子ブリグは父ヴァルナに近づき、「尊き方、ブラフマン〔が何であるか〕を教えてくださ
い」といった。〔父は〕彼にいった。「食べ物、息、眼、耳、心、言葉である」。〔さらに父は〕彼にい
った。「そこからこれらの生類が生まれ、それによって生類が生き、〔死んだとき〕そこに帰っていく
ところ、それを知れ。それがブラフマンである」。彼は苦行をおこない、さらに苦行を続けた。

ここでブラフマンは、そしてほかのウパニシャッドにおけるブラフマンは中性原理であって、人格神ではない。しかしこの原理は現象世界から超絶しているのではなくて、現象に内在する、あるいは現象と同一視される原理である。したがって、ウパニシャッドのブラフマンは原理あるいは法則という意味のほかに、その法則によって存続する現象世界をも含む存在なのである。いま、引用した箇所においてもブラフマンは食べ物、息、眼、耳、心、言葉である、といわれている。ここで原理であるブラフマンの力は食べ物、息、眼におよんでいることはもちろんなのであるが、ブラフマンは食べ物、息、眼など、個々のものそのものであるといわれていることが重要である。

ウパニシャッドは、宇宙原理ブラフマンと並んで個我アートマンを立てる。アートマンは元来は息、呼吸を意味する言葉であったが、生気、自己、霊魂などを意味するようになった。さらに哲学的には自体、自身などの意味で用いられてきた。ウパニシャッドにおいては『タイッティリーヤ・ウパニシャッド』にみられるように、宇宙原理ブラフマンが現象世界の個々のものであると主張されるとともに、『ブリハッド・アーラニヤカ・ウパニシャッド』〔四・四・五〕にみられるように「アートマンはブラフマ

ンである」ともいわれる。すなわち、個々人のアートマン（個我）が宇宙原理ブラフマンにほかならないというのである。世界から超絶した創造者の存在を認めない古代インドでは、世界がそこから生まれ、それによって世界の生類が生きる原理は世界の内に求められた。その世界の内に求められた原理は、個々の人の自己（アートマン）なのである。このようにしてウパニシャッドは宇宙（世界）とそのなかの個体との本来的同一性あるいは相同性を主張するための格好の概念、ブラフマンとアートマンを獲得していたのである。アートマンという概念がないとしたならば、ウパニシャッドは宇宙（世界）とそのなかの個体との相同性あるいは本来的同一性を主張することはすこぶる困難であったろう。

ヒンドゥー教における悟りあるいは解脱はブラフマンへと帰入することであった。宇宙原理に帰入した個我アートマンは「いろいろな川は海に入ったあと、どの川からの水であったかはわからなくなる」［『チャーンドーギヤ・ウパニシャッド』六・一〇・一］ようにその個我性を失うのである。宇宙原理に帰入した個我のその後の社会生活に対してはバラモン教さらに後世のヒンドゥー教はほとんど言及しない。

現象世界（あるいは個々のもの）でもあるブラフマン（梵）は、インド思想史第三期（前五〇〇～紀元六五〇年）の末期すなわち四～五世紀から発展を続けたインド哲学最大の学派ヴェーダーンタにおいてとくに、考察され、精緻な教理体系の中核となった。

第2章 初期ヒンドゥー教の形成

1 初期ヒンドゥー教の形成と『マヌ法典』

非アーリヤ系文化の台頭

アーリヤ人たちがパンジャーブ地方に侵入したことはすでに述べた（一二頁参照）。彼らは皮膚の色が黒いドラヴィダ系の民族などの先住民を征服して、最下位の階級であるシュードラとしたのである。やがてアーリヤ人たちは徐々に東インドに向けて移動していった。東インドに到着した紀元前五〇〇年頃までには、彼らの生産様式や生活形態が変わっていた。ヴァーラーナシー（カーシー）などの多くの都市ができ、農業を中心とした生活を営む人々の数は増えていたのである。今日のビハール南部のマガダ地方は有数の米作地帯となっていた。

インダス川流域に進出したアーリヤ人たちと他民族との混血も進んだ。この頃には「アーリヤ人」であるか否かは、人種のみによるのではなく、言語、儀礼、生活様式などによると考えられるようになった。つまり、パンジャーブ地方のアーリヤ人でなく、例えばガンジス川（ガンガー）中流域出身の者であっても、サンスクリットを学び、儀礼や生活様式を同じにすれば、「アーリヤ系」文化を有するバラモンと考えられることが可能となったのである。一方、ヴェーダを中心としたアーリヤ系のバラモンたちは、それまでのような絶対的権威を保つことはできなくなっていた。

インド文化史第二期の末期すなわち前七〜前六世紀頃には、ガンジス川上流域はアーリヤ民族によってすでに侵入されていたが、ガンジス川中流域は非アーリヤ系の民族の勢力の強い地域であった。上流域にあってはクル、パンチャーラなどの部族が定住しており、それらの部族を統一するような王権は存在しなかった。一方、中流域ではシナ・チベット系、オーストロ・アジア系の言語を話す部族が一定の勢力を保っていた。ゴータマ・ブッダを生んだシャカ族はシナ・チベット系の民族であったと推定される。

十六大国とマガダ国

この時代には北インドからデカン北部にかけて「十六大国」と呼ばれる有力国家が存在した。これらの諸国家は部族共和制の国と王国とに分けることができるが、前者の代表はガンジス川中流域の北岸によっていたリッチャヴィ族の国である。大都市ヴァイシャーリーを拠点としていたリッチャヴィ族の国はやがて内部から崩壊を始め、マガダ国のアジャータシャトル王によって亡ぼされた。ブッダの生まれたシャカ族は十六大国の一つではなかったが、一種の部族共和制を有していたと考えられる。この国は、リッチャヴィ族の国が亡んだときと同じ頃、隣国のコーサラによって亡ぼされてしまった。

後者すなわち王国の代表はコーサラ国（現在のウッタル・プラデーシュ州北部）とマガダ国（現在のビハール州南部）である。コーサラ国ははじめアヨーディヤー、のちにシュラーヴァスティー（舎衛城《しゃえいじょう》）に都をおいた。シュラーヴァスティーはブッダの宣教の拠点の一つであった。やがてこの王国はマガダ国に敗れた。

ガンジス川とヤムナー（ジャムナー）川の合流地点のあるカウシャンビーに都をおいたヴァツァ王国（現在のウッタル・プラデーシュ州南部）があった。この国はブッダと同時代のウダヤナ王の時代には栄えていたが、王の没後は南方のアヴァンティに亡ぼされた。アヴァンティ王国（現在のマディヤ・プラデーシュ州西部）もまたブッダと同時代のプラディヨータ王のもとで強大となったが、最終的にはマガダ国に亡ぼされた。このようにして十六大国の時代は終わり、ガンジス川中・下流域に興ったマガダ国が肥沃なガンジスの平原を支配したのである。

マガダ国はラージャグリハ（王舎城《おうしゃじょう》）に都をおいたが、ここはブッダの宣教の一拠点であった。この国の強大化に貢献した王はビンビサーラ王である。この王は、しかし、晩年、王子アジャータシャトルによって幽閉され殺害されたと伝えられる。

このように仏教の開祖ゴータマ・ブッダが活躍した時代は、非アーリヤ系の文化が勢力を増大させた時代であった。ジャイナ教の開祖ジナもブッダとほとんど同時代の人である。仏教とジャイナ教が、比較的勢力を保った時代が第三期、すなわち前五〇〇年から紀元六五〇年である。この間、とくに前三〜前二世紀から三〜四世紀頃までは、インド商人たちがローマ世界との交易を通じて財を蓄積した。通貨共通性を設け、財を蓄積し、その財によって商人たちは仏教をサポートしたのである。

ヘレニズム文化の影響

十六大国の時代が終わったあとのインド平原はマガダ国によってしばらくのあいだ支配されていたが、やがてインド半島におけるはじめての中央集権的国家マウリヤ朝が生まれることになる。しかし、その直前、エジプト、ギリシア、ペルシア(イラン)、インドを巻き込んだ大事件が起きた。アレクサンドロス大王の東方遠征である。彼の軍はペルシア帝国を亡ぼし、紀元前三二七年、西インドに侵攻した。だが、多くの犠牲者を出し、さらには彼の将校たちがそれ以上の行軍を拒んだため、王はインド南下を断念し、故郷に帰る途中、前三二三年バビロンで客死した。

大王の遠征に際しては兵のみではなく、さまざまな職種の人々が軍について移動した。また、彼は多数の捕虜を自国に連れて帰った。哲学者アリストテレスに師事した大王は新ギリシア語(コイネー)を公用語とし、図書館の創設を進めた。自分の名を有する都市アレクサンドリアを七〇つくった。このようにしてギリシアから西アジアにおよぶ大国家が生まれた。この国ではとくにギリシア文化とペルシア文化との融合がはかられた。こののち、西アジア世界では古代イランの宗教であるゾロアスター教の力が強くなり、大乗仏教にも影響を与えたともいわれる。

アレクサンドロス大王が東方遠征に乗り出した前三三四年(あるいは大王の没年前三二三年)からローマのエジプト併合までのおよそ約三〇〇年間をヘレニズム時代と呼んでいる。

ヘレニズムは仏像の出現にも関係する。紀元一世紀、ガンダーラ地方で仏像が出現したが、それらの仏像には明らかにヘレニズムの影響がみられる。ヘレニズム文化がインド文化に与えた影響は造形活動の側面に限らない。宗教や思想の場面においても大きな影響があったと思われる。

例えば、次節において取り上げるヴィシュヌ神へのバクティ（帰依）崇拝には、ヘレニズムをとおしてもたらされたゾロアスター教、ミトラ教さらにはキリスト教からの影響が考えられる。初期大乗仏教における阿弥陀仏への崇拝も一種のバクティ崇拝と考えられる。紀元前後までのヒンドゥー教および仏教においては「人格神への信仰によって個々人の魂の、とくに死後における魂の救済を願う崇拝」という意味の崇拝はなかったといえよう。たしかにヴェーダの宗教にあっては、人格神である死者たちの王ヤマ神に死後の魂の安楽を願って儀礼をおこなうということはあったが、後世のバクティ崇拝とは異質のものであった。

しかし、このヴェーダ祭式にあっては否定倫理がみられなかった。初期ヒンドゥー教を代表する『バガヴァッド・ギーター』におけるヴィシュヌ神への信仰にはカルマ・ヨーガ（行為の結果を度外視して義務をはたすこと）というような自己否定的契機がみられる。一方、浄土教の阿弥陀崇拝にあっても「自己のはからいを捨てて仏に自己のすべてを託す」というような自己否定的側面がみられる。この否定的側面こそ、ウェーバーがいうように、いわゆる世界宗教に不可欠な要素なのである。一方、「人格神との交わり」を通じて自己の魂の救済を求めることは、ゾロアスター教やキリスト教は当初からもっていたものであった。ヘレニズム文化の影響によってインド世界もこの「人格神との交わり」の側面を得ていったのではなかろうか。

マウリヤ朝

アレクサンドロス大王の軍の侵攻をようやくのことで食い止めたあとの政治的空白に乗じて、マウリヤ朝が建てられた。この王朝はマガダ国のなかから、内部抗争で弱体化したナンダ朝をチャンドラグプタ（在位紀元前三二一～前二九七頃）が倒して開いたものである。彼はパータリプトラすなわち現在のパトナに都をおいて、東はガンジス川流域の諸国を平定し、西はインダス川流域のギリシア人勢力を打ち破った。前三〇五年頃にはシリアのセレウコス朝の軍を退けて、これと和睦を結び、現在のアフガニスタンの東半を含むインダス川西方の地域における支配権を得た。

このようにしてマウリヤ朝はアレクサンドロス大王遠征によってもたらされたギリシア人勢力を一掃したようにみえるが、じつはインドはそれ自身のなかにギリシア・イラン的文化の要素を保持することになったのである。インド文化にとって異質の文化要素は後世、インド文化を構成する重要な要素となった。ただそのためには、その後、数世紀の時が必要であった。このようなヘレニズム的要素を実質的にインドに伝えたのはクシャーナ朝である。

マウリヤ朝のチャンドラグプタは、さらにデカン地方をも支配下において、インド史上最初の中央集権的な帝国を建てた。この帝国の建国には宰相カウティリヤの進言によるところが大きいといわれる。この宰相の『実利論』（アルタ・シャーストラ）はマウリヤ朝研究のための資料であるとともに、インド古代社会のあり方を知るうえでも重要である。もっとも現在のかたちの『実利論』は紀元五世紀頃の成立と考えられる。

マウリヤ朝の第二代の王はビンドゥサーラ(在位前二九三頃〜前二六八頃)であるが、彼もまた領土拡大に努めた。この王朝が最盛期を迎えるのは、第三代国王アショーカ(在位前二六八〜前二三二頃)のときである。この王が東南海岸のカリンガ王国を破った際、あまりに多くの犠牲者がでたために、それ以後、王は武力による政策をやめてダルマ(法)による政策に切り換えたといわれる。アショーカ王が自らの帝国をおさめるために奉じたダルマとは、人が守るべき基本的な社会的倫理をいう。南部を除いてほぼ全インドを覆っていた彼の帝国には、人種や言語の異なる人々も住んでいたと考えられる。さらには、それぞれの地域にはさまざまな呪法、儀礼、慣習などが伝統的に伝えられていた。このような帝国を安定して維持するためには、より普遍的な社会的倫理を中心とするダルマの順守が必要であった。

アショーカ王は仏教に帰依していたが、仏教の説くダルマは彼の政治理念と一致した。彼は無益の殺生を禁止し、人間のための、さらには獣畜のための病院を建て、寺院の建立や修繕に努めた。ブッダにゆかりのある地に仏塔や石柱を建てたことはよく知られている。

アショーカ王は熱心な仏教信者であったが、ほかの宗教を排斥するようなことはなかった。非バラモン系のジャイナ教、アージーヴィカ教(生活の規律を厳密に守る者たちの宗教)、バラモン教などの宗教に対しても王は同様に保護した。当時はヴェーダの宗教つまりバラモン教の勢力は幾分衰えたとはいえ、西インドやガンジス川上流においてはバラモンたちの勢力は十分に温存されていた。一方、ヴェーダの宗教は仏教や各地域の伝統文化の影響を受けて新しく生まれ変わりつつあった。このかたちをヒンドゥー教と呼んでいるが、この新しいかたちの宗教は、マウリヤ朝において徐々に準備されていったものと思われる。というのは、この節の後半にみるように、ヒンドゥー教の枠組を総括的に述べた法典である『マヌ法典』は前二世紀頃から編纂され始め、紀元二世紀頃にその編纂を終えたと推定されているからである。アショーカの死後まもなく帝国は分裂し始め、約半世紀後、シュンガ朝の創始者プシュヤミトラによって亡ぼされた。

クシャーナ朝

アショーカ王の死後、マウリヤ朝が衰退に向かう頃になると、北西インドは異民族の侵攻を許すようになった。例えば、バクトリアのギリシア人、中央アジアのイラン系の遊牧民であるサカ族の侵攻である。紀元前二世紀後半、バクトリア地方を征服した大月氏《だいげっし》は領土内に五侯の制度を設けた。紀元一世紀の半ば、大月氏に属していたイラン系のクシャーナ人の勢力がクジューラ・カドフィセース侯（在位三〇頃〜九一頃）のときに強大となった。クシャーナ朝の成立である。彼はほかの諸侯を打ち破り、南方のガンダーラ地方まで軍を進めた。その子ヴィマ・タクトゥのとき、支配領土はガンジス川流域までおよんだ。

ヴィマ・タクトゥの子のカニシカ王（在位一四四〜一七一頃）のとき、クシャーナ朝は最盛期に達した。この王はガンダーラ地方のプルシャプラ（現ペシャワール）に都をおいて、中央アジアから北インドにおよぶ大帝国を樹立した。彼はマウリヤ朝のアショーカ王と並んで仏教の保護者として知られている。仏教は西北インドを中心にして大きく進展した。紀元前後からインド仏教は大乗仏教の時代に入っていくのであるが、ガンダーラ地方はこの新しい仏教の初期の興隆地の一つとなった。

カニシカ王ののち、数人の王がでたことが知られている。二三〇年頃に魏《ぎ》に使者を送った大月氏の王波調《はちょう》はクシャーナ朝末期のヴァースデーヴァであろうと推定されている。この頃からこの王朝はイランのササン朝からの攻撃を受けて急速にその勢力を弱めていき、三世紀半ばに亡んだ。クシャーナ朝が亡んだのち、しばらくは空白時代が続くのであるが、次の第3章でみるように、四世紀前半にはガンジス川中流域にグプタ朝が生まれるのである。

ヒンドゥー教のダルマと『マヌ法典』

このようにインド文化史の第三期は非バラモン系の文化が勢力を増大させていった時代ではあるが、バラモンたちの社会における勢力が消滅していったわけではなかった。アーリヤ系の文化は非アーリヤ系の文化の影響を受けながらも、ヴェーダ以来のバラモン中心主義に基づく自分たちの新しい社会をつくりあげようとしていたのであろう。彼らの考えた新しい社会の理念を端的に物語っているのは『マヌ法典』である。この法典(ダルマ・シャーストラ)の編纂時期ははっきりしない。その時期は一般には紀元前二世紀頃から紀元二世紀頃までと考えられているが、おそらく現在のかたちをとるまでには、何度もの改訂がなされていったものと思われる。この法典の編纂時期は初期ヒンドゥー教の形成期にあたり、この時期はインド文化史の第三期の中頃にあたる。この時期はインド初期仏教の後半期（前二世紀頃から紀元前後頃まで）から初期大乗仏教の成立（紀元前後頃から二世紀頃まで）の時期にあたる。

『マヌ法典』（マーナヴァ・ダルマ・シャーストラ）は一二章を有する。主として第一章は世界創造について、第二章はダルマ（法）の源泉、浄めのための儀礼、入門式、学生期について、第三章は家住期、婚姻、日常の儀礼、祖霊祭（シュラーッダ）について述べている。さらに、第四章は沐浴の方法やヴェーダの学習法について、第五章は食べてよいものと食べてはならないもの、女性の義務などについて、第六章は林住期（家長の務めを終えて林に住む時期）と遊行期（林住期のあと、遊行する時期）について、第七章は王の義務について、第八章は訴訟、債券の利息および担保、名誉毀損の罪、暴行の罪、姦淫の罪などについての規定を述べている。

第九章は夫婦のダルマ、妻の服従義務、婚資（ダウリー）、相続などについて、第一〇章は三つの再生族（上位三つのヴァルナに属するもの）、異なるヴァルナのあいだに生まれた者などについて、第一一章は施し、扶養、バラモンの有する刑罰権などについて、最後の第一二章は輪廻、我《が》の三構成要素（グナ）、解脱に至る道などについて語る。

『マヌ法典』の宇宙観

第一章によれば、この宇宙は「非顕現の尊い神」が「暗黒を破ってあらわれ、この〔全宇宙〕、〔地・水・火・風・空の五〕大などを顕現させた。この神は水のなかに種を蒔いた。その種は黄金の卵（ヒラニヤガルバ）となった」。この黄金の卵のイメージはすでにブラーフマナ文献（二七頁参照）にみられるものである。またこの水は「ナーラーハ」（nārāḥ）と呼ばれ、この水を「拠り所」（アーヤナ）とする者という意味でブラフマー神は「ナーラーヤナ」と呼ばれるという。後世では、この名称はヴィシュヌを指す。これは後世、ヴィシュヌが有名になるに従ってナーラーヤナ神の職能をも有することになったことを示している。

さらに『マヌ法典』第一章は、かの尊い神はかの黄金の卵のなかに水からブラフマーとして生まれた、という。このブラフマーは原人（プルシャ）とも呼ばれるが、この原人は『リグ・ヴェーダ』に含まれる「原人歌」（プルシャ・スークタ）にあらわれる原人であり、『マヌ法典』が主張する四階級（ヴァルナ）の成立の根拠は「原人歌」なのである。

ブラフマーすなわち原人はかの卵を二分してその両半から天と地、空間と八方処などを造った。さらに彼は自己（アートマン）より意（マナス）を生み、意より自意識（アハンカーラ）を生んだ。次にアートマン（我）、三構成要素（グナ）を産出したという。意、自意識、三構成要素とはインド諸哲学のうち、もっとも古い哲学であるサーンキヤ哲学の基礎概念であるが、それらについては第3章第4節を参照されたい。

ブラフマーは「ヴェーダの言葉に従って」〔一・二一〕すべてのものの名前、働きおよび位置を定めたのである。そして彼は「この世の幸福のために自身の口、腕、足よりバラモン、クシャトリヤ、ヴァイシユヤ、シュードラを造った」〔一・三一〕という。この叙述は『リグ・ヴェーダ』「原人歌」〔一〇・九〇〕に基づいている。「原人歌」にあっては原人（プルシャ）の身体が祭式において分けられたとき、彼の口はバラモンとなり、彼の両腕は武士階級（ラージャニヤ）つまりクシャトリヤとなり、両腿《もも》はヴァイシュヤとなり、両足からシュードラが生まれたとあり、母親が子どもを産む場合のようなイメージは避けられている。いずれにせよ、すでに『リグ・ヴェーダ』において四階級の名前がはっきりと見出されること、およびそれらのなかに一種の差別あるいはランキングがなされているのである。

「原人歌」に依存しながらも『マヌ法典』は『リグ・ヴェーダ』にはまだみられなかった世界の創造に関する神話を展開する。ブラフマーが創造したさまざまなものがあげられているが、そのなかにヤクシャ（夜叉）、ラクシャス（羅刹《らせつ》）、ピシャーチャ（吸血鬼）、ガンダルヴァ（天界の楽士）、アスラ（阿修羅《あしゅら》、魔神）、蛇神（ナーガ）、キンナラ（半人半獣の従者）などが初期ヒンドゥー教のパンテオン（神々の組織）の一部として述べられている［一・三七～三九］。

ヒンドゥー教の宇宙論の柱である四つの宇宙周期（クリタ・ユガ、トレーター・ユガ、ドゥヴァーパラ・ユガ、カリ・ユガ）もこの法典に述べられている。クリタ・ユガにおいては法（ダルマ）は完全である。この周期において人は病にかかることなく、すべての目的が達せられ、四〇〇年の寿命があるといわれる。しかし、次の三ユガのおのおのにおいて人の寿命は一〇〇年ずつ短くなり、法は順次により不完全なものとなる［一・六八～八三］。

四つの階級

大いなる威光を有する神ブラフマーは、この世界におけるすべての創造物を保護するために、彼の口、腕、腿および足からでた者たち（バラモン、クシャトリヤ、ヴァイシュヤおよびシュードラ）に対してそれぞれの義務を定めたという。すなわち、バラモンの義務はヴェーダ聖典の学習と教授、自己および他人のための儀礼の執行、施しをすることと受けることであり、クシャトリヤの義務は、人民の保護、施し、供犠、ヴェーダの学習などである。ヴァイシュヤには牧畜、施し、供犠、ヴェーダの学習、商業、金銭の貸与、土地の耕作が義務として定められた。シュードラ（隷属民）の義務はいま述べた三階級への奉仕である［一・八七〜九一］。

このように『マヌ法典』には四つの階級の名称が明記され、さらにそれぞれの階級の義務（ダルマ）が述べられてはいるが、だからといって当時、実際のインド社会にあってこれらの規定が実質的な拘束力を有していたということはできない。この法典はある地域に関する規定を特定して述べているのではなく、汎インド的な規模で著されている。このことはこの法典に述べられているダルマ（義務、法）がすでに全インド的な規模で受け入れられるはずだという前提のもとに述べられたことを意味している。もっとも当時のインドにおいて、アーリヤ系のバラモンたちの勢力が強かった地域もあれば、非アーリヤ系の仏教徒などの勢力が強かった地域もあったことはいうまでもない。ではあるが、この『法典』は紀元二世紀頃に成立してからはその内容がほとんど変わっていないこと、さらにはこの法典にいくつもの註釈が著されてきたことを忘れてはならない。今日の伝統的なバラモンの家庭において父親は『マヌ法典』を息子たち、さらには娘たちにも読ませているのがみられるのである。

『マヌ法典』によれば、人間のすべての行為は結果を望む欲望に基づいているが、その欲望はダルマに基づいていなければならない。そのような行為がめざす目的は、この世においては名声など「願ったすべての欲望」を達成することであり、死後には「最上の安楽」を得ることである〔二・三、九〕。それらの行為は、聖典（シュルティ）と聖伝（スムリティ）によって命じられる。聖典とは「すべてのダルマの源泉であるヴェーダ」であり、聖伝は「ダルマ・シャーストラ（法典）である」〔二・一〇〕。この両者からダルマは発現するのである。

この法典にみるようにヒンドゥー教では、欲望をもち、行為をなすことは認められている。これは仏教とは大きな違いである。すなわち、仏教においては煩悩すなわち欲望と業すなわち行為は基本的には否定されるべきものであった。もっとも『マヌ法典』が家庭をもち、社会のなかにある人々を対象にしている一方で、仏教は出家僧たちそれぞれの精神的救済をめざしたものであることは忘れられてはならない。しかし、一般的にいってヒンドゥー教が欲望と行為を少なくとも仏教に較べて肯定的に捉えていることは事実である。

儀礼

古代インドにおいて行為（カルマあるいはカルマン）は一般的に儀礼を意味した。聖典の命じる行為とは主として儀礼のことであった。『マヌ法典』はバラモンたちに対して火の神への儀礼、つまり火への奉献（ホーマ）を「日の出の後、日の出前、太陽も星も見えないとき、このいずれのときにおいても任意に」〔二・一五〕おこなえと命じている。さらにこの法典は、再生族に対して人生の節目ごとにおこなわれる儀礼（人生儀礼）をも定めている。「再生族」とは、二度生まれる者（ドゥヴィジャ）、すなわち一度は母から生まれ、儀礼によって再度生まれる者のことである。要するに、ヴェーダが規定する儀礼に参加することのできる者、すなわち上位の三つの階級に属する者たちを意味する。

まず受胎式がヴェーダの定める儀礼によっておこなわれる。妊娠中の諸儀式を経て、誕生式、剃髪式（チャウダ）、聖草ムンジャでつくった帯を結ぶ結帯式（マウンジー・ニバンダナ）、命名式、最初の外出である出遊式（ニシュクラマカ）、食べ初め式、ヴェーダの学習を始めるための剃髪式（チューダーカルマ）、再生族の社会の一員になるための入門式（ウパナーヤナ）、ヴェーダの学習を終えて家に帰る際の帰家式（サマーヴァルタナ）、結婚式、葬儀などが定められている。後世、ヒンドゥー教における人生儀礼は「一六の儀礼」（ショーダシャ・サンスカーラ）として整備されるのだが、それらの儀礼とほとんど同じものがすでにこの法典において定められている。

ヒンドゥー社会の「枠」はヴァルナ制度であったゆえに、異なるヴァルナのあいだの結婚に関しては厳しいルールが設けられていた。再生族は同じ種姓（ヴァルナ、階級）の女性と結婚するのがよい〔三・一二〕。しかし、異なる種姓間の結婚も認められる。すなわち、シュードラの女性のみがシュードラの妻となりうるのであり、シュードラの女性とヴァイシュヤの女性がヴァイシュヤの妻となりうる。下位二階級の女性とクシャトリヤの女性がクシャトリヤの妻となりうるのであり、バラモンの女性がバラモンの妻となりうるのである〔三・一三〕。だが、シュードラの女性とバラモンの男性の関係には厳しい規制があった。シュードラの女性を床に上げたブラフマンは地獄に堕ち、シュードラの女性とのあいだに子どもをもうけた者はバラモンの種姓を失う〔三・一七〕。シュードラの女性の唇の唾を飲んだ者や、シュードラの女性とのあいだに男児を得た者に対してはいかなる贖罪《しょくざい》の規定もない〔三・一九〕、といわれている。

家長（グリヒー）は結婚のときに点ぜられた火を用いて、家庭のなかでさまざまな儀礼（カルマ）および「五大供犠」（パンチャ・ヤジュニャ）をおこない、日々の食べ物を調理すべきである〔三・六七〕。「五大供犠」とは、「(1)ヴェーダの教授と学習という梵《ぼん》への供犠（ブラフマ・ヤジュニャ）、(2)食べ物あるいは水による供犠（タルパナ）である祖霊への供犠（ピトゥリ・ヤジュニャ）、(3)神々に対するホーマ、(4)鬼霊（ブータ）に対する供養（バリ）、(5)来客へのもてなし（プージャナ）である人供犠（ヌリ・ヤジュニャ）」である〔三・七〇〕。

聖火を保つバラモンたちは日々、祖霊に対する供犠（ピトゥリ・ヤジュニャ）をおこなうべきである。さらに毎月、新月の日には「祖霊のための餅（ピトゥリ・ピンダ）を捧げたあとにおこなう供犠」（アヌヴァーハールヤ）と呼ばれる祖霊祭（シュラーッダ）をおこなう〔三・一二二〕。『マヌ法典』において「供犠」（ヤジュニャ）という語は、火神アグニを使者として天界の神々へと供物を捧げるホーマ、来客に対するもてなし（プージャナ）、さらには祖霊祭などをも含む広い意味に用いられている。

祖霊祭に招かれる人についても細かく規定されている。すなわち、友人を招いてはならない〔三・一三七〕。祖霊祭によって友情を結ぶことは賤《いや》しいことであった〔三・一四〇〕。また、医師、賭博《とばく》者、肉を売る者、高利貸、製油者、占い師、建築家、犬をペットとする者、死体運搬人なども招かれざる客であった〔三・一五一〜一六六〕。さらに、この法典は祖霊に対する供物についても言及し、祖霊は胡麻、米、大麦などを捧げられれば一カ月満足し、魚肉によって二カ月、羊肉によって四カ月、水牛の肉によって一

○カ月満足するという〔三・二六七〜二七〇〕。祖霊祭は夜におこなってはならないものであった〔三・二八〇〕。

現在のインドやネパールのヒンドゥー教徒のあいだに祖霊祭がないわけではない。しかし、『マヌ法典』の叙述から考えるならば、古代インドでは現代のヒンドゥー社会におけるよりもよりいっそう大きな意味を有していたと思われる。『マヌ法典』を主要な典拠の一つとした、後世の法典である『ヤージュニャヴァルキヤ法典』(三〜四世紀頃成立)においてもやはり祖霊祭の取扱いは大きい。

プネーの僧ガネーシュ・シェンデー・シャーストリの自宅におけるホーマ儀礼(スターリー・パーカ)　バラモン僧たちがチームを組んでおこなうホーマのほかに1人のアグニ・ホートリンとしてのバラモンが自宅においておこなうホーマ儀礼がある。この家でおこなうホーマに二種あるが，そのうちのアウパーサナ・ホーマは，簡単なものであり，毎日，朝夕おこなわれ，半時間程度で終わる。もう一方のスターリー・パーカは，2週間に1度の頻度でおこなわれ，炊いたご飯とバター油が供物として捧げられる。

結婚後5年間毎年夫の長寿・健康を祈っておこなわれるマンガラ・ガウリー女神へのプージャー(供養祭)　新婦の実家と嫁ぎ先の家の両方でおこなわれる。写真では，バラモン僧の前で新婚の女性がマンガラ・ガウリー女神への供物を捧げようとしている。女性の胸にかかる飾りは「マンガラ・スートラ」と呼ばれ，既婚夫人の印である。「マンガラ」は吉祥，めでたきことを，「スートラ」は糸・環を意味する。プネー。

ガンジス河畔のハル(ハリ)ドワールの町
ヒンドゥー教の聖地の1つであるこの町では，12年ごとに3カ月半クンブ・メーラー祭(ガンジス川にとけた不老不死の甘露を求めて人々が集まる祭り)がおこなわれる。「クンブ」(クンバ)とは不老不死の甘露の壺，「メーラー」は集まり・祭りを意味する。

『マヌ法典』〔五・五七～九二〕は死亡および出生によって引き起こされる不浄についても語っている。すでに歯の生えた小児あるいは剃髪式を終えた小児が死亡した場合には全親族は不浄（アシュッダ）となる。死亡による不浄がすべてのサピンダ親（葬儀において供える餅《ピンダ》が同じ親）に規定されるように、出生による不浄の規定もまた浄となることを望む人々によって守られるべきである。死体に触れた者は一〇日後に浄められ、死者に聖水を与える者は三日後に浄となる。満二歳に達していない子が死亡した場合には、親族はその子を火葬せず、埋葬すべきである。聖水を供えてもならないし、のちに骨を拾ってもならない。親族は三日間のみ潔斎すべきである。歯を有し、命名式を終えた子が死亡した場合には、聖水を供えることもできる。『ヤージュニャヴァルキヤ法典』〔三・一～三四〕も死亡によって引き起こされた不浄についてほぼ同様のことを規定している。

　このように『マヌ法典』さらには『ヤージュニャヴァルキヤ法典』はいわゆる法律のみならず、儀礼の仕方、生活一般のあり方などについても規定している。さらには世界創造をも説明し、輪廻から解脱するための行為がふさわしいかについて述べている。輪廻、夫婦のあり方、結婚、祖霊祭など、要するに生活のすべてについて述べているのであるが、このすべてを一語で表現するとすれば、それは「ダルマ」という語がふさわしい。

2 バクティ崇拝と『バガヴァッド・ギーター』

ヴェーダ期のヴィシュヌ

『リグ・ヴェーダ』のなかでヴィシュヌに捧げられた独立讃歌、およびそれに準ずるものは合わせて五篇にすぎない。この聖典のなかではヴィシュヌは、インドラやアグニのように勢力のある神ではない。しかし、『リグ・ヴェーダ』の編纂時期の遅い部分を中心に「ヴィシュヌ」という名は約一〇〇回あらわれており、ほかの三つのヴェーダ本集それぞれにもその名があらわれる。ヴィシュヌはヴェーダ後期にはかなり知られた神であったといえよう。

ヴィシュヌもまたヴェーダ祭式に深く関係した。祭式においてこの神は供犠そのものあるいは供犠のもたらす恵みをあらわしていたのである。今日でも、ヴィシュヌは「ヤジュニャ・ナーラーヤナ」つまり「供犠ナーラーヤナ」と呼ばれるが、「ナーラーヤナ」とは「ヴィシュヌ」の別名の一つである。

『リグ・ヴェーダ』のなかで語られるヴィシュヌに特有な神話は「世界を三歩でまたいだこと」である。この三歩についてヴェーダ註釈家たちはさまざまに考えたが、いずれにせよ、ヴィシュヌが太陽エネルギーの具現であることは確かである。ヴィシュヌは「スールヤ・ナーラーヤナ」(太陽ナーラーヤナ)

と呼ばれることがある。

『バガヴァッド・ギーター』におけるヴィシュヌ

インドでは二つの叙事詩、『マハーバーラタ』（偉大なるバラタ族の子孫たち）と『ラーマーヤナ』（ラーマ王子の行状記）がよく知られている。前者は、古代の北インドにおいて実際にあったと伝えられる戦争をモデルにした物語であり、盲目の王ドリタラーシュトラの息子たち（百王子）と王の弟パーンドゥの息子たち（五王子、すなわちユディシュトラ、ビーマ、アルジュナ、ナクラおよびサハデーヴァ）とのあいだにおこなわれた一八日間にわたる戦争の描写が、この叙事詩の大きな部分を占めている。

後者の叙事詩『ラーマーヤナ』は、王権の継承者となる祝いの会がおこなわれる直前に国を追われたラーマ王子、その妃シーターおよび同行する腹違いの弟ラクシュマナ王子を中心とする物語である。三人が森のなかをさまようちにシーターは魔神ラーヴァナに奪われてしまうが、ラーマ王子は猿王ハヌマーンの助けを借りて妃を奪い返すという筋書である。

おそらくは『ラーマーヤナ』の原型はシーター妃を奪還したところで終わっていたのであろうが、現在のかたちにはラーマに再び貞操を疑われたシーターが大地のなかに姿を隠してしまうくだりも付け加えられている。さらに、国に戻り王位に就いたラーマが王位を別の弟バラタに譲り、自ら命を絶つという話も最後の巻には述べられている。後世、ラーマ王子はヴィシュヌと同一視されるが、自ら命を絶ったというエピローグはラーマが普通の人間ではなく神であった、あるいは神になったことを語るために後世、挿入されたのであろう。

二大叙事詩はヴィシュヌ崇拝と深い関係にある。『マハーバーラタ』第六巻第二三章から四〇章にわたる一八章は『バガヴァッド・ギーター』(『ギーター』、神の歌)と呼ばれており、もっとも重要なヒンドゥー教聖典の一つである。この経典において「バガヴァッド」(神)はヴィシュヌ神を指す。

「バガヴァッド」とは「バガ(bhaga)を有する者(vad)」のことであり、バガとは元来は分け前、持ち分、つまり祭式のあとのおさがりなどを意味した。神から授けられる人間への「分け前」は恵みであり、その分け前を人間に与えるべく有する者は神にほかならない。

また『ラーマーヤナ』に登場するラーマは、後世ヴィシュヌ神の化身(アヴァターラ)とみなされた。「アヴァターラ」とは、文字通りには「下(地上)へとおりてくること、あるいはおりたもの」を意味す

ヴィシュヌ神のヴィシュヴァ・ルーパ　ヴィシュヴァ・ルーパとは神がとりうるあらゆる姿，あるいは宇宙としての姿の意味。この像は『バガヴァッド・ギーター』第11章に述べられるヴィシュヴァ・ルーパを描いていると考えられる。下部には蛇アナンタの上にまどろむナーラーヤナが彫られている。蛇の上に横たわるナーラーヤナ(ヴィシュヌ)は『バガヴァッド・ギーター』では言及されてはいないが，ナーラーヤナの伝承は，6～7世紀までには存在したであろう。チャングナラヤン寺院，カトマンドゥ盆地。8～9世紀。

るが、「ヴィシュヌの化身」という場合には、人々を救うために神ヴィシュヌが人間界のなかに姿をあらわすこと、あるいはその姿をいう。

族長クリシュナ

また「バガヴァッド」とは、古代インドのマトゥラー近くの郷党ヤーダヴァ族の長であったクリシュナが創始した一種の新興宗教の神の呼び名でもあった。この宗教は実践的倫理を強調し、おそらく神に対する誠信の萌芽をも含んでいたと思われる。この宗教あるいは宗派は、「バガヴァッドに属する者たち」という意味で「バーガヴァタ派」と呼ばれている。

このバーガヴァタ派の思想を伝える聖典『ギーター』が、『マハーバーラタ』においてまさに戦争が始まる直前の部分におかれているのであるが、この部分は後世の挿入と考えられる。つまり、戦争はすでに終わっており、両軍のほとんどの者が死んでしまったという結果がわかっている時点で挿し入れられた部分が、ヒンドゥー教のもっとも重要な聖典の一つとなって今日に至っているのである。

この挿入部分は、クリシュナが五王子の軍の総大将であるアルジュナに向かって、バガヴァッドつまりヴィシュヌへの信仰に関する教理と実践をあかすくだりである。『ギーター』ではクリシュナはアルジュナ王子の戦車の御者なのだが、この御者はヴィシュヌの化身だったのであるから、自身への信仰のあり方を語ったことになる。

五王子の軍と百王子の軍との戦いが今まさに始まるというとき、五王子の軍の大将であるアルジュナは敵方に自分の師、親族、友人たちが並ぶのを見て、意気消沈してしまう。これを見たクリシュナはアルジュナに「結果を顧みることなく行為せよ。それがわたし、すなわちヴィシュヌへ至る道である」と語る。

化身クリシュナ

族長クリシュナが『ギーター』にみられるようにヒンドゥー教の主要神ヴィシュヌと同一視されるのは、バーガヴァタ派の教義が整備されたのちのことである。紀元前七世紀以前と推定される歴史的人物としての族長クリシュナが徐々に大神ヴィシュヌと同一視される過程を『マハーバーラタ』は語っているといえよう。

『マハーバーラタ』の物語の展開そのものにおいて、ヤーダヴァ族の長クリシュナは中心的役割をはたしているわけではないが、重要な脇役としては登場している。例えば、パーンドゥ王の五王子たちがドゥルパダ王の娘ドラウパディー（クリシュナー）を共通の妻として娶った場面に登場する。パーンドゥ家の伝統に従った一妻多夫婚であったが、その結婚式にクリシュナが出席していた。というのもクリシュナはパーンドゥ王のいとこだったからである。

両軍の戦いが終わったとき、五王子の軍はクリシュナを含めて七人、百王子の軍は四人が生き残ったのみであった。大戦ののち、三六年経ってクリシュナの部族は酒宴での争論がもとで互いに殺し合い、滅亡してしまった。クリシュナは森に逃れ、物思いに沈んでいたところ、カモシカと間違えられ猟師に射殺されてしまう。このようなクリシュナの生涯はやがてクリシュナ伝説として発展し、後世『バーガヴァタ・プラーナ』に語られた(一六二頁参照)。後世、ヴィシュヌには一般に一〇の化身があると考えられるようになるが、クリシュナもその一つになった。

『ギーター』のみならずインドではヴェーダの宗教(バラモン教)の時代以来、宗教における目標を達成するために二つの道が説かれてきた。その二つとは「行為(儀礼)の道」と「知識の道」である。前者はヴェーダ聖典に基づく儀礼行為(カルマ)を中心とした「道」であるが、今日に至るまでこの儀礼中心主義はインド宗教の特徴の一つである。また後者はヴェーダ本集からすこし遅れて編纂されたウパニシャッド群において顕著になった態度である。この「知識の道」にあっては、宇宙の根本原理ブラフマンと個我《こが》アートマンとが本来は同一のものであることを直証《ちょくしょう》する知が追求された。後世のヒンドゥー教の時代において、基本的には今日でも、ヒンドゥー教徒たちはこの二つの道を歩んでいるということができる。

『ギーター』という聖典は矛盾に満ちているとしばしばいわれる。たしかにある章ではヴェーダ祭式主義を批判しながら、ほかの章ではヴェーダ祭式を評価している。また、人間は行為をすべきだと主張する一方で行為をするなと命ずる。例えば、『ギーター』第二章においてクリシュナすなわち神ヴィシュヌは、アルジュナ王子に向かって相矛盾すると思われるような二つの道を指し示す。その二つは、知の道と行為の道である。前者の道では、感官を制御し対象に向かってでようとする心を引き戻すべきだという。一方、クリシュナは「あなたの関心を行為にだけ向けなさい」[二・四七]とアルジュナに第二の道を命じる。

このような神ヴィシュヌの教えにアルジュナ王子は心を乱される。第三章のはじめでアルジュナは「行為から引き下がるべきなのか、あるいは積極的に行為にでるべきなのか、どちらかを明らかにしてほしい」とヴィシュヌに訴える。

しかし、この一見矛盾するかと思われる叙述の運びは、インドが古来の相反する諸伝統を統合しようとする試みの一つなのである。『ギーター』は「行為の道」と「知識の道」という二つの相反する道を統合しようと試み、それに成功したといえよう。『ギーター』は矛盾ではなく、相反する伝統の統合なのである。『ギーター』の編者たちがこの両者の統合のために打ち出した方法は、結果を考えずに行為をなせ、というものであった。これを『ギーター』は「カルマ・ヨーガ」(行為の修練)と呼ぶ。

この修練では行為の目的を放棄せねばならない。つまり、自己の目的あるいは願望を放棄あるいは抑制するという意味での自己否定がみられる。このような否定的な契機はほとんどすべての宗教行為にみられる。M・ウェーバーのいうように、世界宗教にみられる否定的契機がそれぞれの社会において否定的倫理として作用したのである。『ギーター』も自己否定的契機を含んだ「カルマ・ヨーガ」を一種の否定的倫理として提唱しているが、この修練の否定的契機こそ、『ギーター』が今日までヒンドゥー教の重要な聖典として用いられていることのおもな理由となった。この聖典は、行為の結果を望むことを否定するという方法を通じて、古代からインドに存在した二つの道、すなわち儀礼中心主義(行為の道)と主知主義(知の道)を統合することをめざしたのである。

対象から引き下がる態度（知の道）と積極的に行為する態度（行の道）は、インドで古代から考えられてきた二つの代表的な生き方である。行為から引き下がり、心を対象から引き戻し世界から引き下がる態度は「ニヴリッティ」、積極的に行為をして「外に出て行く」態度は「プラヴリッティ」と呼ばれてきた。「ニヴリッティ」を止滅あるいは寂滅、「プラヴリッティ」を促進と訳すことができよう。

この二つの概念は『マハーバーラタ』のほかの部分においても重要な概念として用いられている。インドにおける最大の哲学者といわれ、現存する最古の『ギーター』註を書いたシャンカラ（八世紀前半）も、第三章の註のはじめにおいて、知識のヨーガと行為のヨーガをそれぞれ「ニヴリッティ」と「プラヴリッティ」と呼んでいる。

クリシュナはアルジュナに向かって「だれも一瞬のあいだでも無行為の状態でいることはできない」〔三・五〕という。すなわち『ギーター』の編者たちは、すべての人間がつねに行為をしていることを行為の基本的なあり方と考える。「義務である行為をあなた〔アルジュナ〕はなすべきだ。行為は無行為より優れている。行為なしに人は生きることさえできない」〔三・八〕のである。

ここでは行為に対して肯定的価値が認められている。ヴェーダ祭式においては行為（カルマ）とは儀礼行為のことであったが、『ギーター』が現在形をとる時代すなわち二世紀頃になると、儀礼行為以外の行為も考察の対象となっているのを、ここにみることができる。ちなみに行為を全般的に評価するあるいは認めるという態度は、初期仏教あるいは初期大乗仏教には認められない。

行為には現状認識、目標および手段という三要素が存する。目的のない行為は一般には考えられない。

にもかかわらず、『ギーター』は行為の目的を放棄するという意味での否定行為を命じている。もっとも行為の目的を放棄せよ、と命ずるとき、『ギーター』は別種の、あるいは「さらに大きな」目的を人間たちの行為に与えることを約束する。すなわち、人はヴィシュヌ神への奉仕(帰依)とそれを通じての解脱というさらに大きな目的あるいは結果を得るのである。

目的を放棄して行為をする際、人はもろもろの感覚器官を統御した状態にあるべきだ、と『ギーター』はいう。このヒンドゥー教聖典は、身体的・言語的および心的活動を制御して、感官を自らの心へと引き戻した状態で精神集中をおこなえ、と繰り返し述べる。このような感官を制御して精神を集中させる修練あるいは実践は、今日われわれが「ヨーガ」(一〇〇頁参照)と呼んでいる行法にほかならない。『ギーター』は、「ヨーガ」という身体技法を実践しつつ、しかも行為をおこなえと命じている。つまり、行為を自己の欲望の赴くままにおこなうのではなくて、行為の目的を神への奉仕へとかえることによって行為を存続させようとする。『ギーター』の編者は、行為は人間の存在、世界の存続にとって必要なものと考える。神への奉仕という目的を課せられた行為は、精神集中(ヨーガ)によって得られた知とともに遂行されるべきであると主張することによって、『ギーター』は行為の道と知識の道の統一をはかったのである。

帰依への三つの段階とその意味

目的を度外視した行為を神への捧げものとしておこなえと『ギーター』はいう。言い換えるならば、人は、神への奉仕という目的をもつことは許されるのである。ヴィシュヌは「すべてをわたしに捧げて、戦え」〔三・三〇〕という。さらに、ヴィシュヌの化身であるクリシュナは『ギーター』において戦いに赴くことに悩む王子アルジュナに対して次のようにいう。

それゆえ、つねにわたしを念ぜよ。そして戦え。

あなたの志向（マナス）と理性（ブッディ）を

わたしに捧げるならば、あなたは疑いなくわたしに至るだろう。〔八・七〕

ここではヴィシュヌに至ることが行為の結果（目的）と考えられている。また『ギーター』は、「ヴィシュヌを念じつつ、身体を捨てて死に赴く者は最高の帰着点に至る」〔八・一四〕ともいう。ここにはヴェーダの宗教において重要ではなかったが、ヒンドゥー教においては極めて重要になった崇拝形態が語られている。人格神に対する信仰あるいは帰依である。その人格神は信仰を有するそれぞれの人の精神的至福あるいは救済を約束する者でなくてはならない。

『ギーター』においては魂の救済者としての人格神ヴィシュヌが崇拝の対象となる。このような人格神への信仰の一般的なかたちは、帰依（バクティ）と呼ばれるが、『ギーター』の主眼は「行為（儀礼）の道」と「知識の道」との統合のうえに立って「帰依（バクティ）の道」の最重要性を説くことにあった。ヒンドゥー教においては帰依という崇拝形態は『ギーター』において明確なかたちをとるようになった。すなわちそれ以前にはほとんど知られていないのである。

『ギーター』の編者は、クリシュナ神、すなわちヴィシュヌ神へ己の心身を捧げるというバクティ思想へと読者を導いていく。『ギーター』は、それぞれの感官が十分に制御されているか、また行為の「さしあたっての」目的が放棄されているか、さらに人は己の存在を神ヴィシュヌへと捧げているか、を基準として人の進むべき道を三つの角度から説こうとしている。

すなわち『ギーター』の主張する修練は、以下のように三つの「道」を歩むのである。

(1)感覚器官を制御し、知を確立する　知の修練（ジュニャーナ・ヨーガ）

(2)行為の結果を放棄して、行為する　行為の修練（カルマ・ヨーガ）

(3)ヴィシュヌへの帰依（献信、バクティ）を保ちながら、自らの行為を供物としてヴィシュヌに捧げる　帰依の修練（バクティ・ヨーガ）

『ギーター』では、「ヨーガ」という語がさまざまな意味に用いられている。「ジュニャーナ・ヨーガ」「カルマ・ヨーガ」などの場合の「ヨーガ」は「修練」あるいは「道」を意味する。

ちなみに『ギーター』は、おのおのの人間は自己にのみかかわっていてはならない、という社会倫理的な立場によって貫かれている。行為は自分のためのものでもあるが、ほとんどの場合、他者のためのものである。自分が行為器官をともなって行為をおこなうならば、普通は自分以外の個体に対して結果がおよぶことになる。人の行為は、ただたんに自分の利益《りやく》のための行為であってはならず、しかも、「行為の道」に従って、行為の結果を意識することなく、「行為の道」を歩め、と『ギーター』は主張する。

すでに述べたように、『ギーター』は意気消沈してしまった軍の総指揮官であるアルジュナ王子に向かって彼の御者であった神クリシュナ（ヴィシュヌ）が「戦争をして武士としての義務行為をなせ」と説くくだりとして叙事詩『マハーバーラタ』のなかに挿入された部分である。したがって、『ギーター』では、武士階級の義務行為としての戦争が問題になっている。しかし、『ギーター』は戦争へと人を駆り立てる書ではない。この一八〇〇年のあいだ、この書を掲げて人々を戦争へと駆り立てたインド人指導者はいない。『ギーター』はすでに死んでしまった者たちあるいは死ぬ運命にある人間たちの魂をいかにして救うかを考えているのである。

化身するヴィシュヌへの帰依

ヴィシュヌは人々を救うためにさまざまな姿をとって化身としてあらわれるのであるが、その理由を『ギーター』は次のように述べる。

わたし（ヴィシュヌ）は不生であり、不変の本性を有しており生類の主ではあるが、
わたしは自分の本性に基づいて自らの幻力（神秘力）により姿をあらわす。〔四・六〕

というのは、法（ダルマ）が衰え、不法（アダルマ）がはびこるとき、
わたしは、バラタの御子（アルジュナ）よ、自分の姿を創って世にあらわれるからである。〔四・七〕

神は恒常不変の実在なのであるが、時代とともに異なる姿をとってあらわれてくると考えられている。自らの化身について語ったのち、神ヴィシュヌは目的を度外視して行為した者の運命についていう。

わたしの超自然的な生まれと行為を真に知る者は、

身体を捨てたあと、再生することなく、わたしの許に来る。アルジュナよ。［四・九］

『ギーター』では、神ヴィシュヌを真に知る者は、死後、輪廻から抜け出して神の許に至るといわれている。輪廻を超えたところにヴィシュヌが存在し、ヴィシュヌに帰依するものはこの神の許に至ると神ヴィシュヌへのバクティ崇拝では考えられるのである。

インド人の死後の世界観については「天界に行く」という考え方と、「輪廻から解脱する」という考え方との二種が存在する。ヴェーダの宗教において天界に行くためには、生前ある程度の量の儀礼を執行するかあるいはその執行を依頼することによって功徳を積むことが必要であった。しかし、ヒンドゥー教のヴィシュヌ崇拝においては儀礼によって功徳を積むことは必要ではない。ヴィシュヌに帰依し、この神の許に行くためには「知識の苦行によって浄められる」［四・一〇］ことが必要であった。今日のヒンドゥー教徒たちのあいだには以上に述べた二種の他界観が併存しているようである。ガンジス川の水で沐浴する人々のなかには輪廻のなかでよりよい「道」（ガティ、趣《しゅ》）に行くことを望むというよりは「天界に行くことを望む」者たちがいるのである。

次の偈《げ》は、『ギーター』のメインテーマであるカルマ・ヨーガ（行為の修練）について明確に述べている。

結果への執着を捨て他に依存せぬものは、たとえ行為に従事しても、

つまり行為をおこなっても、何事もなさないのである。［四・二〇］

目的を放棄しておこなう行為は、人を輪廻のなかに縛りつける行為とはならない。『ギーター』においては、行為はどのようなかたちにおいてであれ、なされねばならないものである。不浄な輪廻から脱

するために『ギーター』は行為が必要であるという。一方、仏教において、密教の場合は別として、業（行為）はともかくも止滅させられるべきものであった。われわれはここにヒンドゥー教と仏教との考え方の相違の一端をみることができる。

ヴェーダ祭祀に対する評価と儀礼の内化

これまで『ギーター』第四章の叙述に従って、行為の修練（カルマ・ヨーガ）について考察してきたが、『ギーター』は第二三偈から調子を変える。つまり、第二三偈からの一〇偈余りは、儀礼行為と行為一般と梵（ブラフマン）との関係について述べる。まず第二三偈では祭祀と行為との関係について述べる。

執着を離れて自由になり、心が知識に定まり、
祭祀のために行為をする者には行為はすべて解ける。〔四・二三〕。

「解ける」とは、人を輪廻に縛りつける業の力が消えることを意味する。「祭祀のために行為をする」と述べることによって『ギーター』は祭祀に対して肯定的な評価をくだしている。『ギーター』は第二章〔四二〜四五〕ではヴェーダ聖典とその儀礼を批判しているが、第三章〔九・一三〕ではヴェーダ後期におけるる主神プラジャーパティの祭祀に対して肯定的な評価を与えている。このように『ギーター』はヴェーダに対して否定的評価と肯定的評価の両面を示し、そしてその両面を止揚しながら、ヴェーダの伝統を自らの新しいシステムのなかに組み入れようとしているのである。

『ギーター』は、ヴェーダ祭式の行為であるホーマ（護摩《ごま》）のイメージに基づきながら、古代のヴェー

ダ儀礼を新しいヒンドゥー教のシステムのなかに読み取ろうとする。

儀礼の用具はブラフマンである。供物はブラフマンである。

ブラフマンである火のなかに、ブラフマンによってそそがれる。〔四・二四前半〕

ここではヴェーダ祭式が基本的イメージとして考えられており、祭杓などの用具はブラフマンに譬えられており、供物はブラフマンと考えられている。ヴェーダの宗教における供物とは、油や餅である。すなわち、ブラフマンがブラフマンという火のなかに自身を投ずるのである。すべてが梵（ブラフマン）のなかでの行為であることになる。この偈では宇宙原理ブラフマンの汎化がみられる。つまり、世界のすべてをブラフマンあるいはその働きとみなしているのである。

すでに述べたように、「ブラフマン」という語は『リグ・ヴェーダ』のなかで呪力ある言葉の意味で用いられているが、世界の根本原理という意味を有するのはヴェーダの宗教の末期に登場するウパニシャッド聖典群においてである。『ギーター』のこの箇所では「ブラフマン」という語が、ヴェーダの宗教における儀礼という「枠組」のなかで、ウパニシャッドにおいて一般的になった宇宙原理の意味で用いられている。『ギーター』のこの偈は初期ヒンドゥー教成立の一過程を示していると考えることができよう。

さらに『ギーター』は「ほかの者は耳などの感覚器官を制御という火のなかに供える」〔四・二六〕という。ヨーガにおいては耳、鼻、舌などという感覚器官を思いのままに働かせるのではなくそれらを制御するが、この制御は感官の作用を否定することである。ここでは火がものを焼いて消滅させる、すなわち否定するものと考えられている。さらに「ほかの者たちは音などの対象を感官という火のなかに供える」〔四・二六後半〕ともいわれる。対象とは心地よい音楽とか、美味な食べ物のことである。それを感官という火のなかに供えるとは、対象の心地よさとか美味しさを楽しむことを否定あるいは抑制することである。すべての感官ならびに呼吸の働きを修練という火のなかに供えるのである。ここには人間の行為を抑制・制御するという意味における否定的契機がみられる。

ヴェーダの宗教におけるホーマはもともと集団的な宗教行為だったが、それがヒンドゥー教に取り入れられるときには、個人的な精神的救済を求める行為としての意味づけがなされて取り入れられている。火のなかに供物を投げ入れるという外的行為のなかに、心の汚れを火のなかで焼くという内的・精神的な実践行為の意味を見出している。このような意味の読替えを内化という。

二世紀頃の成立と考えられている『ギーター』のなかには、いま述べたようなホーマ〔護摩〕儀礼の内化がみられる。インド仏教のなかにホーマ儀礼が取り入れられ内化されるよりはるか以前に、ヒンドゥー教においてはホーマ儀礼が内化されていたのである。

第3章 グプタ朝・ヴァルダナ朝期のヒンドゥー教

1 グプタ朝の歴史

ヴァルナ制度の成立

四世紀の初めから六世紀中葉までインド平原において中央集権的国家グプタ朝が存在した。三世紀末にガンジス川流域でグプタ家が勢力を有するようになったが、その後、三二〇年頃にチャンドラグプタ一世が、インド平原のマハーラージャ・アディラージャ（大王・統一王）となった。グプタ朝の成立である。グプタ家の出自は正統な武士階級（クシャトリヤ）ではなかったという。そのためであろうか、チャンドラグプタ一世は、正統な武士階級に属するリッチャヴィ族からクマーラデーヴィーを妃として迎えている。

第一代チャンドラグプタ一世の治世にすでにかなり大きな領土をもつ国家ができあがっていたが、第二代のサムドラグプタ（在位三五〇～三七五頃）の時代にこの王朝の領土は飛躍的に拡大した。すなわち、

ハル（ハリ）ドワールの町を流れるガンジス川　ハルドワールの町あたりで川幅は急に広くなる。人々はこの町で汲んだガンジス川の水を何日も素足で歩きながら自分たちの家に持ち帰る。

ガンジス川流域一帯に領土を広げ、ラージャスターン、中央インドからデカン東部までの諸国の王たちを服属させ、これらの領域に対しては直轄支配をおこなった。さらにこの王はインド半島南部まで大軍を進めたと伝えられる。第二代の治世に、インド半島南部がグプタ朝の直轄地であったという確証はないが、グプタ朝の王に対して南インドの王たちは貢物を携えて訪れていたようである。

インド亜大陸規模の中央集権的統治体制を有したグプタ朝の中央では、外務担当大臣や将軍などの大臣や武官・軍人が任命されており、地方行政の機構としては、中央直轄の領土を州に分け、各州をさらに県に分けていた。県のなかには村や都市があり、都市には鍛冶屋《かじや》とか石工といった職能集団（ギルド）が存在し、それぞれの長が地区の長官を補佐していた。

グプタ朝の初代および第二代の治世の頃にヴァルナ制度が社会の実質的な枠組となったと考えられる。従来「カースト制度」と呼ばれてきたインドの階級制度は、今日では「ヴァルナ制度」と呼ぶのが一般的である。「ヴァルナ」とは文字通りには色彩、つまり身体の色を意味する。ヴァルナ制度とは、僧侶階級としてのバラモン、武士階級のクシャトリヤ、庶民階級のヴァイシュヤ、そして隷民階級のシュードラの四階層より構成される身分階級である。すでに述べたように（五三頁参照）、これらの四階級の名称は『リグ・ヴェーダ』のうち、紀元前九世紀頃に編纂された部分に登場するゆえに、この四階級の初期的な観念はかなり古いものといえよう。しかし、『リグ・ヴェーダ』に各ヴァルナの名称があるからといって、ヴェーダの宗教の時期にヴァルナ制度がインド社会の枠組となっていたということはできない。

前五世紀から前四世紀に生きた仏教の開祖ブッダは「ヴァルナ制度に反対して平等を説いた」といわれることがある。たしかにブッダは、僧侶階級が勢力を有していた社会から離脱し出家して修行したのではあるが、彼が積極的にヴァルナ制度を批判したという証拠は見当たらない。初期仏教経典にも、「バラモン」（ブラーフマナ）という語は英語の「ジェントルマン」のような意味で使われており、ヴァルナ制度の頂点にいる人たちという明確な意味はないと思われる。しかし、ブッダの生きた場所はいわゆるインド文化圏の北端であり、ブッダ自身はバラモンたちを中心とする地域のなかに入って活動したわけではなかった。むしろ、バラモン社会を避けて布教をしていたのであり、初期仏教の資料からはブッダの時代にどのようなヴァルナ制度が存在していたのかははっきりしない。ただ、徐々にヴァルナ制度がヒンドゥー社会の枠組として強固なものへとつくられていったことは確かである。

ヒンドゥー教のもっとも重要な聖典の一つである『バガヴァッド・ギーター』の原型は紀元前二〜一世紀頃に存在し、現在形は二世紀中頃にできあがったと考えられている。その第一章四一偈《げ》では、アルジュナ王子が神クリシュナ（ヴィシュヌ）に対して次のようにいう。

非法（アダルマ）の支配により、クリシュナよ、

一族の婦女が堕落する。婦女が堕落すれば、

階級の混淆（ヴァルナ・サンカラ）が生まれる。ヴリシュニの後裔《こうえい》（クリシュナ）よ。

ここでは異なるヴァルナ間の結婚がなされると社会が乱れると述べられている。すでにこの時期にヴァルナ制度が社会秩序の一つの支柱となっていたことがわかる。

仏教の衰退とヒンドゥー教の隆盛

四世紀中葉、グプタ朝第二代のサムドラグプタの時期は、グプタ朝の台頭期であった。一般にはグプタの歴代の王は宗教に対しては寛容であり、仏教に対しても保護政策をとった。『無量寿経《むりょうじゅきょう》』『法華経』などの主要な大乗経典が編纂され、大乗仏教が興隆しつつある時期であった。

第三代のチャンドラグプタ二世（在位三八〇～四一五頃）のとき、グプタ朝は全盛期を迎えた。この王は「超日王」という称号をもつが、彼はそれまで西インドを支配していたサカ族の勢力を亡ぼして、西インドのウッジャイニー、今日のウッジャインを副都とした。現在でもウッジャインは一二年ごとに何百万の人が集まってヒンドゥー教の祭りのクンブ・メーラーがおこなわれるヒンドゥー教の聖地である。

この第三代の王は自身の姿を刻んだ金貨を大量に発行したという。それまでのインドにおいてはローマの貨幣が少なくとも主要な通貨として用いられていた。ローマ・インド世界は通貨共通性を設けてい

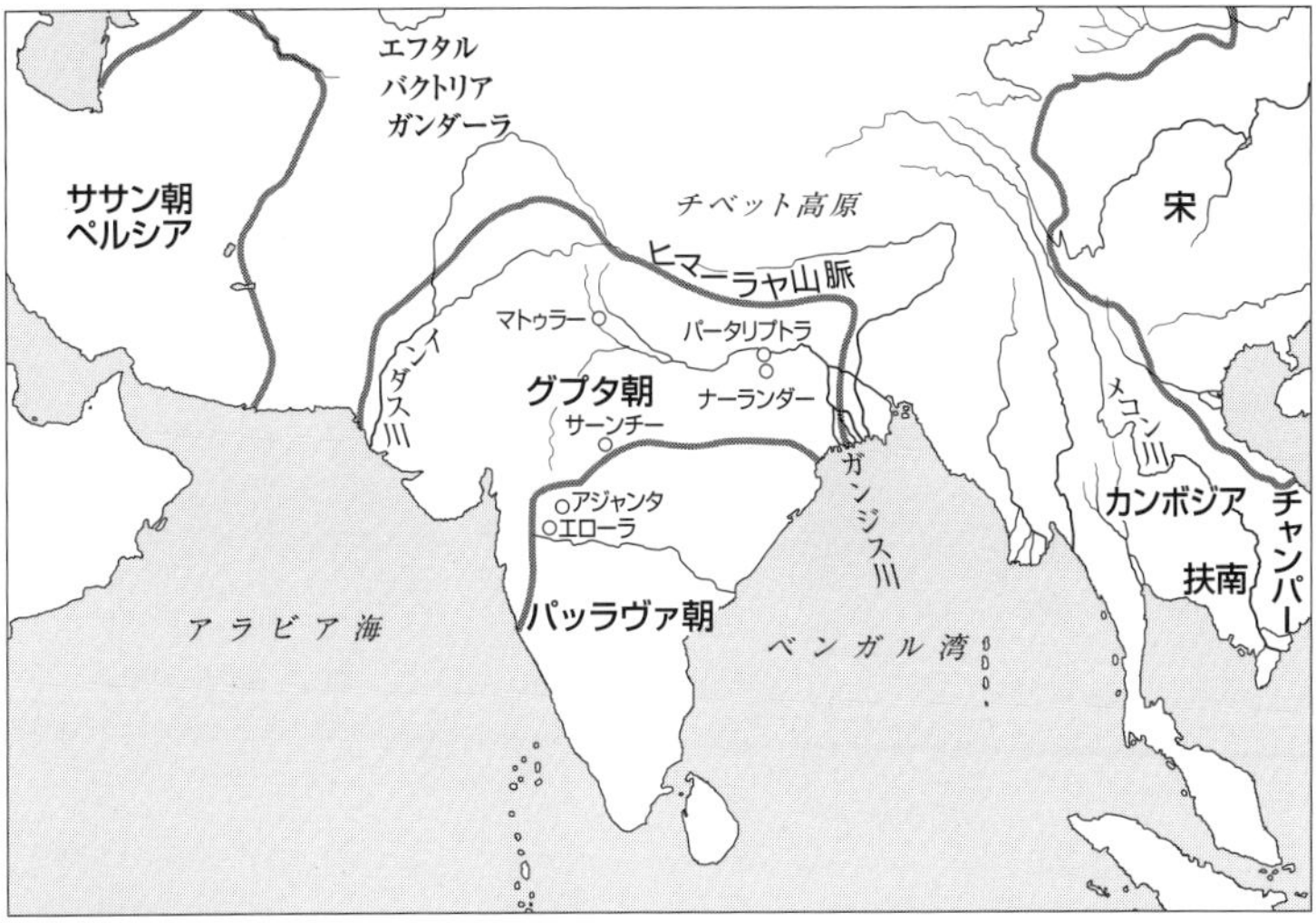

5世紀のアジア

たのである。チャンドラグプタ二世の頃になると、インドは西のローマの世界から少しずつ離れていった。グプタ朝においても自分たちの貨幣をつくろうという気運があったのはそのためであろう。四七六年には西ローマ帝国が亡ぶのであるが、チャンドラグプタ二世の時代は西ローマ帝国が亡ぶ半世紀前であり、その頃にはローマ世界との交易も勢いをなくしていた。

グプタ朝の王たちは自分を聖なる王と称して神聖な王としてのイメージをつくりあげ、王自身に対する崇拝を強いたようである。しかし、北インドの全域において絶大なる権力をもったこの王にしても、自分は神だと声高にいうことはできなかった。バラモンたちがそれぞれの氏姓の霊威に基づいて自分たちの優位性を見せつけていたからである。

このように自らを権威ある存在として認めさせようとした一方で、歴代のグプタ朝の王たちは、ヴェーダ聖典の学習やサンスクリット文学などのバラモン文化を擁護・援助した。文芸の保護者として歴代の王たち、とくにチャンドラグプタ二世は有名であり、カーリダーサなどの詩人たちはこの宮廷の保護を受けていた。

グプタ朝初代のチャンドラグプタ一世の治世はそれほど長くはなかったが、第二代のそれは二五年におよび、第三代は三五年王位にあった。第四代クマーラグプタ一世の在位は四一五年頃から四五五年頃まであり、彼の治世は約四〇年続いた。このようにグプタ朝の歴代の王の治世がかなり長いということは、一般的にいって世情が安定していたことを意味すると考えられる。第五代はスカンダグプタ、在位は四五五年から四七〇年頃であったが、六世紀の初め頃にはフン族が中部インドに侵入して、五五〇年頃、中央集権国家としてのグプタ朝は亡ぶ。

グプタ朝の時期、つまり四世紀の初めから六世紀の中葉までが古典インド文化の成立期であった。このののちインドは群雄割拠のいわば戦国時代に突入していく。グプタ朝のあと、十三世紀まではインド亜大陸を一つに統一するような大国は出現しなかった。およそ六〇〇年以降、インドは農村を中心とした社会に戻っていったのである。このような状況のなかでヒンドゥー教自身は地盤を強固にしていった。

一方、仏教はグプタ朝が亡んだのち、徐々にその勢力を弱めていった。西ローマ帝国の崩壊にともなってローマ世界と交易をしていた商人階級も没落していき、その結果、仏教を支えていた者たちの経済基盤が揺らぎ、勢力を失っていったのである。

2　ヒンドゥー哲学の形成

インド六派哲学

インドの文化史が六期に分けられることはすでに述べた(一一頁参照)。このうちの第三期は仏教やジャイナ教といった非アーリヤ系の思想・文化が比較的勢力を有していた時代であり、紀元前五〇〇年から紀元六五〇年までの時代をいう。この時期の中頃、つまり、一世紀頃からバラモン哲学の諸学派の形成の動きが活発となり、四〇〇年頃までにはバラモン正統派の諸哲学学派の初期的体系が形づくられた。この基礎のうえに第四期(六五〇〜一二〇〇年)において正統バラモンを中心としたヒンドゥー哲学が展開されたのである。すでに述べたように(一九頁参照)、バラモン(ブラーフマナ)とは呪力ある言葉(ブラフマン)を占有している人々のことである。彼らのみがブラフマンを祭式において詠うことを許されており、このことによってバラモン僧たちはインド宗教史において精神的霊威(カリスマ)をもちつづけることができたのであった。

四世紀初期に成立したグプタ朝においてバラモン正統派の諸哲学学派の体系が整備され、発展したのであるが、「正統」とはバラモン階級のなかでの正統ということではなく、非正統派である仏教やジャイナ教に対しての正統という意味である。これらの正統派の諸学派が一般的に「インド六派哲学」と呼ばれている。ヒンドゥー哲学諸学派の形成は大乗仏教が台頭し確立する時期とほぼ重なった。『バガヴァッド・ギーター』が今日のかたちをとるのはほぼ二世紀であるから、インド哲学学派の形成が始まるのはこのヒンドゥー教の聖典が成立する時期でもあり、大乗仏教が台頭する時期でもあった。大乗仏教の祖といわれる龍樹《りゅうじゅ》（ナーガールジュナ、一五〇〜二五〇頃）もこの時期に活躍し、『阿弥陀経』や『無量寿経』などの浄土経典もこの時期に成立したのである。

第四期の始まりである六五〇年頃にはヒンドゥー教が仏教の力を凌いだと考えられるが、哲学の分野においても六五〇年頃までにバラモンたちは自分たちそれぞれの哲学学派の理論を確立し、発展させていた。インド六派哲学とはヴェーダーンタ、ミーマーンサー、ヴァイシェーシカ、ニヤーヤ、サーンキヤ、ヨーガの六派である。

ヴェーダーンタ学派

第一のヴェーダーンタ学派はインド最大の哲学学派であり、インド哲学の中核に位置する。この学派の根本経典『ブラフマ・スートラ』は四〇〇〜四五〇年頃の成立と考えられているが、「さて、それゆえ、ブラフマンの探究がなされる」〔一・一・一〕という文句から始まり、続いて「〔ブラフマンとは〕そこからこの〔世界の〕発生などがあるものである」〔一・一・二〕「経典の母胎であるゆえに〔ブラフマンは全知である〕」〔一・一・三〕と続く。経典（スートラ）はこのように簡潔なものであり、それらの簡潔な表現は師が弟子たちに説明するときのための表題であり、それのみでは意味が不明の場合も多かったと思われる。この学派のみならずほかの学派においてもいいうることであるが、経（スートラ）に註をするというかたちで後世の思想家たちは自身の考えを述べていった。したがって、「ブラフマン」「探究」などが何を意味するのかは後世の思想家たちの註釈によって異なり、またその註釈あるいは解釈の相違の連なりが、それぞれの学派の思想史を形づくったのである。ヴェーダーンタ学派の後世の展開についてはのちに述べることにしたい(一七三頁参照)。

インド哲学を学ぶ者たちのうち、哲学を研究する者のほとんどがこの学派の研究をしていた。この学派は宇宙原理ブラフマンと個我《こが》アートマンとの本来的同一性を主張する。「ブラフマン」は宇宙の根本原理を指し、「アートマン」とは個我を意味する。宇宙の根本原理と自己とは本来一つであるとはヴェーダーンタ哲学の主張するところであるが、これはまたインドが古来もちつづけてきた精神でもある。『リグ・ヴェーダ』のなかでは、宇宙の根本原理と自己(我)が一体のものであるという明確な主張を見出すことはできないが、仏教誕生以前に成立した古ウパニシャッド(紀元前八〜前七世紀)には明らかにこのような思想があらわれている。もっとも宇宙の根本と個我とが本来同一のものであるという考え方はアーリヤ人が元来所有してきた思想というよりも、アーリヤ系文化とは異質であったシヴァ崇拝のなかにあったものをヴェーダの宗教が自身のシステムのなかに組み入れたものと考えられる。『リグ・ヴェーダ』編纂期のうちの後期、つまり前十から前九世紀頃にはバラモンたちは自分たちの文化とは異質のシヴァ崇拝をすでに自分のシステムに組み入れており、後世、シヴァ崇拝はアーリヤ系文化の一つの中心とみなされた。宇宙の根本原理と自己の同一性という考え方はシヴァ崇拝がすでに有していたものと考えられる。

仏教の開祖ブッダは、しかし、いま述べたようなバラモン的精神を自身の考え方の中心においてはいなかった。彼は宇宙の根本的実在を認めず、さらに個人の魂や我が存在するということも認めなかった。この意味で仏教は、インドの正統からかなり離れた立場に立っていたといえよう。

仏教は故郷であるインドでは亡び、ほかの地域に伝播していったのであるが、もともと仏教がもっていた思想や考え方からすれば、インドには住みつづけることができなかったといえよう。インド文化史の第四期である六五〇年から一二〇〇年までにおいて仏教全体としては徐々に衰退していったが、この時期に大乗仏教のなかで密教の要素が育っていった。密教においては、先程述べた、「宇宙と個我が一つである」というインド古来のスローガンを仏教も取り入れることとなった。その取り入れた成果がマンダラである。マンダラとはインド仏教が勢力を弱めていく時期に自分たちの勢いを盛り返そうと起死回生の策を練った一つの試みと考えられる。

その他の学派

ミーマーンサー学派

ヴェーダーンタ学派と密接な関係にあるミーマーンサー学派は、祭式の執行に関する規定を考察する学派である。祭式の執行を命ずる文章や文脈などを詳しく考察する必要から、この学派は言葉の機能に関する研究を進めた。例えば、インドのホーマ（護摩《ごま》）をおこなっている場面を見ていると、僧侶同士が話し合ったりしてその雰囲気は雑然としている。日本の祭式のように重々しく実行されていないようである。しかし、これはインドのバラモンたちが儀礼を真剣におこなっていないということを意味するわけではない。バラモンたちの儀式にとって重要なことは所作の手順を間違えないこと、真言（マントラ）を正しく詠むことなどである。『リグ・ヴェーダ』の文章からは、祭式の事細かな順番や、場面ごとを想定した作法などを知ることはできない。これはリグ・ヴェーダが本来祝詞《のりと》を集めた作品だからである。

ヴァイシェーシカ学派とニヤーヤ学派

ヴァイシェーシカ学派は世界の構造を有限個の構成要素の組合せによって説明しようとする。すなわち実体と属性と運動と、和合（属性と実体との結びつき）、無、欠如などの元素の組合せによって説明しようとする。この学派についてはのちに詳しく考察したい（一八一頁参照）。ニヤーヤ学派は論理学や認識論を研究した学派であり、ニヤーヤとヴァイシェーシカは近い関係にある。この二学派は後世、一つの学派に統合された。

サーンキヤ学派とヨーガ学派

サーンキヤ学派は、世界の展開の素材ともいうべき原質（プラクリティ、原物質）と純粋精神である霊我（プルシャ）との二つの原理の存在を想定した。原質が展開してこの現象世界となり、霊我は原質の活動を見守るのみである。俗なるものである原質が活動をやめるとき、聖なるものである霊我が輝くと主張する。サーンキヤ学派にとっては原質と切り離された霊我の状態に至ることが救いである。ヨーガ学派は身体技法としてのヨーガの実習とその理論にかかわるが、理論はサーンキヤ学派に負うところが多い。サーンキヤ学派とヨーガはヒンドゥー教の基本的思想であるゆえに第4節において詳しく考察したい。

3　ブラフマーとシヴァ

中性原理ブラフマン

中性名詞「ブラフマン」(brahman)は、元来は成長、発展を意味する動詞根「ブリフ」(bṛh)から派生した語であるが、『リグ・ヴェーダ』では、H・グラスマンの『リグ・ヴェーダ辞書』によれば約二三〇回あらわれ、少なくとも三つの意味に用いられている。すなわち、(1)精神の高揚、(2)儀礼において唱えられた言葉、および、(3)その言葉の力である。ヴェーダや古代インドにも言霊《ことだま》信仰が存在した。すなわち、言葉それ自身に力があり、言葉が世界の原理であると考えられていた。ブラフマンを儀礼において詠う人たちがプロフェッショナルな階層として育った結果、バラモン階層(ブラーフマナ)となったのである。

ヴェーダの宗教の祭司たちは、多くの場合、ソーマ酒などの幻覚剤を飲み、エクスタシー状態になって呪力のある言葉つまりブラフマンを唱えた。このようないわば神憑《がか》りの精神の高ぶり、およびその呪力ある言葉がブラフマンであり、さらにその言葉の威力もブラフマンと呼ばれたのである。祭司たちによって唱えられた言葉は神々を行為へと駆り立てた。例えば、『リグ・ヴェーダ』〔四・二四・七〕におけるように祭司たちはインドラを天から呼びおろしたあと、ブラフマンつまり力ある言葉を唱えて、インドラに力を与えてくれるよう要請したのである。ヴェーダの祭式では、僧たちは神々からの恵みをひたすらに願って祈るというよりは、讃歌の力によって神々に命じて行為させるのである。

神々の統合

ヴェーダ文献のなかで「呪力ある言葉」ブラフマンは男神（梵天《ぼんてん》）としてはほとんど活躍しない。ヴェーダ文献の編纂ののち、およそ紀元前八〜前七世紀から前六世紀くらいまでにあらわれた初期ウパニシャッドの時代になるとブラフマンが宇宙原理とみなされるようになった。そして、紀元前五〜前四世紀頃には、新しく生まれてきたヒンドゥー教のなかの男神ブラフマーが活躍するようになった。紀元前二〜前一世紀頃、初期ヒンドゥー教はシヴァ崇拝とヴィシュヌ崇拝で二分されていたと考えられる。紀元後、グプタ朝（四〜六世紀頃）になるとシヴァ崇拝とヴィシュヌ崇拝が統合されるが、結びつける役に選ばれたのがブラフマー崇拝であった。

ヴェーダの宗教つまりインド文化史の第二期においてルドラ（シヴァ）とヴィシュヌとはすでに知られており、第三期（前五〇〇〜紀元六五〇年）の前半においても徐々にそれぞれ勢力を伸ばしていった。紀元前三〜前二世紀にはシヴァに対する崇拝とヴィシュヌに対する崇拝は、それぞれシヴァ派およびヴィシュヌ派と呼ばれるような集団に育っていたと思われる。

一般にヒンドゥー教の主要な神々は、シヴァ、ヴィシュヌ、およびブラフマーの三神であるといわれるが、これはグプタ朝においてブラフマー神が仲介者となって、それまで相互の接触の少なかったシヴァ崇拝とヴィシュヌ崇拝とが融合された結果である。シヴァ、ヴィシュヌおよびブラフマーの三神は三つの姿をもちながら一体の神であると考えられるようになった。つまり「三位一体」（トリ・ムールティ）なのである。

ヒンドゥー教の歴史のなかではつねに神々の統合がはかられてきた。つまり、数多い神々のなかで、いずれかの一神のもとにほかのすべての神々が統合されることがしばしばみられる。ブラフマーが創造神とみなされたように、シヴァあるいはヴィシュヌが、ときには、マハーラーシュトラ州のプネー市におけるように、象面神ガネーシャも、すべての神々を統《す》べる神となることがある。このような信仰の形態をかつて十九世紀中葉にオクスフォード大学教授として活躍したM・ミュラーは「交替神教」（ヘノセイズム）と名づけた。

ブラフマー、シヴァ、ヴィシュヌという三主要神が一体の神へと統合された一方で、第四期（六五〇〜一二〇〇年）においては何百の女神が大女神（デーヴィー）へと統合された。もっともその統合が起きたあとにおいてもヒンドゥー教ではそれぞれの神が従来の姿や職能をもちつづけたのである。このようにさまざまなかたちの流れの併存していることがヒンドゥー教の特徴でもある。

カーリダーサの描くブラフマー神

カーリダーサ（四〇〇年頃）の美文体詩『王子の誕生』のなかでは、当時、世界を苦しめていたターラカという魔神を退治してほしいと、神々がそろって創造主ブラフマー神のところに依頼をしに行く。結局ブラフマー自身は自分では何もせず、かの魔人を退治するのはシヴァとヒマーラヤ山の娘パールヴァティー（ウマー）のあいだに生まれる子どもしかいないのだという。

『王子の誕生』は、シヴァ神とその妃のあいだに王子カールッティケーヤすなわちクマーラあるいはスカンダ（韋駄天《いだてん》）が魔神ターラカを殺すべく誕生するまでのいきさつを描く作品である。魔神の横暴を鎮めるためには、シヴァ神とパールヴァティーが結婚して、二人のあいだに王子が生まれる必要がある、というブラフマー神の言葉に従って神々は、愛の神カーマを遣わしてシヴァ神の心をパールヴァティーに向けさせようと企てる。しかし、その試みは失敗してしまう。そのため、パールヴァティーは苦行（タパス）によって美しさを得てシヴァ神を魅了しようとする。彼女のこの試みは成功し、シヴァ神がパールヴァティーとともにカイラーサ山の頂上でハネムーンを楽しむくだりで第八章は終わる。現在われわれに残されている『王子の誕生』には王子が魔神を殺す場面も描かれているが、カーリダーサの真作は第八章までと考えられている。

『王子の誕生』第一章は、ヒマーラヤ山の娘パールヴァティーの誕生から成人までを描いている。第二章では、魔神ターラカに苦しめられた神々が創造主ブラフマー神に窮状を訴えるが、この章におけるブラフマー神の前に並んだ神々の描写からわれわれはカーリダーサの時代におけるヒンドゥー教のパンテオン（神々の組織）の大枠を知ることができる。

第二章は、魔神によって苦しめられた神々がインドラ神を先頭にして男神ブラフマーのもとに援助を求めて行くところから始まる。ブラフマーはまだ生類の主として尊崇を受けていたのである。連れだってやってきた神々は、まずブラフマーを讃える。

創造以前には純粋な我であり、
のちには〔純質、激質、暗質の〕三要素の分離をめざして
多様性をあらわすあなたに敬礼します。〔二・四〕

サーンキヤ学派についてはすでに述べたが（八七頁参照）、ここでブラフマンの性格はこの学派の哲学に基づいて説明されている。この学派は、霊我（プルシャ）と原質（プラクリティ、原物質）との二原理を認める。霊我は原物質の活動にほかならぬ現象世界の展開をただ見ている者（観照者）であり、原物質は、純質、激質、暗質という三要素より構成されている。その三要素の均衡状態が崩れると原物質が現象世界の姿をとるという。この偈では人格神ブラフマーがサーンキヤ哲学の霊我に対応するのであるが、そのブラフマーが原物質となって世界創造がおこなわれたと述べられている。

あなたにより水のなかに必ず実のなる種が蒔かれ、
その種から動不動の一切が生まれました。
この一切の源であるあなたは讃えられます。〔二・五〕

〔ブラフマー、ヴィシュヌ、シヴァという〕三つの分位によって偉大さをあらわしながら、あなたは〔世界の〕創造、維持、破壊の原因である唯一者です。〔二・六〕

三つの分位、および創造、維持、破壊という三過程が明記されているゆえに、カーリダーサの生きた四〇〇年頃にはブラフマー、シヴァ、ヴィシュヌの三位一体の思想が受け入れられていたことがわかる。

男と女は、創造の意欲によって姿を違えたあなた御自身の部分です。〔二・七〕

あなた自身には母胎はありませんが、あなたは世界の母胎です。〔二・九〕
御自身を力ある御自身で創造なさいます。
あなたは力ある御自身によって御自身のなかにとけ込むのです。〔二・一〇〕

ここでは男神ブラフマーは生類の主、創造神として描かれている。人間の姿に似せた要素も認められるとともに、宇宙の根本原理としてのイメージが十分にみられる。

挨拶を受けたブラフマー神は神々の様子がただならぬことに気づいて次のようにいう。

「ヴリトラ龍を殺したインドラの武器である金剛の刃も鋭くなったようだ」〔二・二〇〕。「水神ヴァルナの手にある索はいまや呪文によって力を失ったコブラのように無力になってしまった」〔二・二一〕。「財神クベーラはいつも持つ棍棒を持っていない」〔二・二二〕。「死者の王ヤマの棍棒もいまや燃えさしのようであり」〔二・二三〕、「一二柱の太陽神たちは熱を失って冷たくなり」〔二・二四〕、「〔風神〕マルトたちの速度も鈍った」〔二・二五〕。

ここでブラフマー神が名前をあげる神々は、インドラ、ヴァルナ、ヤマ、太陽神アーディトヤたち、風神マルトなどほとんどがヴェーダにおいて活躍した神々であるが、このカーリダーサの時代には彼らにかつてのような力はない。

次に、正統派バラモンの伝統を代表する神ブリハスパティがブラフマー神に惨状を語る。ブリハスパティはしばしばブラフマーと同一視されるが、ここでは両神は異なる神と考えられている。

あなたがかなえた望みの力により慢心したターラカという大魔神が、

凶兆といわれる彗星のように人々の不幸をもたらすためにあらわれたのです。〔一・三二〕

月はいつもすべての弦をもって彼に仕えています。ただ

シヴァ神の髪飾りとなる一つの弦は〔シヴァ神のために〕残していますが。〔一・三四〕

人々を救うために飲んだ毒の熱を冷ますために冷たい月を髪の飾りにしているシヴァは、ここではいわば別格の存在として扱われている。ブラフマー神の許を訪れた神々のなかにシヴァはいない。またすでに当時シヴァと同等の勢力を有していたと思われるヴィシュヌもいない。ブリハスパティ神のこの話が終わったときブラフマー神は、「わたしの力を得たかの魔神がほかならぬわたしによって亡ぼされるべきではなかろう。毒の樹でも育てておいて自分で切るのはふさわしくない」という理由で魔人退治を自らはおこなわないという。しかし、「シヴァとヒマーラヤ山の娘パールヴァティーのあいだにできた子どもはかの魔人を退治することができるであろう、それゆえシヴァ神の心をウマー女神の美しさによって鉄を磁石で引きつけるように奪うように努められよ」と神々に告げる。

カーリダーサの『王子の誕生』は古いヴェーダの神々が力を失い、シヴァやヴィシュヌなどの新しい神々への崇拝が台頭する過程を示しているといえよう。ヴェーダにおいてルドラと呼ばれていたシヴァにはサティーという妻があったが、この新しい伝説ではヒマーラヤ山の娘パールヴァティーとの結婚が語られる。かつての妻サティーがパールヴァティーとして生まれ変わる〔『王子の誕生』一・二一〕と考えられたのである。

『王子の誕生』のなかでは、ブラフマー神に魔神退治を断られたのでやむなく、インドラ神は愛の神

カーマのもとに行き、シヴァがパールヴァティーに心を奪われるように花の矢でシヴァの胸を射抜いてくれるように依頼する。

すると、その端が美しい女のつたのような眉毛に似た弓を、妻ラティ（性愛の喜び）の腕輪の印のついた首にあて、マンゴー樹の若芽の矢を友の春ヴァサンタの手に置き、花を矢とする者（カーマ神）は、合掌してインドラ神にはべった。〔二・六三〕

カーマ神の試みはシヴァ神の怒りをかい、カーマの身体はシヴァの第三の目から出された光に焼かれて、「身体のないもの」（アナンガ）となる。つまり、愛の神カーマは彼自身、身体がないためにだれでも入り込むことができるのである。

シヴァの息子――クマーラとガネーシャ

結局は、すでに述べたように、シヴァとパールヴァティーは結婚して息子クマーラすなわちスカンダが生まれた。「クマーラ」は王子・童子を、「スカンダ」はかたまりを意味する。このスカンダは中国や日本では韋駄天として知られている。この神はカーリダーサが『王子の誕生』を著す以前から「カールッティケーヤ」（クリッティカーの息子）としてもよく知られていた。「クリッティカー」とは昴（スバル）のことである。クマーラは元来はシヴァの精液の「かたまり」（スカンダ）から生まれたのであるが、事情があり、川辺に捨てられていたのをクリッティカーが拾って育てたところから「カールッティケーヤ」と

コラム　九曜

ヒンドゥー教においては、仏教やジャイナ教においても同様であるが、九曜《くよう》と呼ばれる九つの「星」が神格化されている。「曜」とはここでは天体の意味である。九つの星あるいは天体は、太陽（スールヤ、日曜）、月（チャンドラ、月曜）、火星（マンガラ、火曜）、水星（ブダ、水曜）、木星（ブリハスパティ、木曜）、金星（シュクラ、金曜）、土星（シャニ、土曜）、ラーフ（日月食を司る神、あるいは月の満ちることの神格化）およびケートゥ（隕石の神、あるいは月の欠けることの神格化）をいう。これらの星は人々の運命を捉えていると考えられており、「九つの捉えるもの」（ナヴァグラハ）と呼ばれる。

『九曜讃歌』（ナヴァグラハ・ストートラ、伝ヴィヤーサ作）は、太陽はすべての罪を亡ぼし、月はシヴァの髪を飾り、火星は短槍を持つクマーラであり、水星の姿は比類なく美しく、木星は神々や仙人たちの師であり、金星はすべての論書を語った者であり、土星は太陽の息子であり、ヤマの兄弟である。ラーフは半身のみで、月と太陽をなくしてしまう。ケートゥは強暴である、という。人々はこのように九曜を讃えながらも、自分たちの運命を握る者として畏《おそ》れたのである。

九曜それぞれの図像学的特徴はつねに一定というわけではなく、地域や時代によって大きく異なる。九曜は仏教パンテオンにも組み入れられたが、その図像学的特徴はヒンドゥー教のそれとも異なる。これらの九つの「星」は、右に述べた順で向かって左から横に一列に並んだ坐像で表現されることが一般的である。

図上は、ブヴァネーシュヴァルにあるオリッサ州立博物館所蔵の九曜像である。日曜は両手に蓮華《れんげ》を持ち、月曜から土曜まではそれぞれ右手に数珠を、左手に壺（?）を持っている。ラーフは両手に太陽と月を持つ。

ラーフの脚は、通例と同じく、描かれていない。ケートゥはしばしば右手に剣を持つことが多いが、この作例の場合ははっきりしない。このケートゥの下半身は、他の多くの作例と同様に、蛇である。

このような横一列に並んだ九曜像は、とくにオリッサでは寺院の入り口の梁《はり》にみられることが多い。これはその梁をくぐって入る寺院あるいは奥殿が宇宙であることを示しているのである。図下はカトマンドゥ盆地でみられる九曜である。

インド、ネパールなどの南アジアの国々、さらにはタイ、ラオスなどの東南アジア諸国において今日でも九曜に対する崇拝あるいは畏怖の念は、人々の生活のなかで大きな位置を占める。結婚式、成人式などの人生儀礼(通過儀礼)の日程も、九曜を中心にした星辰《せいしん》の運行によって決定される。「神の誕生日」を祝う際にも、九曜のシンボルを並べてホーマなどの儀礼をおこなうことがある。ネパールにおける死者追悼の儀礼(シュラーッダ)は川岸でおこなわれるのが一般的である。その際、川岸の砂によって九つの団子がつくられるが、これらは九曜のシンボルである。

九曜像　上はオリッサ州立博物館所蔵，下はバドガオン・ヴィシュヴァカーシーナート寺院(カトマンドゥ)。

シヴァ（中央）とその２人の息子であるガネーシャ（左）とクマーラ（スカンダ，韋駄天）
ここでシヴァは右手にダマル太鼓，左手に三叉戟を持ち，首には蛇の首飾りをつけ，腰には虎の毛皮を巻く姿で描かれているが，これらはシヴァの一般的特徴である。長男ガネーシャは左手に斧を持ち，次男クマーラは右手に短槍（ネワールの伝統に従い，３本セットで表現されている）を持つ。ネワール写本。個人蔵。

呼ばれる。

かの魔神ターラカは成人には退治されないということがわかっていたために、その魔神を殺すことができるのは、子どもであった。このために童子（クマーラ）の誕生が待たれたのではあるが、この神は童貞であり、この神の社はしばしば女人禁制である。またクマーラは「年」（パルヴァーニ）という名の孔雀に乗り、星たちを従えて、天空を一年かけて一周する。このようにこの神は天体の運行と関係するのである。

カーリダーサの頃には、シヴァとパールヴァティーの息子としてクマーラを神話のなかで定着させようという気運があったのであろう。

クマーラはシヴァとパールヴァティーとのあいだに生まれた息子として知られてはいるが、象面の神ガネーシャもかの二人のあいだに生まれた子である。一般にはガネーシャが長男であり、クマーラが次男である。しかし、カーリダーサの『王子の誕生』ではガネーシャは登場しない。この作品は、まずシヴァとパールヴァティーとを結婚させ、当時、世界を苦しめていた魔神ターラカを退治する軍神クマーラの出生を詠おうとしているからである。もっともカーリダーサが生きたグプタ朝期にはガネーシャはすでに知られていたと思われる。

「ガネーシャ」(ガナ・イーシャ)とはシヴァを取り巻くガナ(取巻き、眷属《けんぞく》)の長(イーシャ)を意味する。「ガナ・パティ」の「パティ」も長のことである。このようにガネーシャはシヴァ崇拝の傘のなかに生まれた神であると推定されるが、後世、この神はシヴァ崇拝を超えてヒンドゥー教パンテオンのなかでもっとも人気のある神となって今日に至っている。後世のヒンドゥー教において、この神は商売繁盛、学業成就などを司るといわれている。インドの町の商店ではこの神の像あるいはポスターを祀っていることが多い。聖仙ヴィヤーサが詠う叙事詩『マハーバーラタ』を書きとめているガネーシャはインド人画家の好むモチーフである。

紀元前三~前二世紀にインドを訪れた、あるいは侵攻した人々は象を見てその不思議な形に驚き、象面の神をつくりだしたと考えられる。その神が人気を得たあとで、南アジア、東南アジア、さらには東アジアまでその崇拝が広がったと推定される。

4　ヨーガの行法とサーンキヤ哲学

ヨーガとサーンキヤ

第2節で述べた六派哲学のうち、ヨーガ学派とサーンキヤ学派は一組のものとしてヒンドゥー思想のなかで独特の位置を占めてきた。ヨーガは、アーリヤ人たちに征服された人々がおそらく『リグ・ヴェーダ』の成立する以前から知っていた身体技法であろうと思われるが、のちのヒンドゥー教においてもっとも基本的な実践方法となった。

ヨーガは実践者の心作用の統御（ニローダ）を主内容としており、有神論においても無神論においても有効な実践形態であった。インド宗教の諸派にあってはいわゆる無神論的な形態が多いのであるが、それらの無神論的立場に立つ学派においてヨーガはもっとも典型的な実践方法であった。後世、いくつかの哲学学派が有神論的立場に立つことになった。それらの有神論的な諸学派においても、人格神に対する崇拝すなわち帰依（献信、献愛、バクティ）と密接な関係を保ちながら、ヨーガは重要な宗教実践の方法であった。ヒンドゥー教においても仏教においても、ヨーガとバクティとは主要な実践方法だったのである。

サーンキヤ哲学は六派哲学のうちでもっとも古いものであり、紀元前二世紀頃から徐々に形成されてきた。この学派の思想はその後も、ヒンドゥー教の基層に流れている。少なくとも紀元十世紀頃まではサーンキヤ哲学はヨーガという技法の理論となっていた。それ以後は、ヨーガはヴェーダーンタ哲学を自らの理論的支柱としたが、ヴェーダーンタ哲学も広い視野からみるならば、サーンキヤ哲学の発展の一形態であるとみなすことができるのである。

ヨーガとは、個々人の心作用の統御を主内容とした方法あるいは態度であり、その方法はさまざまな目的・目標をめざす。インド文化史の第三期の終わる頃まではヨーガの使命は、主として心作用を鎮めること（ニローダ）というかたちの統御であった。後世には、のちに述べるように、ヨーガが心作用を活性化させるというかたちの統御をめざしたこともあったが、インド古代においてはヨーガの主要な流れは心作用を鎮めることにあった。

ヨーガそしてインドのほとんどの哲学・思想は、あらゆる人為を鎮め、止滅させるならば、自分たちの求めるものがそこに存在するはずだという楽天主義に支えられている。世俗的繁栄（アビウダヤ）を拒んだヨーガ行者の行為も、もともとこの楽天主義に根ざしている。精神の至福（ニヒシュレーヤサ）が得られることを期しているからこそ、彼らは望んで世俗的繁栄を捨てようとするのである。とはいえ、インドの地では世俗的繁栄が軽視されてきた、というわけではない。かの地では古来、人生の目的として、法（ダルマ。社会的名声あるいは正義）、財（アルタ）、愛欲の対象（カーマ）の三つが重視されてきたのである。

これら三つの「世俗的繁栄」をインドの宗教行為もしばしば目的としてきた。ヴェーダ聖典に基づく祭式の多くは、個人の精神的救済を目的とするというよりは、長寿や息子の誕生などの祈願を目的としていた。ヒンドゥー教には、天然痘を司る女神シータラーに対する崇拝のように、病気治癒などの現世利益《りやく》を目的とした崇拝形態が多く含まれている。これらの目的が追求される際の宗教的行為は儀礼のかたちをとることが多いが、現世利益を求めるかたちの儀礼行為には、ヨーガは用いられない。もっともヨーガを実習して超自然的力を得て現世利益をめざすというような場合があることは事実である。重ねていうが、ヨーガとは心作用の統御の方法をいうのであって、その精神集中の結果がどのような目標に向けられているかは、ヨーガという方法とは別に考えられねばならない。

名声、財、愛欲の対象というかの三目的に加えて、後世、解脱（モークシャ）が第四の目的として認められた。「モークシャ」とは苦に満ちたこの輪廻の世界から解き放たれることを意味する。この第四の目的こそ世俗を離れた清明な境地において求められるべき個人的「精神の至福」なのである。

現世利益を求める宗教行為は途切れることなくおこなわれてきた。これはインド宗教の変わることなき基調である。しかし、聖典ウパニシャッドの哲人たちに続いてブッダさらにはジャイナ教の開祖ジナが出生したあとは、個人的な「精神の至福」がインドの宗教において重要なものとなった。

また、後世のヒンドゥーの知的エリートたちも個人的な「精神の至福」により大きな比重をおいた。ヴェーダ祭式に関する儀軌《ぎき》の解釈体系を打ち立てようとしたミーマーンサー学派でさえ、後世は「個人的な精神の至福」を目的の一つとしたのである。ヨーガは、「精神の至福」を求めたインドの宗教的伝統が採用したもっとも一般的な手段であった。

しかし、すでに述べたように、ヨーガはあくまで心作用の統御を主内容とする行法なのであって、ヨーガそのものに個人的な精神の至福をめざすという目的があるわけではない。「個人的な精神の至福」

を得るためには実践者は「俗なる者」であり「不浄なる者」としての自己を否定しなければならない。この否定のためにヨーガという手段が用いられることがとくにインドの宗教にあっては一般的であるために、ヨーガはもともと煩悩などの「俗なるもの」を否定するという目的があったと思われてきたにすぎない。

「人生四住期」のプログラム

バラモン教によれば、上層の階級の者、とくにバラモンたちは、自分たちの人生を次のような四つの時期（四住期）に分けて過すように薦められていた。その四つの時期とは、学生期（ブラフマチャルヤ、梵《ぼん》行《ぎょう》）、家住期（グリハスタ）、林住期（ヴァーナプラスタ）、および遊行期（サンニャーサ）である。

第一の時期には、師の家に弟子入りしてヴェーダ経典などの学習をする。第二の時期には、結婚し、家長となって子孫の養育にあたる。第三期には、家長の地位と義務から解放されて、森に行き、隠居生活を送る。最後の時期では、再び家に戻ってもよく、あるいはほかのところを遊行してもよい。このような人生の時期区分が、どれほどの強制力をもったのかは不明であるが、一つの有力なモデルであったことは確かである。

四住期のうち、はじめの二期にあっては「世俗的繁栄」（アビウダヤ）が求められ、あとの二期にあっては「精神的至福」（ニヒシュレーヤサ）の追求に重点がおかれた。このような人生の二種の目的を区別することは、初期の哲学（ダルシャナ）文献にもみられる。例えば、『ヴァイシェーシカ・スートラ』（五〇〜一五〇年頃成立）のはじめには「さてそれゆえにダルマを説明しよう」〔一・一・一〕とあり、さらに「そこから世俗的繁栄と精神的至福が成立するものがダルマである」〔一・一・二〕とある。ここでは「ダルマ」とはヴァイシェーシカ学派の学説にほかならない。したがって、「世俗的繁栄」と「精神的至福」との区別がすでに初期の哲学学派にあったことがわかるのである。

インドでは、世俗的繁栄を積極的に求め、その享受を是認するあり方は「促進の道」（プラヴリッティ・マールガ）と呼ばれ、世俗的繁栄から退くことを薦め、究極的には精神的至福を求めるあり方は「寂滅の道」（ニヴリッティ・マールガ）と呼ばれてきた。前者がいわば現世肯定であり、後者が現世否定の態度である（六八頁参照）。

林住期のバラモンたちが苦行（タパス）あるいはヨーガをおこなっていたことは、間違いのないことである。しかし、実際にはインドのヨーガの伝統の主要な部分は、年老いて引退したバラモンたちによってというよりも、結婚せず、財産も所有しない行者たちによって保持されてきた。

古典ヨーガ学派とサーンキヤ哲学

非バラモン的起源を有すると思われるヨーガは、ヴェーダ期の末期において一種の身体的技法として用いられたのち、ヒンドゥー教の時代になってバラモン正統派のなかに組み入れられた。バラモン正統派においてはじめて明確な「ヨーガの哲学」の体系化がおこなわれたのは、古典ヨーガ学派によってであった。この学派の人々が第一義的にめざしたものは「精神的至福」（ニヒシュレーヤサ）であり、予知能力、千里眼など、よくいわれるさまざまな超能力は、ヨーガの副産物であるとしても、主要な目的としては考えられなかった。

古典ヨーガ学派がめざした精神的至福は、純粋精神としての霊我を本来の状態に戻すことであった。このことを理解するためにはわれわれはヨーガの行法が踏まえているサーンキヤ哲学を理解する必要がある。サーンキヤ哲学は、「霊我」（プルシャ）と呼ばれる純粋精神と、世界の展開の質料となる「原質」（プラクリティ）との二原理によって現象世界の成立や「精神の至福」を説明する。この二原理は特殊な関係で結びついてはいるが、本質的にはまったく別の存在と考えられている。

「霊我」は「観照者」とも呼ばれるように、それ自身は「原質」の活動を見守るのみであり、原質に対して能動的な働きをすることはない。霊我は、宇宙に一つのみ存在し、かつ世界を統括するといったいわゆる世界精神ではない。というのは、霊我は個人的原理であり、一人の人間に一つの霊我が存在すると考えられているからである。したがって、この世界における人間の数だけ霊我は存在することになる。霊我は個々人の心理および身体を超えたところに存在すると考えられている。もしもそのような超越的存在が認められないとしたならば、「俗なるもの」としての原質つまり現象世界の活動がなくなったときに顕《あらわ》れねばならない「聖なるもの」が存在しないことになってしまう。後世のインド思想史の流れは、サーンキヤ哲学が提唱した原質と霊我、すなわち現象世界とそれを超えた存在の間隙をどのように埋めていくかの過程であったといっても過言ではない。インド六派哲学のなかで後世、もっとも有力になった学派であるヴェーダーンタ学派は、サーンキヤ哲学の言葉でいえば、霊我を原質のなかに「引き入れる」ことによって霊我と原質の距離を縮小したということができる。

世界の実質的形成はもう一つの原理である原質によっておこなわれる。サーンキヤ哲学によれば、「原質」と呼ばれる根本物質が自らを変形・変質させた結果がこの現象世界なのである。原質のなかにはもともと世界構造のプランが組み込まれており、その状況に対応してそのプランが実行に移される。原質は世界形成の素材としての質量因であるとともに、世界形成の動力因でもある。

「原質」を「物質」と置き換えることはできない。というのは、われわれの感覚、意欲、認識などは、すべて原質の働きだからである。「わたしは霊我である」と思うことは、原質の思い上がりであり、霊我の与り知らぬことなのである。

原質は「グナ」と呼ばれる三つの要素によって構成されている。三つのグナとは、知性、「光」の要素としての純質《じゅんしつ》(サットヴァ)、経験、動力の要素としての激質《げきしつ》(ラジャス)、および慣性、「暗」の要素としての暗質《あんしつ》(タマス)である。これらのグナは、原質の属性、様態であると同時に、属性様態の基体としての原質そのものでもある。

現象世界の出現

原質は宇宙の展開の根本的素材であるが、現象世界へと展開(転変)する以前は「未顕現なもの」と呼ばれる。具体的なかたちをとる以前の、原初の質量である。未顕現の状態においてかの三つのグナは完全な均衡状態にあるといわれる。

未顕現の原質は、やがて均衡状態という本来の状態を離れて、「大《だい》」（マハット）という力のかたまりとなってあらわれる。原質はさらに「大」の状態から「自己感覚」の状態へと自らをつくりかえる。この「自己感覚」は、個々人の自己感覚あるいは自己意識というよりは、集合的な自己統覚作用というべきものである。この未発達の「自己感覚」のかたまりはその後、異なる二つの方向へと自らを変形させる。すなわち、一方では主観的な現象世界へと変形し、他方では客観的な現象世界へと展開するのである。「自己感覚」から現象世界の出現を引き起こす原因は、かの三つのグナの勢力の不均衡である。あるグナの勢力がほかのグナの勢力に勝るとき、その勢力のあるグナに呼応して、かの「自己感覚」のかたまりが自らの姿を変える。

純質の勢力が支配的なときには、「自己感覚」は自らを一一の器官（五感覚器官、思惟器官、五行為器官）に変える。「五感覚器官」とは、眼、耳、鼻、舌、身（皮膚）のことである。第六の思惟器官「意《マナス》」は意識作用を司り、知覚活動と運動との連結点となる。五行為器官（五作根）は、発声器官、手、足、排泄器官および生殖器をいう。

グナ暗質が勢力を得ると、「自己感覚」は物質的世界が発生するための種子へと変形する。この種子は、かの五感覚器官の諸対象（色彩〈色〉、音声〈声〉、香り〈香〉、味、および温度、硬軟などの触感〈触〉）である。そして、この諸対象から世界の物質的基礎となる「五大元素」（地、水、火、風、および空）が出現する。「五大元素」によって人間を取り巻くいわゆる自然が形成されるのである。

激質というグナは、ほかの二つのグナと同様、主観的な現象世界と客観的な現象世界の両者の出現にかかわる。このグナは慣性、活動の性質を帯びており、原質が展開する動力となるからである。

このように、サーンキヤ哲学にあっては、霊我という原理のほかに、二四の存在原理（原質、大、自己感覚、十一根、五微細元素、および五大元素）を数え、それらの二四原理の自己展開によって現実的世界の

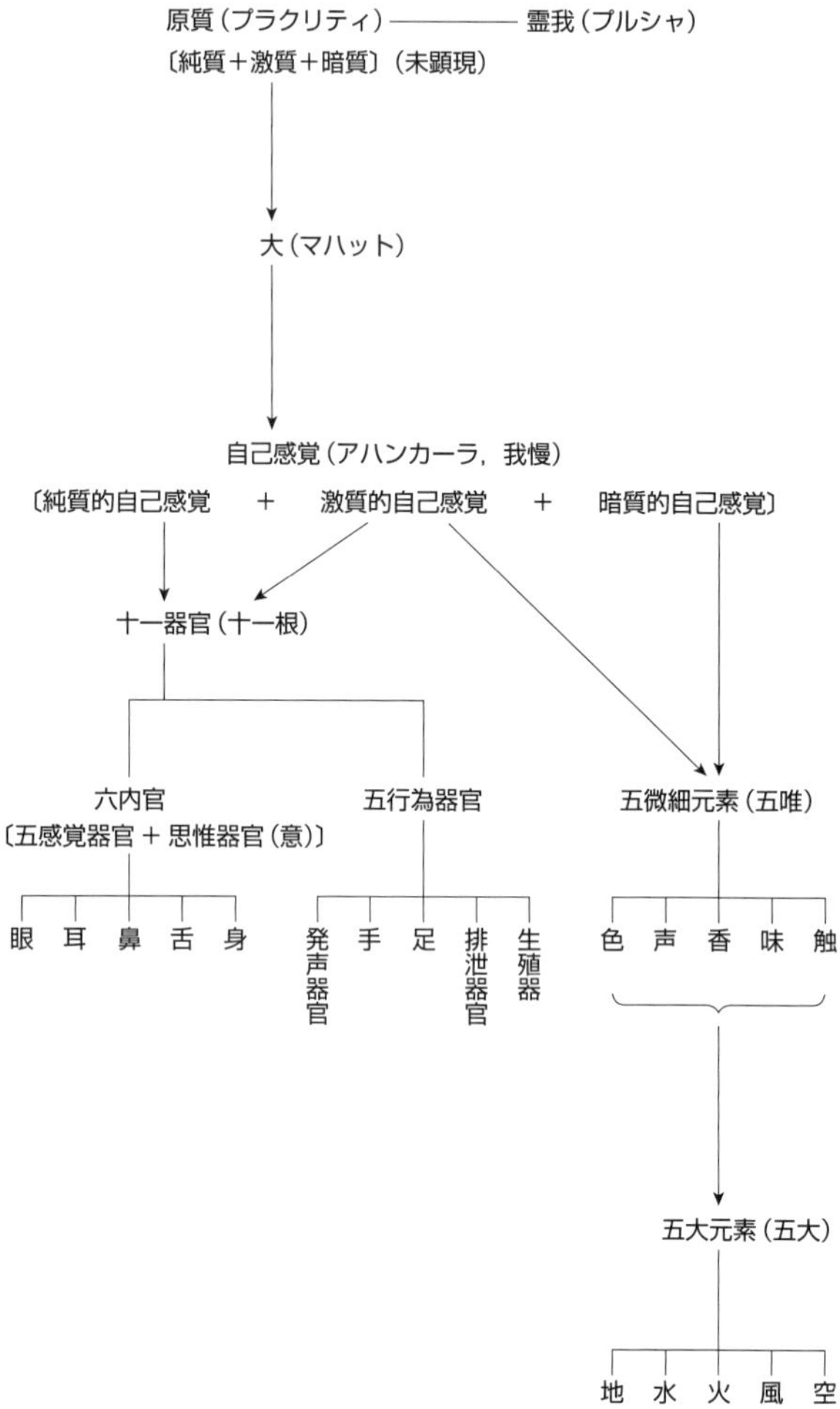

サーンキヤ哲学における霊我と原質（原物質）

出現を説明する。この学派によれば、宇宙は「光」を性質とする感覚器官と、「暗」を性質とする感官の対象とが対立し、その両者に動力が存するのである。要するに、光と暗とのあいだを力が突き抜けると、現象世界が成立すると考えられている。

古典ヨーガ学派は、サーンキヤ哲学の世界観に基づいて、この周囲世界(固体が有する感官とその対象によって構成される世界)へと展開した三つのグナの均衡を取り戻して「原質」の展開をとめ、かの純粋精神(霊我)の本来の姿を目のあたりにしようとする。三つのグナの均衡状態が成立し、原質の活動がやむならば、「世界」は展開をやめ、原初の統一へと戻る。世界(宇宙)が始原へと回帰したときにこそ、霊我は本来の姿で輝き、それを眼前にしたヨーガ行者に精神的至福が訪れるのである。

『ヨーガ・スートラ』におけるヨーガ

「ヨーガ」という語は「馬に軛《くびき》をかける」という意味の動詞根 yuj《ユジュ》 から派生した語である。ヨーガ行者も心に軛をかけてその動きを制御・統御するのである。心の作用を制御することが、五元素、行為器官、五感覚器官などに分化して活動している世界を、その原初の状態へと戻すことと考えられた。

世界つまり原質の活動はとめなければならない。そうでなければ、原質の活動に邪魔されて霊我の光はヨーガ行者に輝かない。「ヨーガは霊我の光が輝くことのできるように、世界の活動を統御してその道を開く。ヨーガ自身は何もつくりだすことはない」とM・エリアーデは『ヨーガ——不死と自由』において述べている。

ヨーガには大別して二つの流れがある。古典ヨーガと後世のハタ・ヨーガである。本項ではまず前者の根本経典である『ヨーガ・スートラ』にみられる思想を考察することにしよう。古典ヨーガはハタ・ヨーガより古く、「ヨーガの古型」を保っている。ハタ・ヨーガに関してはあとの第5章第2節において考察したい。

『ヨーガ・スートラ』の現在形の成立年代は、二～四世紀であろうと推測されるが、紀元前にすでに成立していたインド古代のいくつかの伝統が合わさって、現在のかたちに編纂されたと考えられる。古典ヨーガ学派の理論的発展は、この経典に対する註、復註、さらにそれに対する註(復々註)というかたちでおこなわれた。重要な註としては、ヴィヤーサ(五〇〇年頃)の『バーシュヤ』、それに対する復註であり「インド最大の哲学者」シャンカラ(八世紀前半)に帰せられる『ヴィヴァラナ』などが残されている。

『ヨーガ・スートラ』は「ヨーガとは心の作用のニローダ(nirodha)である」〔一・二〕とヨーガを定義する。「ニローダ」という語には統御と止滅の二つの意味があるが、二つの訳語には大きな相違がある。心の作用を統御するのであれば、心の作用が抑えられたり、変質させられることはあっても、心の作用そのものが無となることはない。一方、心の作用を止滅させる場合には、心の作用そのものが無となる。『ヨーガ・スートラ』の「ニローダ」という語は註釈書の歴史のなかでは、「統御」あるいは「止滅」のいずれにも解釈されてきた。後世の註釈家たちはそれぞれの立場に従って、「統御」あるいは「止滅」のいずれかを重視した。古典ヨーガ学派に代表されるような古いかたちのヨーガは止滅という側面を重視し、後世の密教的ヨーガでは統御という側面を重視したということができる。

『ヨーガ・スートラ』〔一・三〕はヨーガの哲学の理論的基礎を簡潔に述べている。つまり、「心の作用が止滅（ニローダ）されたときには、純粋な観照者である霊我はそれ自体の本来の状態に留まる」。心の作用が止滅したときとは、原質が展開して現象世界となった過程を逆にたどって回帰した原初の状態を指している。ヨーガ行者がめざすのはそのような原初の状態であり、そこにおいて霊我が輝くのである。

では、霊我とは何か。心の作用が止滅していないとき、純粋な「見るもの」である霊我は『ヨーガ・スートラ』〔一・四〕によれば、「心のもろもろの作用に同化したかたちをとっている」。霊我は原質の活動を「王が、次々と登場し、踊っては引き下がる踊り子たちを見るように」見るのであるが、王の心は踊り子たちの姿に動かされてしまう。というよりも「踊り子たち」、つまり原質が、精神的原理である霊我に対して働きかけつづけているのが、心の作用の止滅していないときの霊我の状態なのである。

霊我は各個人に存在しているが、それらの霊我は世界に遍在している。したがって、世界には個体の数だけ霊我が重なり合っていることになる。原質も世界に遍在しており、霊我と原質とは互いに関係し合う。原質は現象世界のさまざまなありさまを霊我に見せつけ、霊我自体は苦渋に満ちたこの世界とは無関係な純粋精神であることを原質に悟ってもらおうと考える。サーンキヤ哲学によれば、この多様な現象世界をつくりあげた原質は、じつはかの見守るだけの役をしている霊我のためにこそ存在する。原質の複雑な展開は、霊我を救済するための働きであった、とサーンキヤ哲学は告白する。これが、原質の有する霊我のための救済論的目的なのである。

八階梯のヨーガ

ヨーガは、計画的・主体的な反復行為である。定められたプランに従って順序よく段階を昇っていかねばならない。師について一定の期間をかけ、それぞれの階梯《かいてい》においてあらわれてくる諸体験をかみしめながら、さらに高次の階梯に昇っていくのである。

『ヨーガ・スートラ』〔二・二八〜三・八〕は、秩序立ったヨーガ・システムとして「八階梯のヨーガ」(八支ヨーガ)を説明している。八階梯とは次のようである。

一　禁戒《きんかい》(道徳的準備)
二　勧戒《かんかい》(精神的身体的準備)
三　坐法《ざほう》(坐り方)
四　調息《じょうそく》(呼吸・気の調整)
五　制感《せいかん》(対象よりの心の離脱)
六　凝念《ぎょうねん》(特定の場における心の固定)
七　静慮《じょうりょ》(固定された心の進展)
八　三昧《さんまい》(客体のみとなった心)

これらの八階梯は、第一から第二まで、第三から第五まで、第六以降という三つの部分より成り立っている。一〜二はヨーガをおこなうにあたっての道徳的実践や行者自身の心得であり、三〜五はヨーガのめざす境地に入るためのヨーガの実質的準備である。六〜八は実際には一続きのものであり、「総制」

(サンヤマ)と呼ばれ、三昧の境地をめざす。

第一の階梯である禁戒には、不殺生、正直、不盗、不淫、および「財産の無所有」の五つの項目がある。これらは仏教の五戒とほぼ同じものであり、行者として生きていくために最小限守らねばならない社会的規範である。

第二の階梯の勧戒にも五項目が数えられる。すなわち、(1)心身を清め、(2)満足を知り、(3)苦行をおこない、(4)経典を読誦《どくじゅ》し、そして、(5)自在神を祈念することである。行者は身体を清潔に保ち、かつ慈悲の心によって心を浄化しなければならない。また、生命を繫ぐもののみで満足し、それ以上は求めてはならない。

ヨーガ行者　パシュパティナート寺院の近くの行者たちの庵。カトマンドゥ。

『ヨーガ・スートラ』の哲学は自在神(イーシュヴァラ)の存在を認めており、有神論である。この意味では無神論であるサーンキヤ哲学と異なる。もっともヨーガの神イーシュヴァラは、世界の創造主でもなく、宇宙の根本原理でもない。自在神とは、煩悩や業によって汚されていない特別なプルシャ(霊我)である〔一・二四〕といわれるが、このプルシャはサーンキヤ哲学の霊我とはいささか異なり、ヨーガ行者のモデルと考えられた存在である。

坐　法

第三の階梯「坐法」からヨーガの実質的な行法が始まる。ヨーガを実習するためには安定した快適な坐り方をしなければならない。身体を動かすこと、言葉を話すこと、心を働かせること、これらはすべて原質の働きなのであって、否定されるべき「俗なるもの」である。めざすべき「聖なるもの」である霊我は、これらの原質の彼方に存在する。坐法により、まず身体（身）の活動と言語（口）の活動が統御される。これ以降の階梯が心（意）の活動を統御する。

『ヨーガ・スートラ』は、坐法については「安定した快適なものであり」〔二・四六〕、「緊張をゆるめ、心を無限なものに合一させる」〔二・四七〕と述べているのみで、どのように足を組むかなどについてはふれていない。実際の坐り方は師から直接に教えられたのであろう。

調　息

正しく坐った行者は「気」（プラーナ）の流れの調整に入る。「プラーナ」とは、息、呼吸を意味するが、「気」と「息」とは深い関係にあり、「気」の調整は実際には「息」を整えることによって始まる。

身体には一瞬の休みもなくエネルギーの流動がある。循環器系統、神経系統、消化器系統などの人体システムのなか、呼吸器系統が人間の自由意志によって、その働きをもっとも変化させることのできるものである。このことが坐法の次に調息がおかれていることの一つの理由であろう。

調息に関する『ヨーガ・スートラ』の説明は、短いうえに註釈家による解釈もさまざまだが、要するに調息のめざすところは、「呼息と吸息の流れを絶つこと」〔二・四九〕である。吐く息と吸う息にかかる時間を、限りなく「長く細く」〔二・五〇〕していくことによって、息をしているのかしていないのかわからない状態に入る。このように呼吸の仕方が統御されれば、体内における「気」の流れがよどみなく、すっきりとしたものとなるという。

「気」とは意志作用と深く結びついており、「気」を整えることは、これ以降の階梯において必要な、意志の強さを鍛えることでもある。とくに第六の階梯において意志(マナス、意)の集中が必要となる。

制感

眼、鼻、耳などの感覚器官は、われわれが目覚めている限り、それぞれの対象と結びつく。感覚器官は「出好き」であり、統御しがたく、しばしば馬に譬えられる。彼らの赴くままにまかせていては、「気」は散漫になり、心の活動の統御はありえない。第五の階梯である制感では、対象へと結びつこうとする感覚器官を引き戻した結果、「感覚器官が心自体の模造品のようになる」と『ヨーガ・スートラ』〔二・五四〕はいう。つまり、感覚器官がそれぞれの対象と結びつくことをやめ、心の動きにのみ従うのである。

ここで行者の心は、対象から引き離されて従順になった感覚器官をともなったまま、次の階梯に進むのを待つ。次の階梯では選ばれた対象と結びつくことになる。対象を選ぶために、ひとまず対象との結びつきを断ち切るのである。

凝　念

これまでの五つの階梯において準備が終わり、この第六の階梯から本格的なヨーガの瞑想法が始まる。『ヨーガ・スートラ』〔三・一〕は凝念を「心を〔特定の〕場に結びつけることである」と定義する。ある対象（場）に結びつけることにより心を不動にする第五の階梯において対象から引き離された心は、ここで精神集中のための場を選ぶのである。ヴィヤーサの註釈書によれば、その場とは臍《へそ》、心臓、鼻先、舌先など身体の一部や花、ヴィシュヌ神の姿などである。対象を心に結びつけておくには意（マナス）、すなわち、対象に心を集中させる器官の強靭さが必要であるが、それはすでに第五の階梯において養われていた。

この階梯の目的は、心を特定の場に結びつけることであり、場あるいは対象に結びつけられた心はすぐにその対象に関してさまざまな側面から考察を始める。そのときには行者は、すでに第七の階梯の静慮へと進んでいる。先述のように、第六から第八までの階梯は一続きのものであり、そのあいだに明確な区別を設けることは難しい。

静　慮

特定の場（対象）に結びつけられた心に生じた想念が、この階梯においてはひとすじに伸びていく。『ヨーガ・スートラ』〔三・二〕は、「静慮とは、そこ〔選ばれた場〕において想念がひとすじに伸びることである」という。

心を場（対象）に結びつけたとき、心のなかにどのようなイメージが浮かぶかについては、『ヨーガ・

スートラ』は何も述べていないが、『ヴィシュヌ・プラーナ』〔六・七・七七〜八五〕には、ヴィシュヌ神の姿に心を結びつけ、そこにおいてさまざまな想念を伸ばしていく場面が述べられている。

> 彼の顔はおだやかで、目は蓮華《れんげ》の花弁に似ている。頬は美しく、広い額は輝いている。チャーミングな耳飾りは左右そろった大きさの耳たぶにつけられ、首にはホラ貝のような三本の筋がくっきりと入っている。……彼は八本あるいは四本の長い腕があり、両脚も均整がとれている。

このようにしてヴィシュヌ神という場における想念は限りなく広がっていく。凝念が心を対象に結びつけるという意味で集中的であるのに比べて、静慮は拡大的である。この階梯において行者の心は対象にかかわっているが、対象の特質によって、自らの心の清明さが失われることはない。心の状態はあくまで平静であり、想念を凝固させることによって身体を硬直させることもない。確かな自己透徹性が続くのである。

三昧

選ばれた対象に対する想念がどこまでも伸展していくある時点で、行者は自分がそれまでとは異なった次元にいるのを見出す。つまり、これまでは自分が対象に対して想念を考えていたが、自分の心はもはや、対象について考えなくなる。心が対象そのものになるのである。

『ヨーガ・スートラ』〔三・三〕はこの第八の階梯「三昧」を次のように定義している。

> それ〔静慮〕が対象のみとなってあらわれ、自体が空になったかのような状態が三昧である。

われわれが対象を見るときには、一般に「自分はこれを見ている」という意識があるが、三昧においては「見ている」という意識はない。「三昧」とは、対象に心を奪われ、忘我の状態にあることをいうのではない。その逆であって、心は対象のすべてを自らのヨーガのなかに満たした結果、心自体は「空になった」かのような状態にある。

この状態は、次のように譬えられる。すなわち、水晶に花の赤さが移って水晶全体が赤くなったとき、水晶、すなわち心、は「対象となってあらわれ」、それ自体にはもはや水晶本来の透明な部分は残っていないのと同様であるというのである。

以上が「八階梯のヨーガ」(八支ヨーガ)であるが、これはまだヨーガの前半にすぎない。すなわち、この八つの階梯においては、心の作用の統御(止滅)はまだ不完全だからである。三昧において心の作用は統御されているが、そこではまだ対象のイメージが「生きている」。『ヨーガ・スートラ』が最終的にめざす境地は、イメージもなくなって心の作用が完全に止滅した世界である。

有種子三昧と無種子三昧

第八階梯の三昧では、行者の心に対象のイメージが存するという意味で「種子のある三昧」(有種子三昧)といわれる。行者は有種子三昧を得たあとで対象を有しない「無種子三昧」に進まねばならない。

第八の階梯を何度も修習して、いつでも三昧の状態に入ることのできるようになった者には真智(プラジュニャー)が輝く。この真智も対象を有するが、その対象は言葉や推理の対象とは異なっている。第六から第八までの階梯では、行者の心のなかにまだ言葉があった。第八の階梯では、行者は対象を日常世界におけるようには見ていない。それでも言葉、あるいは概念と結びついたイメージがあった。しかし、無種子三昧では言葉とは結びつかない直観智が生まれるのである。

「これは〔　〕である」という認識をある対象に対してもつならば、その認識はすでに言葉と結びついている。だが、いま無種子三昧で生じてくる真智は、言葉によって「これである」と捉えられない特殊対象を有する。したがって、この智は言葉ともイメージとも結びつかず、しかも瞬間的である。もっともこの段階でもなお特殊な対象を有しているが、真智が第八の階梯よりもなおいっそう、ヨーガの最終段階、すなわち、心作用の完全なニローダ〔統御〕に近づいていることは、容易に理解できる。

この段階では新しい業や煩悩が再び生ずることはない。真智から生じた行為は、また真智を生むのみである。煩悩と業を離れた心は、世界の構成要素〔グナ〕との結合をもはや有することなく、霊我と対面する、といわれる。

『ヨーガ・スートラ』〔一・五一〕はヨーガ行者の究極の到達目標である無種子三昧を次のように述べている。

それ〔真智〕をも止滅させたとき、すべて〔の心作用〕が止滅するゆえに、無種子三昧が生ずる。

対象のイメージを有することもなく、特殊な対象を有する直観智をも止めよと『ヨーガ・スートラ』は命ずる。炎の消えたロウソクの芯に残っていたわずかな火のような直観智も消えたとき、すべての心作用が止滅する。そこに対象のない三昧が生ずる。

このように三昧とは、対象をイメージや言葉で捉えることなく、直観智さえ有しない。しかし、すべての心の作用をなくしたものにどのような意味があるのか。われわれはここで「ヨーガの哲学」の最大の問題に直面する。それはヨーガのみではない。大乗仏教の空の思想の問題でもあり、バラモン正統派のヴェーダーンタ哲学の問題でもある。要するに、ヒンドゥー教および仏教が求めた実在は、言葉を超えているということである。言葉を超えているということを言葉で説明する方法が、それぞれの学派によって異なるにすぎないのである。

ただ注意すべきは、ヨーガの求めた究極的な統御(ニローダ)が完璧な心作用の無あるいは死滅を意味しないことである。もしもヨーガのニローダが心作用のまったき無であるならば、ヨーガのめざすところは自殺以外の何物でもない。そうではなくて、ヨーガによって統御された心はまた活動を始めるのである。統御を受ける以前とは異なった質を有するものとして、すなわち蘇ったものとして活動を始めるのである。

5 サンスクリット文学と舞踏

美文体詩

グプタ朝においてサンスクリットの抒情詩や戯曲はめざましい発展を遂げた。技巧を凝らした詩的サンスクリット文を「カーヴヤ」(美文体詩)と呼ぶ。とくに叙事詩から素材をとり、詩的技法を駆使した韻律文を「大美文体詩」(マハーカーヴヤ)と呼ぶが、このジャンルの先駆的な作品として紀元二世紀頃のアシュヴァゴーシャ（馬鳴《めみょう》）作『ブッダ・チャリタ』（仏所行讃〈仏の生涯〉）がある。これは仏教の作品であり、叙事詩に素材をとったものではないが、作者は明らかにバラモン的素養を積んだ人であり、美文体のサンスクリットで書くことができた。この書の第五章第四九偈は出家直前のシッダルータ太子つまりブッダが思い悩む様子を描いている。太子が心楽しまないのを見て、父王は芸妓に秀でた女性たちを送って太子に音楽を聞かせ、舞踊を見せたところ、踊り子たちは疲れて眠ってしまう。そのしどけない姿を見て王子は出家を決意したといわれるが、眠った女性たちの姿を詩人は次のように描く。

ほかの女は笛を手に休めたまま、
白い衣を胸からずらして寝ていた。
そのさまはまっすぐな蜂の列が睡蓮《すいれん》にとまり、
両岸が白い泡を立てて笑う川のようだった。

ここでは、笛に開けられた穴の列が蜂の列であり、胸に置かれた手が睡蓮である。指が花弁に譬えられているが、その手に笛が置かれているさまが、睡蓮に蜂の列がとまっているようだというのである。女たちの白い衣が両岸の白い泡に譬えられている。このような修辞法に富んだ詩、つまり美文体詩がすでに二〜三世紀につくられていたのである。

グプタ期の最盛期である四〇〇年頃に詩人カーリダーサが登場する。彼はバラモン階級の出身であり、アシュヴァゴーシャの作風を参考にしたと思われるが、カーリダーサこそ美文体詩の確立者であり、また戯曲作家としても有名である。彼に帰される作品は多いが、次のものが真作と考えられる。すなわち、大美文体詩として『王子の誕生』（クマーラ・サンバヴァ）と『ラグの系譜』（ラグ・ヴァンシャ）、叙情詩として『雲の使者』（メーガ・ドゥータ）、戯曲として『シャクンタラー』『ヴィクラマ・ウルヴァシーヤ』『マーラヴィカーとアグニミトラ』である。

カーリダーサは、グプタ朝最盛期の第三代チャンドラグプタ二世（在位三八〇～四一五頃）と第四代クマーラグプタ一世（在位四一五頃～四五五頃）の治世に宮廷詩人として活躍したと考えられる。彼を超えるサンスクリット詩人はインドにおいてあらわれないだろうといわれている。

カーリダーサは当時広まっていた修辞法の伝統に従って詩をつくっているが、この詩人の時代に修辞法はまだ独立した学問分野として成立してはいなかった。彼ののち、一～二世紀たった頃、修辞学（アランカーラ）は一つの学的分野となっていたと考えられる。修辞学は、六～七世紀と推定されるダンディンの『美文体詩の鑑』（カーヴヤ・アーダルシャ）によって確立された。

七世紀中葉に活躍した詩人バルトリハリは『恋愛百頌《じゅ》集』『処世百頌集』『離欲百頌集』の三部作を残している。八〇〇年以前に活躍したと推定される詩人アマル（あるいはアマルカ）は『アマル百頌集』を残している。この作品はバルトリハリの『恋愛百頌集』に似て、男女間の恋情を詠い上げている。

インドの古典詩はヒンドゥー教神話を踏まえていることが多いが、『アマル百頌集』の冒頭にある次の歌もシヴァに関する神話を素材としている。愛の男神カーマはシヴァ神の心を「ヒマーラヤという名の山の王」の娘パールヴァティーに向けるため彼に花でできた恋の矢を射ようとする（九五頁参照）。愛の神の手もとにそそがれるヒマーラヤの娘の流し目は、はじめての接吻のときのように、すばやく動き胸の動悸を映す。そのような女神パールヴァティーの視線が恋人の女性を守ってくれるようにと青年が祈っている歌である。

甲をまるめ、矢羽を押さえて、
弓引きしぼるカーマの手の
ふるえる爪のきらめきと交わる
パールヴァティーの流し目が、
あなたをお守りくださるようにと、

シヴァとその妃パールヴァティーの浮彫り
ナガル・トーレ地区出土，カトマンドゥ盆地。ネパール国立博物館，チャウニー，カトマンドゥ。6世紀頃の製作と推定される。

わたしは祈る。
その目は、
花房の耳かざりを慕って舞う
蜜蜂のようにあでやかで、
また、その蜂をこわごわ見て動く目にも似ている。
〔デーヴァダル版、第一頌〕

インドでは家に客を迎え入れるときには花や水を捧げるが、以下の詩でアマルは独特の捧げものによって男を迎える女を描く。

入り口の長い花綱は、青い睡蓮ではなく、二つの目。

敷く花は、クンダやジャスミンの花ではなくて、ほほえみ。
供物は、瓶の水の代わりに汗の滴る乳房。
こんなふうにしなやかな女は自らの体のみで浄めをする。
家に入ってくる男のために。［デーヴァダル版、第四〇頌］

修辞法

修辞法（アランカーラ）の基礎的な概念としてウパマーナとウパメーヤがある。ウパマーナは譬えの基準であり、ウパメーヤは譬えられるものである。例えば、「あなたの顔は月のようだ」という場合「あなたの顔」が譬えられるものであり、「月」が譬えの基準である。もっとも厳密には、すぐあとに述べるように、「月であること」（月性）が譬えの基準なのではあるが、「月のようだ」というように「〜のようだ」というような表現を用いた比喩はウパマー（直喩）といわれ、「あなたの顔は月だ」というように譬えの意味はありながらも「〜のようだ」というような表現を用いない比喩は「ルーパカ」（隠喩）といわれる。

インド哲学において「AはBである」であるという命題は、しばしば「AにはBである性質（B性）が存在する」というかたちで理解される（一七〇〜一七一頁参照）。例えば、「あなたの顔は月のようだ」という命題の内容は、月であること（月性）という性質（属性）が比喩的に「あなたの顔」という基体に存すると考えられて、「あなたの顔には月であること（月性）が存在する」という形式で理解される。「あなたの顔が月だ」を「あなたの顔には月性がある」と言い換えること、あるいはその逆も古代インドにとっては一般的なことであった。修辞学においても、「月であること」という譬えの基準（ウパマーナ）が顔という譬えの対象（ウパメーヤ）に存するようだと考えられたのである。

サンスクリットを解する古代のインド人たちにとって、また現代インドの知識人たちにとっても同様であるが、美文体詩の鑑賞は、その詩に用いられている修辞法などを明確に理解することを必要条件としていた。そのような条件を満たしながら、後世の註釈家たちは美文体詩や戯曲に註を施していったのである。

カーリダーサの美文体詩の代表作『王子の誕生』は次の偈で始まる。

北方にヒマーラヤという名の
神格を備えた山の王がいた。
東方と西方において海へと入り、
大地をはかるものさしのようだった。［一・一］

カーリダーサの詩の註釈家として知られるマッリナータ（十四世紀初頭〜十五世紀初頭）の著した註釈書『サンジーヴィニー』によれば、ここではヒマーラヤ山脈が大陸のものさしに譬えられており、この修辞法は「詩的な発想」（ウトプレークシャー）と呼ばれる。

詩人は続けて詠う。

すべての山々はヒマーラヤを仔牛とみなし、

乳搾りに巧みなメール山(須弥山)を乳搾り人となし、
プリトゥ王に命ぜられた牝牛の姿の大地より
輝く宝や薬草を搾り出した。〔一・二〕

この詩に用いられた修辞法を理解するためにx軸とy軸を図のように書いてみよう。x軸のマイナスの線上に牝牛、乳搾り人、仔牛、乳搾りを命じた者たち、および乳すなわち五つの譬えの基準(ウパマーナ)を配置してみる。これらに対応するように、x軸のプラスの線上に、大地、メール山(須弥山)、ヒマーラヤ、山々、および宝や薬草すなわち五つの譬えられるもの(ウパメーヤ、譬えの対象)を並べてみよう。「ヒマーラヤ」とは、ここでは想像上の山の王を意味し、「すべての山々」はその回りにある山々を指している。したがって、今日の「ヒマーラヤ山脈」とは異なった意味に用いられている。

y軸のプラスの象限に「乳を搾ること」の点をとり、その点から先程の大地と牝牛へ、次にメール山と乳搾り人へ、さらにはヒマーラヤと仔牛へというように線を引いていくならば、図ができあがる。この図は、先にあげたもろもろの事柄が搾乳という一つのことを中心として結びついていることを示している。要するに乳を搾ることという一つの事象に対して、大地と牝牛、メール山と乳搾り人、などがそれぞれ対応しながら結びついていることがわかる。このような修辞法を類似点結合(トゥルヤ・ヨーギター)という。

『王子の誕生』第一章第三偈はヒマーラヤの美しさを次のように詠っている。

限りない宝を秘めるかの山の雪は、

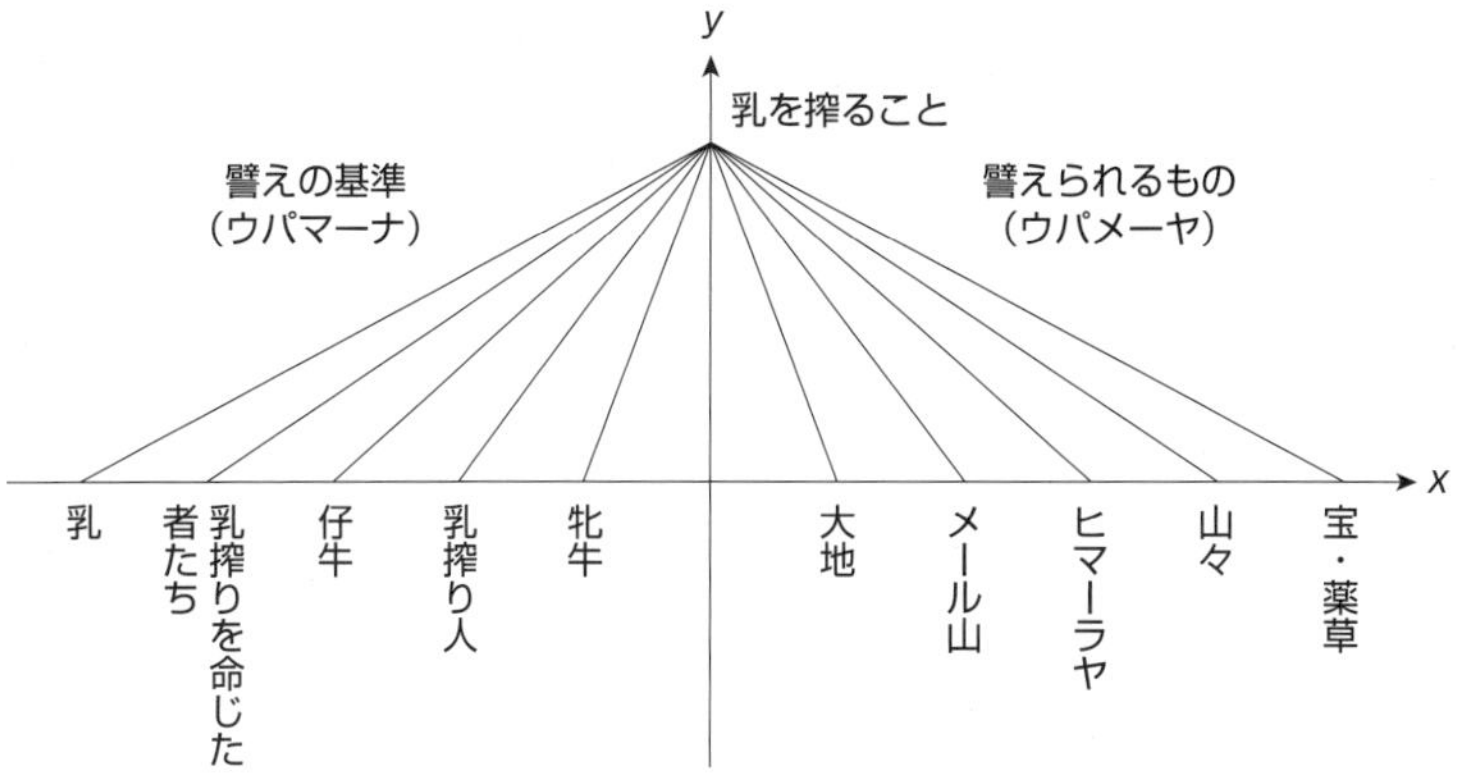

類似点結合という修辞法

その山の美しさをそこなわなかった。
一つの欠点は長所の群のなかに沈むからだ。
月面の点が光のなかに沈むように。［一・三］

古代インド人たちにとってヒマーラヤの雪とは人々を拒む氷河であり、良きものではなくむしろ短所であった。ここでは「一つの欠点は長所の群のなかに沈む」という一般的な事柄が「月面の点、すなわち陰りが光に沈む」という特殊な事柄へと移されている。一般と特殊との対比が組み込まれていることがここの修辞法であり、他事象転置（アルターンタラ・ニヤーサ）という。

後世、修辞法はますます複雑になり、修辞法を規定通りに用いていない詩は価値がないと考えられるようになった。カーリダーサの時代から八〜九世紀頃まではインドではまだみずみずしい詩がつくられたが、十世紀頃以降になると約束事に縛られて、形骸化したものになっていったようである。

十一〜十二世紀に著された修辞法・演劇理論の集成『サーヒティヤ・ダルパナ』においては修辞法は何十という種類が数え

られている。より多くの種類の修辞法を織り込んだものがより優れていると考えられるようになった。しかし、数多くの種類の修辞法を用いた詩はかえって勢いを削ぐことになった。さらに、後世の修辞学者の関心事は、カーリダーサ、バーナ(七世紀中葉)などの詩人がどのような修辞法を使っているかを考察することになった。

インド人はほとんどすべての分野においてシステムをつくってきた。哲学や文法学も無論のことであるが、修辞学、韻律、演劇、舞踏などの分野においても理論体系をつくっている。ただ古代インド人たちは神々への讃歌である『リグ・ヴェーダ』と、後世イソップ物語の成立に影響を与えた民話集である『パンチャタントラ』や『ヒトーパデーシャ』に関してはシステムをつくらなかった。

舞踏

舞踏(ナートゥヤ)のシステムを扱った最初の文献は『ナートゥヤ・シャーストラ』である。これは先述のアシュヴァゴーシャ(二〜三世紀)ののち、カーリダーサ(四〇〇年頃)以前には原型ができあがっていたと推定される。また四世紀頃の詩人バーサもその存在を知っていたと考えられる。もっとも当時の『ナートゥヤ・シャーストラ』はそのままのかたちでは伝えられておらず、現在のかたちは大幅に増補されたものであろう。原型においてすでに舞踏のみではなく、修辞法、演劇理論、劇の演じ方、さらには韻文の作り方なども論じられている。この文献は後世のインドの芸術の基本的なテキストとなって現在に至っている。

『ナートゥヤ・シャーストラ』の中心はやはり舞踏(ナートゥヤ)であり、第四章には一〇八の舞踏のポーズが述べられている。今日でもインド伝統舞踊の基本はこの文献に従ったものである。グプタ朝以降はヒンドゥー教の神々の彫像がさかんにつくられていったが、彫像に表現された神々のポーズも『ナートゥヤ・シャーストラ』における規定に従っている。例えば、シヴァは「ナタ・ラージャ」(踊り手たちの王)と呼ばれるように踊った姿であらわされることが多いが、まず南インドにおいて有名になり、今日では全インド的に知られるようになったシヴァの「舞踏の相」(一五八頁参照)も、この文献に依っていると考えられる。火炎輪のなかで踊るシヴァの右第一臂《いっぴ》の「旗印」や左第一臂の「象の手」、さらには「蛇に驚き片足を伸ばしたままあげたような足」などは『ナートゥヤ・シャーストラ』において規定されている。またそれらのポーズそれぞれには象徴的意味が与えられているのである。

戯曲

すでに述べたカーリダーサ、四世紀頃のバーサ、七世紀のハルシャ・ヴァルダナ王(一三三頁参照)、八世紀前半に活躍したと推定されるバヴァブーティなどが劇作家として有名である。

戯曲(ナータカ)は、通常、五幕によって構成される。発端と呼ばれる第一幕では、どのような問題があるか、どのような目標・目的があるかが明らかにされる。第二幕は努力と名づけられるが、第一幕で明らかにされた問題、目標に向かっての努力がなされるゆえに努力という。第三幕はその努力に寄せられる希望である。第四幕は困難に直面する場面であり、第五幕は目的成就である。要するに物事の発端があり、どのような目標が望ましいかが明らかにされ、試練があって目的が成就するという運びである。

しかし、このような構成に関する規定が後世、自らを縛ることになった。例えば、第一の発端のなかに一二の段階の展開が定められ、二番目にも十いくつのものが定められて、それに従って戯曲を書かねばならぬことになったため、戯曲全体が勢いのないものとならざるをえなくなった。例えば、十一世紀後半から十二世紀にかけて活躍したと思われるクリシュナミシュラ作の寓話劇『月の悟りの昇り』(プラボーダ・チャンドローダヤ)は、この時代のものとしては有名であるが、複雑な規則を守ってつくられているために、ステレオタイプな作品となっている。

インドの戯曲のほとんどは大団円で終わる。カーリダーサの戯曲『シャクンタラー』も、離れ離れになった妻シャクンタラーと夫が指輪を介して再会するというハッピーエンドの話である。花鳥風月を詠うことがインド戯曲や美文体詩の基調である。インドの戯曲や美文体詩にはギリシア的な悲劇はみられない。少なくとも七世紀頃までのインドにあっては、中国の李白《りはく》や杜甫《とほ》などのような官吏として優遇されなかった詩人たちの世を憂う詩は有名にはならなかった。これはおそらくカーリダーサたちが宮廷の保護を受けていたことと関係があると思われる。しかし、インドのプラーナ(神話集)や叙事詩などのなかにはギリシア神話のなかにあるような悲劇がみられる。インド人たちは、いわゆる詩(カーヴヤ)のなかにではなくて叙事詩や神話集のなかにギリシア人がみたような人間たちの悲劇を描いていたように思われる。

演劇理論

演劇の理論に関してもインド人は詳細な考察を残している。演劇理論はすでに述べた『ナートゥヤ・シャーストラ』において考察されているが、演劇理論書としては十世紀の後半頃に活躍したと推定されるダナンジャヤの『ダシャルーパカ』が有名である。インドの古典演劇理論では、役者の演技と観劇者の鑑賞との関係を説明するために三つの要素が考えられた。すなわち、外的要因、情態（バーヴァ）、および味（ラサ、情調）である。

第一は観劇者の心理状態を高揚させるための舞台設定などの外的要因である。第二の要素である情態にはさまざまなものがあるが、主要なものは人間の心性にある感情の原型ともいうべきものである。愛しいと思う心、怒り、勇み心、嫌悪感、おかしさ、打ち沈む心、驚き、怖がる心の八種、あるいはそれに静まった心を加えて九種を数える。これらは感情と呼ぶことのできるものではあるが、一時的なものではなくて持続的なもの（スターイ）へと昂揚されたものでなくてはならない。ダナンジャヤの『ダシャルーパカ』は、この情態が「喜びが生まれる源であり、他人〔観劇者たち〕をそれ自身〔持続的な感情〕へと導く」〔四・四三〕と述べている。

第一の要因に刺激され、第二の要素つまり持続的な感情が観劇者たちの心に生まれる。その際、第二の要素は普遍的な感情の原型なのであるが、一方ではその感情を自身の対象として把握しようとする能動的な欲動としても働くのである。この第二の要素が味（情調）を喚起する。つまり、昇華され持続的になった感情の原型を観劇者が味わうのである。この第三の要素はかの第二の要素のそれぞれに対応して九種を数える。すなわち、恋情、憤激、勇武、憎悪、滑稽、悲愴、驚愕、畏怖、および寂静である。

情調とは観劇者によって把握される受動的な意味内容をいう。愛しいと思う心によって把握された恋情が個人の感情として終わることなく、普遍的なものとして昇華され美的概念となる。演劇者はそれを演じ、観劇者はそれぞれの意味を把握して味わうのである。

サンスクリットの詩や戯曲の伝統は、イスラーム教徒による政治的支配を受けるようになった第五期(一二〇〇〜一八五〇年)以降にあっては創造的なものはほとんどみられなくなった。もっともこの第五期にあっては各地域の言語によって文学作品が生まれていった(第5章第3節参照)。

6　ヴァルダナ朝とハルシャ王

グプタ朝崩壊後のインド

五世紀後半、北インドを中心に広大な領土を支配していたグプタ朝は衰えをみせ始めた。とくにその頃、遊牧民族エフタルが中央アジアから西北インドに侵入すると、グプタ朝は内部分裂をして、急激に勢力を弱めていった。グプタ朝は五五〇年頃に亡んだのであるが、「グプタ朝」の末裔《まつえい》と称していた小さな王朝(後期グプタ)が八世紀末あるいは九世紀初めまでマガダ地方に存在した。

六世紀中葉、中央集権国家であったグプタ朝が崩壊すると、ウッタル・プラデーシュの中央部のカナウジを中心としたマウカリ朝が力を得たが、七世紀初頭にはこの王朝は亡んだ。西インドのサウラーシユトラでは五世紀末、グプタ朝崩壊に乗じてヴァラビーを都としてマイトラカ朝を建てた。この王朝はグジャラート地方まで勢力を伸ばした。首都ヴァラビーは学術の中心として栄え、多くの仏教寺院が建立されていたといわれる。しかし、七世紀に入り、ハルシャ・ヴァルダナが北インドを統一すると彼の王国に従属した。

ヴァルダナ朝の台頭

七世紀に入ると、分立・対立する諸王朝のなかからヤムナー川の上流、北インド中部の西端にあった都市ターネーサルに都をおいた王国が強大となった。七世紀初頭に、マウカリと義兄弟の関係にあったハルシャ・ヴァルダナ(在位六〇六〜六四七)が王位に就いた。そのとき王は十七歳であったという。彼は北インドを統一し、カーニヤクブジャ(現カナウジ)に都を定め、北インドを中心とした王朝を統治した。彼はカシミール、ヴァラビー、ベンガル、アッサムなどかなりの領土を従えたが、南へは進むことはできなかった。ナルマダー河畔で南インドのチャールキヤ朝のプラケーシン二世の軍に敗れている。

ハルシャの帝国統治はグプタ朝の場合と同じような封建的制度であった。ハルシャは自分の王朝の本拠地であるガンジス川上流を直轄地として、ほかの領土は服従を誓った諸侯の支配に任せたという。諸侯は一定数の兵馬をハルシャ王のために維持する代わりに寺領の支配を認められていた。

ハルシャ王はさまざまな方面に優れた能力を有していた。彼ははじめ、シヴァ派のヒンドゥー教徒であったがのちには仏教も信仰し、仏教教団に多大な援助を与えた。当時インドを訪れた三蔵法師玄奘《げんじょう》もハルシャ王の厚遇を受けており、玄奘はこの王朝の繁栄ぶりを書き残している。

ハルシャ王が勇敢な武将であったことはいうまでもないが、彼は文人であり、サンスクリットの素養があった。彼自身戯曲『ナーガーナンダ』(龍王の喜び)を残している。宮廷には、数多くの詩人や学者が集まった。そのなかの一人、詩人バーナは『ハルシャ・チャリタ』(ハルシャの行状〈伝記〉)を著した。

しかし、ハルシャ王が後継者を残さずに亡くなると、彼の帝国は急に崩壊していった。そして、インドは再び諸小国分立の時代に入り、一二〇〇年頃までこの状態が続くのである。このようにしてハルシャの王国の滅亡によってインド文化史の第三期は終わる。

あるいは、次のようにいえないであろうか。すなわち、ハルシャ王は古典文化の終期に存在したというよりは、むしろ、その後続く時代の幕を開いた人なのではなかろうか。たしかに彼は非アーリヤ系の文化である仏教を援護したことで知られており、彼の王朝の統治の仕方はグプタ朝のそれに似てはいる。しかし、かの王朝はほとんどハルシャ王一代のものであり、グプタ朝のように何世紀も続くものではなかった。歴史の過渡期にあらわれてすぐ消滅した王国であった。七世紀からインドの歴史や思想は、芸術も含めて大きな転換期を迎える。それまでの古典文化の総括をしつつ、転換期の一番はじめにテープカットをしたのがハルシャ・ヴァルダナではなかったかと思える。

第4章 諸王国分立時代のヒンドゥー教

1 分立する諸小国

カシミールの諸王朝

ハルシャ・ヴァルダナの王国の瓦解後、分立する諸王朝は北インドの覇権を得ようと努めた。それらのうち、七世紀後半、先に述べた「グプタ朝」の末裔《まつえい》と称していた後期グプタ、次いで八世紀前半、カーニヤクブジャを本拠地とするヤショーヴァルマンの活躍がめだった。これに続く時代には、カシミール、ベンガル、ラージプーターナー(ラージャスターン)およびデカン地方においてみられる諸勢力が分立した。これらもろもろの勢力は中央に進出して覇権を得ようとしたが、全インド的な帝国をつくることはできなかった。このような小国家分立の状態は十三世紀初めにイスラーム教徒の王朝によって北インドが支配されるまで続くのである。

カシミールは七世紀に勢力を増大させ、パンジャーブ地方の大半を領土とした。八世紀中葉にはムクターピータ・ラリターディトヤ王はカーニヤクブジャのヤショーヴァルマンを倒し、インド北西部を支配した。この地では、十一世紀にはサンスクリットで書かれた物語集成『カターサリット・サーガラ』(説話の川の海)が著された。著者ソーマデーヴァはカシミールのアナンタ王とその妃スールヤヴァティーの庇護を受け、この妃を慰めるために一〇六三年から八一年のあいだにかの説話集を著したと伝えられる。

十二世紀中葉には、カシミールの王統記『ラージャ・タランギニー』(諸王の流れ)がカルハナによって著された。この書は前半こそ神話や伝承を述べているが、第五章は九世紀から九三九年までのウトパラ朝について、第六章は一〇〇三年の女王ディッダーの死までを、第七章はローハラ朝を扱い、一一〇一年のハルシャ王の悲劇的死までを、第八章はウッチャラ王(一一一一年没)の即位から約半世紀の歴史を述べている。

著者カルハナは、ハルシャ王に仕えた大臣チャンパカの息子であった。この父はハルシャ王の没後、隠居したという。カルハナは宮廷詩人となることなく、当時のインド人としては珍しく事実に忠実に述べている。もっともこの王統史はたんに歴史書であるのではなく、サンスクリット美文体詩(カーヴヤ、一二〇頁参照)としても評価されるべきものである。

ベンガルの諸王朝

ベンガル地方(現在のインド東部とバングラデシュ)でも諸王朝が東インドの覇権を競い合った。八世紀

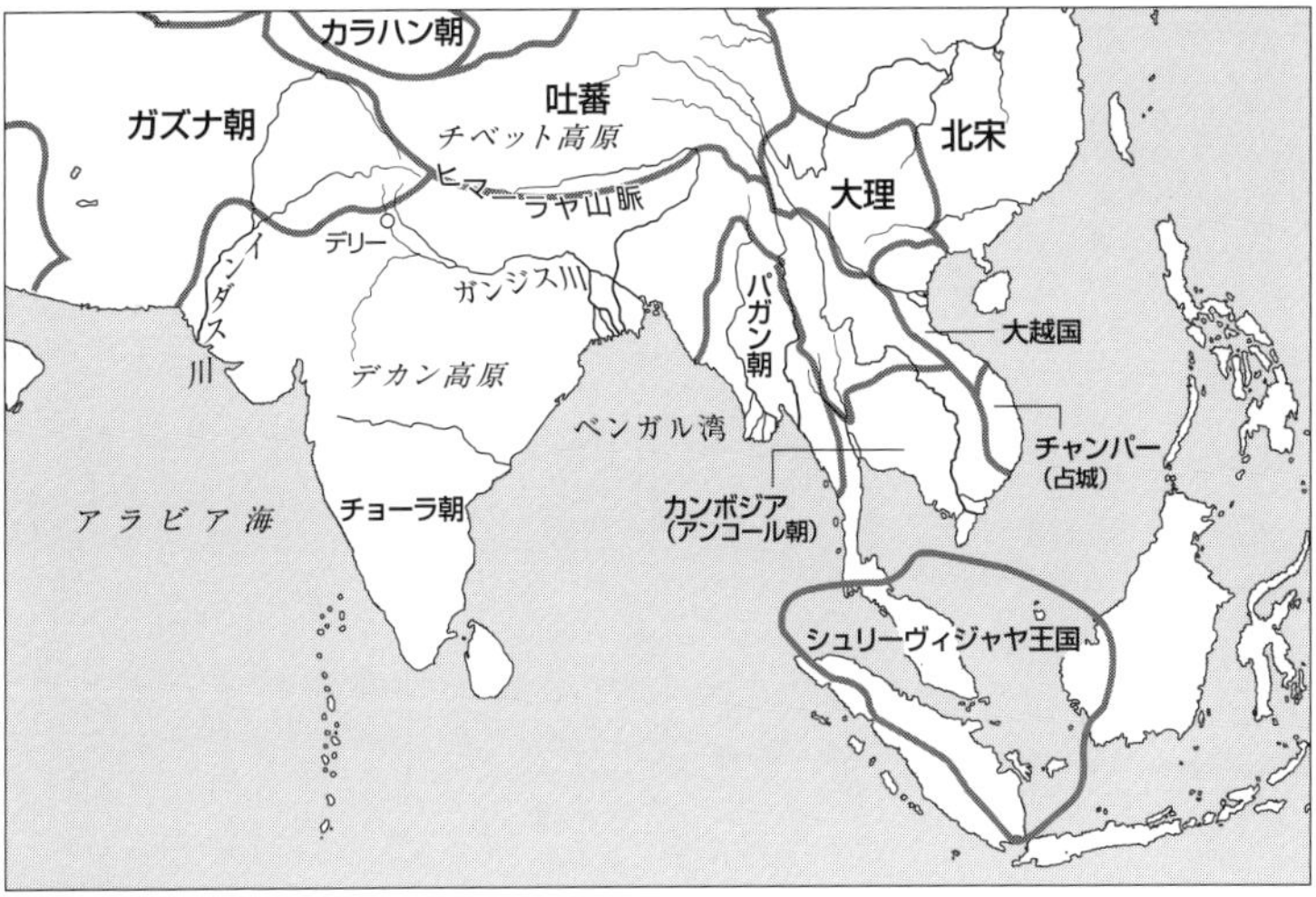

11世紀のアジア

半ばにパーラ朝が成立した。ハルシャ・ヴァルダナ王の没後、王国は小国に分裂し混乱状態が続いていたが、ゴーパーラ（在位七五〇頃～七七〇頃）がベンガル地方を統一して王位に就き、その子のダルマパーラ（在位七七〇頃～八一〇頃）の時代にはビハール、さらにはカナウジ（カーニヤクブジャ）まで領土を拡大した。この頃から、西インドのプラティーハーラ朝やデカン地方のラーシュトラクータ朝と抗争することになった。ダルマパーラの子デーヴァパーラ（在位八一〇頃～八五〇頃）までこの王朝の繁栄は続いた。その後、プラティーハーラ朝などに阻まれ、パーラ朝は西に進出することはできなかった。

十一世紀末にベンガルに建国したセーナ朝の勢力が強くなると、ビハールの小地域を支配していたパーラ朝の末裔も十二世紀中頃までに亡んだ。セーナ朝の第三代の王ヴィジャヤセーナは十二世紀半ばまでにベンガルのほぼ全域を統一した。この王朝は第五代の王ラクシュマセーナ（在位一一七八～一二〇五頃）の治世の末年にイスラーム教徒の侵入を受けて弱体化し、十三世紀後半に亡んだ。

パーラ朝の歴代の王はとくに大乗仏教を保護したので、この王朝でインド大乗仏教の最後の繁栄をみることができた。この頃には密教（タントリズム）の要素を多く含んだ大乗仏教が信奉されていた。オーダンタプリーやヴィクラマシーラ（ダルマパーラが創設したと伝えられる）などの仏教大僧院が造営されたのもこの時代である。

セーナ朝の歴代の王も文芸の愛好者であり、宮廷には多くの詩人や学者が集まった。ジャヤデーヴァ（十二世紀）作のサンスクリットの美文体詩（カーヴヤ）『ギータ・ゴーヴィンダ』（牛飼いの歌）は、クリシュナ神とその恋人との愛を詠ったものであり、インドでは今日でも愛唱されている。

パーラ朝とセーナ朝が栄えた八世紀から十二世紀までの期間には美術作品がさかんにつくられた。この期の美術は「パーラ・セーナ朝美術」と呼び慣わされている。今日、この時期のヒンドゥー教および仏教の彫像は数多く残されている。

ラージプート諸王朝

西部および中部インドでは、ラージプート諸王朝が八世紀から十二世紀末まで勢力を保った。「ラージプート」（rājpūt）とは、「王子」を意味するサンスクリット「ラージャプトラ」（rājaputra）の俗語形であり、古代武士階級クシャトリヤの子孫であると称した呼び方である。これらの王朝の多くはラージャスターン地方を根拠地としたが、この地方は「ラージプーターナー」（ラージプートの土地）と呼ばれた。

五世紀中頃、エフタル（フン）族にともなって西北インドに入ってきたグルジャラ族はラージプーターナー地方に定着したのち、インド化し、いくつかの小王国を建てた。それらのうち、八世紀になると先にふれたプラティーハーラ朝が強力となり、ボージャ一世（在位八三六～八九〇頃）・マヘーンドラパーラ（在位八九〇～九一〇頃）父子のとき、カナウジを都として北インドを支配する大国となった。しかし、十世紀に入ると、南インドから進出したラーシュトラクータ朝に一時カナウジを奪われるという事件も起き、その勢力は衰退し、やがて分裂した。

カナウジを拠点として統一的国家を建設しようという企てが次々となされたが、十二世紀末までは結局、統一的国家は成立しなかった。プラティーハーラ朝のほか、ラージャスターン地方のチャウハーン朝（チャーハマーナ朝、十～十二世紀）、中央インドのチャンデッラ朝（十～十三世紀）、西部インドのパラマーラ朝（十～十三世紀）などが有力であった。このように八世紀から十二世紀末にかけて西インドや北インドにみられた群小諸国を総称してラージプート諸王朝と呼ぶ。またこれらの王朝の人々を「ラージプート族」と呼ぶことはあるが、そのなかには外民族がインドに定着してインド化した者、土着の種族出身の者たちなどが含まれており、種族的には多様であったと思われる。ではあるが、ラージプート族は当時のヒンドゥー社会においてはクシャトリヤ階級として扱われていた。

ラージプートの文化的遺産としては、中部インド、ジャーンシーの東南東約一七五キロにあるカジュラーホーのジャイナ教寺院を含むヒンドゥー教寺院があげられる。この王朝の王族によって十世紀後半から十二世紀前半にかけて造営されたが、ここはチャンデッラ朝の都であった。

デカン地方のチャールキヤ朝

全北インドを支配していたグプタ朝もナルマダー川以南を直接統治してはいなかった。グプタ朝が崩壊すると、南インドの諸勢力のあいだでは対立抗争が激化した。その対立は大局的に、デカン地方とその南部のタミル地方の対立と理解することができる。

デカン地方ではチャールキヤ朝が興ったのであるが、この王朝には三つの系統が生まれた。バーダーミに都をおいた王朝、カルヤーニを都とした王朝、および東チャールキヤ朝である。

第一のチャールキヤ朝は、ヴァーカータカ朝に代わって、六世紀半ばにプラケーシン一世によって建国された。彼はカルナータ(現カナラ)地方のヴァーダービ(現バーダーミ)に都をおき、急速に勢力を拡大した。このチャールキヤ朝は、前期チャールキヤ朝と呼ばれる。

六一〇年頃、第二代王の子プラケーシン二世が内乱を制して王位に就くとカダンバ朝を倒して、当時北インドにおいて強大な勢力を有していたハルシャ・ヴァルダナ王のデカン地方への進出を阻止した。さらに南方タミル地方のパッラヴァ朝と戦い、その北部を併合した。しかし、その後は戦いが繰り返され、プラケーシン二世の晩年には都バーダーミを占拠され、王朝支配の空白期間がしばらくあった。六五四年頃、ヴィクラマーディトヤ一世によって王朝は再興され、七代王ヴィジャヤーディトヤ一世の治世にこの王朝はもっとも安定した時代を迎えることができた。八世紀中葉、この王朝はラーシュトラクータ朝によって亡ぼされた。

第二は、デカン北部のラーシュトラクータ朝を倒した後期の西チャールキヤ朝である。この王朝は九世紀頃、タミル地方でパッラヴァ朝に代わって勃興したチョーラ朝との抗争に終始したが、十二世紀末に滅亡する。この両者をあわせて西チャールキヤ朝ともいう。

第三は、七世紀前半の東インドのアンドラ地方にある東チャールキヤ朝である。この王朝もラーシュトラクータ朝と抗争を続けたが、デカン南部を制したチョーラ朝と婚姻関係を結び、一〇七〇年には東チャールキヤ朝の王がチョーラ朝の王位を継いだ。しかし、十三世紀頃にチョーラ朝が亡ぶと、東チャールキヤ朝も亡んだ。

タミルのパッラヴァ朝とタミル文学

北インドをグプタ朝が支配していた時代、すでに南インドのタミル地方においてパッラヴァ朝が有力であった。この王朝の起源や創始者は不明であるが、六世紀後半に王位に就いたシンハヴィシュヌの時代からは、王朝の史実がかなり明らかとなる。七世紀中葉、ナラシンハヴァルマン(在位六二五〜六四五)の時代に、この王朝はタミル最強の国を築き、半島南端にあったタミル三王国を制し、チャールキヤ朝のプラケーシン二世を破り、セイロン(スリランカ)まで遠征した。その後、この王朝はチャールキヤ朝やラーシュトラクータ朝と抗争を続けたが、九世紀末にはチョーラ朝のアーディトヤ一世に亡ぼされた。

パッラヴァ朝は海外貿易をさかんにおこなった。都カーンチー(現カーンチープラム)から東南東約五〇キロにあるマハーバリプラムは首都の外港として栄えた。ここには造船所が設けられ、軍船も数多くつくられたのである。この町の海岸に残る二つの通称海岸寺院(八世紀頃)は、パッラヴァ朝の建築様式を

石積方式で建てられた「海岸寺院」　この通称「海岸寺院」は石積方式で建てられた寺院の初期のものである。内部にはヴィシュヌの浮彫りが残っている。マハーバリプラム，タミル・ナドゥ州。

伝えるものとして重要である。エローラやアジャンタの石窟にみられたように、それまでは巨大な岩山の横を掘り抜いて寺院のための空間をつくったのであるが、八世紀頃になると切り出した石の運搬が可能となり、望むところに石積寺院をつくることができるようになった。

海岸寺院から南西に一キロも離れていない海岸には「パンチャラタ」(五つの山車《だし》)と呼ばれる五つの寺院がある。これは石積みではなくて、巨大な花崗岩から掘り出されている。これらの造営は七世紀後半と考えられる。五つの山車の主は、アルジュナ、ビーマ、ナクラ、サハデーヴァ、ドラウパディー、つまり『マハーバーラタ』の主要登場人物である。

パッラヴァ朝の諸王は仏教やジャイナ教を保護したが、ヒンドゥー教、とくにシヴァ派の信仰の庇護者であった。都カーンチーはまた、学問のセンターとして有名であり、宗教美術の創作が盛んであった。北インドを支配したグプタ朝ののち、南インドには北インドの文化の影響が強まり、ヴェーダの祭式をはじめアーリヤ系の儀礼・思想が根づいていった。

一方では、タミル文化の独自性も人々のあいだでは意識されるようになった。碑文にはサンスクリットやその俗語のプラークリットとともに、タミル語も用いられるようになった。

タミル地方では文化の「アーリヤ化」と地域文化の独自性の意識化は矛盾するものではなかった。この地方にもヴァルナ制度は根づいた。印欧語を話す人種でなくともバラモン階級になることはできた。したがって、ヴェーダの祭式やヒンドゥー教哲学の伝統を受け継ぎ、しかもタミル文化の伝統をも受け継いだバラモンたちが活躍した。

タミル語で書かれたヒンドゥー教神への讃歌もあらわれた。七〜八世紀にはシヴァ派聖者アッパル、サンバンダル、スンダラルがあらわれ、タミル文学の伝統的技法に基づいて宗教詩を著した。これらの詩は十世紀頃に『デーヴァーラム』としてまとめられ、さらに十一世紀末には、ナンビヤーンダル・ナンビによってシヴァ派の聖典『ティルムライ』のなかにおさめられた。この聖典のなかの詩が、今日も南インドのシヴァ派の寺院では日々の礼拝に詠われている。

バクティ（帰依）崇拝がヒンドゥー教の歴史においてはっきりとしたかたちであらわれるのは、紀元二世紀頃に成立した『バガヴァッド・ギーター』においてであるとすでに述べた（七〇〜七二頁参照）。バクティとは、ヨーガなどの自己の修練によるのではなく、人格神に対して「身を委ねる」方法によって精神的救済を得るという崇拝形態を指す。バクティ崇拝では、信徒たちはしばしば陶酔に近い状態のなかで熱烈に神を讃える。『デーヴァーラム』などもそうした神への讃歌の集成である。

『デーヴァーラム』や『ティルムライ』はシヴァ神に属するものであったが、タミル地方にはヴィシュヌ神への歌を集めたものも生まれた。七世紀頃からタミル地方のヴィシュヌ派の一派であるシュリーヴァイシュナヴァ派の形成に大きな影響を与えた宗教家たちを「アールワール」(アールヴァール)と呼ぶ。彼らのうち、ティルマンガイ、ナンマールヴァールが有名である。彼らは陶酔に近い状態にあって、ヴィシュヌを讃える歌を熱狂的に詠いながら寺院をまわった、という。彼らのうちには、「アーヴェーシャ」(憑依《ひょうい》、ポゼッション)状態になって地に倒れた者もいたであろう。「アーヴェーシャ」とは、文字通りには神などが行者あるいは信徒に入り込むことをいう。アールワールの歌は十~十一世紀に集成されて『ナーラーイラディヴヤプラパンダム』となった。

南インドの覇者チョーラ朝

この王朝の起源は不明であるが、紀元前三世紀のアショーカ王の磨崖詔勅には南インドの国として「チョーラ」の名が記されている。アーリヤ文化が南インドに浸透する以前のタミル文学の伝統を伝えている「サンガム文学」(紀元一~三世紀)にもチョーラ王が登場する。このようにこの国は紀元前にすでに何らかのかたちで存在していたといえよう。

チョーラ朝は、インド半島最南のパーンディヤ朝とタミル地方のパッラヴァ朝のあいだにはさまれて長い期間、めだたない存在であったが、パラーンタカ一世(在位九〇七~九五五)はパーンディヤ朝を制圧した。ラージャラージャ一世(在位九八五~一〇一二)・ラージャラージェーンドラ一世(在位一〇一二~一〇四四)父子のときに全盛時代を迎え、デカン・タミル地方のほとんど全土を支配する強国となった。

この王朝はベンガル地方のパーラ朝に打撃を与えたこともあったが、北インドへの進出をめざすというよりも、南インドの領土を守るとともに南インドを通過する東西海洋貿易のルートを軍事力によって確保した。

その後、チャールキヤ朝と抗争を繰り返し、勢いを盛り返したパーンディヤ朝やシンハラ朝と戦った。十二世紀後半にはチョーラ朝は勢力を弱め、十三世紀末に滅亡し、やがて南インドのヴィジャヤナガル王国(一三三六〜一六四九年)に併合された。

仏教、ジャイナ教はこの王朝の後半期には衰退したが、シヴァ派およびヴィシュヌ派が台頭した。パッラヴァ朝におけると同様、バクティ崇拝が盛んとなった。ドラヴィダ建築も発展し、ラージャラージャ一世が旧都タンジョールに造営したブリハディーシュヴァラ寺院はその代表である。

以上述べてきたように、ハルシャ・ヴァルダナの王国が亡んでから十三世紀の初頭まではインドには群小王国が分立し、抗争を続けた。この時代には、仏教やジャイナ教の勢力は衰え、ヒンドゥー教がそれぞれの地域において各地域文化の特質と結びついていった。

2　女神崇拝の台頭

七母神

インドでは、紀元七〜八世紀までは女神崇拝が大きな勢力を有することはなかった。サラスヴァティー（弁財天、弁天）、ラクシュミー（吉祥天）といった女神たちはヴェーダ時代から知られてはいたが、勢力のある神ではなかった。ヴェーダ聖典において、さらに後世のヒンドゥー神話において、ほかの国々の神話にあるように男神と女神が結婚して世界をつくったというような神話はみられない。というのは、ブラフマーあるいはヴィシュヌといった男神が自家生殖的に世界を創造すると考えられたからである。

一世紀中頃にクシャーナ朝が西北インド（今日のパキスタン北部を含む）で成立するが、この王朝下において女神崇拝の勢力がある程度大きくなったと推定される。この時期の代表的な女神としては七母神（サプタ・マートリカー）があげられる。七母神のそれぞれは当時有名であったヒンドゥーの男神たちの妃として知られるようになった。しかし、この女神グループは元来は地母神の一群であったと考えられ、その起源は非常に古い。インダス文明の遺跡からの発掘品のなかには七人の母神の像と思われるものが見つかっている。後世、ネパールなどでは七母神に一神が加えられて八母神が生まれた。

七母神は、文献のうえでは六〜七世紀の編纂と思われる『女神の偉大さ』（デーヴィー・マーハートミヤ）のなかで、魔神と戦う大女神ドゥルガーの家来として登場し、それ以降の文献にもしばしばあらわれる。エローラ第一四窟には七母神とシヴァの像が残っているが、この女神像はこの石窟の造営時期つまり八世紀頃の七母神のイメージを伝えてくれる。

尊像（白描）のなかの一番右（向かって左）はシヴァの相（ムールティ、姿）の一つヴィーラバドラであり、シヴァの乗り物であるこぶ牛に乗っている。シヴァ（ヴィーラバドラ）の右手の持ち物はダマル太鼓であり、日本のでんでん太鼓の源泉と考えられる。元来、穴を開けた二つの頭蓋骨を合わせて皮で張って太鼓に

エローラ第14窟にある七母神　七母神は左からブラフマーニー，マーヘーシュヴァリー，カウマーリー，ヴァイシュナヴィー，ヴァーラーヒー，インドラーニー，チャームンダー。上の白描には左端のシヴァ(ヴィーラバドラ)に加え，右にガネーシャも描かれている。Fergusson and Burgess 1969：LXXⅡより。

したダマル太鼓は、シベリア、中国北方などのシャーマンたちが神を呼ぶときの道具であったが、ヒンドゥー教ではシヴァ神の代表的な持ち物として知られている。これは、シヴァ崇拝が北アジアのほうの文化の影響を受けていることを意味する。

シヴァの向かって右の女神は、ブラフマーの妃のブラフマーニーである。七母神が横一列に並んだときには一般にブラフマーニーが一番右にくる。「夫」ブラフマーの位が最上だからである。

七母神は、ここにみるようにしばしば母神で赤子を抱いた姿であらわされている。下の四角の基壇には動物がみられるが、それぞれの夫の乗り物の動物が描いてある。ブラフマーは鴨に乗るゆえに妃ブラフマーニー像の下に鴨が描かれる。

その向かって右には牛に乗ったシヴァの妃マーヘーシュヴァリーがいる。ヒンドゥーのパンテオン（神々の組織）ではブラフマーの次にシヴァ神が重要と考えられていた。その次がシヴァの息子クマーラ（童子）、別名スカンダ（韋駄天《いだてん》）である（九五頁参照）。この男神の「妃」あるいはパートナーが「カウマーリー」あるいは「クマーリー」である。クマーリーとは元来処女を意味し、結婚するということはない。ましてて、子どもがあるということはありえないが、ここではクマーリーが子どもを抱く母神の姿で描かれている。

その右には、ヴィシュヌの妃ヴァイシュナヴィーがいる。この女神はヴィシュヌの乗り物であるガルダ鳥に乗り、ヴィシュヌの持ち物である円輪を持つ。ガルダは、言葉の羽を意味する。儀礼に用いられた言葉、すなわち呪文に羽が生えて神のほうへ飛ぶと考えられた。言葉を運ぶ役目をするのがガルダ鳥である。

ヴィシュヌの化身の一つにヴァラーハ（野猪）がある。「ヴァーラーヒー」とは「ヴァラーハ」の女性形であり、七母神の場合には、ヴァーラーヒーはヴァラーハの妃と考えられる。しかし、一般にヒンドゥー教および仏教の神話にあってヴァーラーヒーはヴァラーハの妃として登場するわけではない。

象に乗っているのはインドラの妃インドラーニーである。この女神の場合も、一般にヴァーラーヒーと同様、神話においてインドラの妃として活躍してはいない。「夫」からは独立した女神として崇拝されたのである。インドラーニーの向かって右には、チャームンダーがいる。この女神は生贄《いけにえ》の血を好むといわれる。通常は骨と皮ばかりの恐ろしい姿で表現されるが、ここでは美形で表現されている。七母神の一人としてこの女神はヤマ（閻魔《えんま》）の妃と考えられたが、後世の神話においてヤマの妃として活躍することはない。この女神の乗り物は死肉をついばむ梟《ふくろう》である。

その右横にはシヴァの息子である象面神ガネーシャがいる（九九頁参照）。

後世では、七母神全員がシヴァの妃たちと考えられるようになるが、このエローラ第一四窟の浮彫りはそのような状況を伝える一つの証左といえよう。

シヴァと「村の神」の結婚

インド北部の平原を支配していたグプタ朝の崩壊にともない、その王朝の貴族や高官たちの多くは南の地域へと移り住まざるをえなかった。その結果、主としてシヴァ崇拝の伝統を有していた彼らは、それまでほとんどシヴァ崇拝とは関係なかった南インドの文化と接することになった。南インドにはそれぞれの地域に「村の神」（グラーマ・デーヴァター）と呼ばれる土着の神々がいたが、そのほとんどが女神であった。そして、これらの女神たちは次々と北インドの神シヴァと結婚していった。

グプタ朝の宮廷詩人カーリダーサ（四〇〇年頃）が詠うシヴァの妃は、ヒマーラヤ山の娘パールヴァティーである。グプタ朝の崩壊後、南インドの女神たちはシヴァと結婚する際には、「じつはパールヴァティーの生れ変りであった」と考えられるようになった。北インドのシヴァと南インドの土地の女神たちとの結婚というかたちを通じて、北の文化と南の文化が融合していった。その結果、シヴァには何十人もの妃が生まれることになり、この南北の神々の統合を説明する神話がつくられたのである。

シヴァは『リグ・ヴェーダ』ではルドラと呼ばれていた。ルドラすなわちシヴァへの崇拝はインド・アーリヤ系文化のなかに古くから組み入れられていたのではあるが、この神は『リグ・ヴェーダ』の後期編纂期によく知られるようになっていた。ルドラは元来、非アーリヤ系の伝統を受け継ぐものであり、いわば異端者だった。

ルドラにはサティー(貞淑な女)という名前の妃がいた。彼女はプラジャーパティ(生類の主)という神の娘であった。プラジャーパティはヴェーダの宗教後期の主神であり、いわゆる保守派の代表であった。彼の娘サティーはシヴァ(ルドラ)と結婚してしまったが、プラジャーパティは娘婿のルドラを快く思っていなかった。あるとき、プラジャーパティは宴会にルドラを招かなかった。それは、娘婿として認めていないことを意味した。サティーは父への抗議のため自ら火のなかに飛び込んで死んでしまったと伝えられる。ここまではヴェーダ文献が伝える古い神話である。

女神崇拝の台頭にともなってこれを踏まえて新しい神話が生まれてきた。すなわち、ルドラは妻サティーの死体をかついでインド中を暴れまわった。そのために、洪水、地震、山火事などが起きた。それを見ていたヴィシュヌが、シヴァの怒りを静めるために周囲に刃がついている円盤(チャクラ)を投げてサティーの死体を切り刻んだ。サティーの死体の手首、乳房、頭、腿《もも》などが南部をも含むインドの大地の各地に落ち、シヴァの怒りも鎮められたという。

そのサティーの身体の各部分が落ちたところから、さまざまな女神が立ち上がってきた。幾多の女神がサティーの生れ変りとしてあらわれたのである。それぞれの地では、ここはサティーの左腿が落ちた

ヒラプール・ヨーギニー寺院　オリッサ州都ブヴァネーシュヴァルから車で２時間余りの距離にある。円形の石壁には64人のヨーギニーの石像がはめ込まれており，中尊マハーマーヤー（大幻）女神の像がある。12〜13世紀の造営と推定される。

ところだとか、右手首が落ちたところだとか、首が落ちたところだという伝承があり、聖地となった。

この神話は六〜七世紀頃に生まれたと考えられる。これは女神崇拝が台頭することを説明する神話である。つまり、グプタ朝までは、女神崇拝はそれほどの勢力をもたなかったが、グプタ朝崩壊後、女神崇拝は急速に台頭してきた。もともと、シヴァは今日でいう「ヒマーラヤ山脈」にある霊峰カイラーサに住むと伝えられており、山の王ヒマーラヤの娘パールヴァティーと結婚したというのも容易に理解することができる。

ただ、ヴェーダ期の宗教の神ルドラ（シヴァ）の妃サティーとパールヴァティーとの結びつきを説明する必要があった。したがって、サティーがパールヴァティーの母メーナー妃の胎内に入った〔『王子の誕生』一・二一〕と詩人カーリダーサは詠っている（九四頁参照）。このような仕方でかの詩人は、「パールヴァティーがサティーの生れ変りだった」という当時確立されつつあった神話に対してより確かな道筋を与えた。古代のサティーは火に入って死んでしまった。しかし、生まれ変わったパールヴァティーは火のなかに入るのではなくて、シヴァの愛を勝ち取るために森に入って苦行をした。苦行は、熱を発するものであるゆえに、苦行の火に焼かれるということと、火のなかで死んだということが重ね合わされているのである。

すでに述べたように「村の神」はほとんどの場合、女神である。インド半島の最南端コモリン岬は「カニヤー・クマーリー」を英語式に呼んだものであるが、ここにはこの村の神カニヤークマーリーの寺がある。「カニヤー」とは処女、「クマーリー」とは王女を意味する。この名前からは、かの王女は処女のままで、地方からやってきたシヴァ神とは結婚しなかった、ということなのであろう。南インドの土着崇拝は、南下してきたシヴァ崇拝に組み入れられていったのであるが、インド半島南端に住むカニヤークマーリーはシヴァ崇拝の勢力に対して抵抗を続けたと考えられる。

3　シヴァとヴィシュヌ

シヴァ

ヴェーダ期においてシヴァ(ルドラ)の存在はすでに知られていたが、当時、シヴァは「ルドラ」とも呼ばれていたと考えられている。『リグ・ヴェーダ』〔一・四三・一など〕においてルドラは恵みの雨、さらには健康と幸福をもたらす神でもあった。もっともルドラは暴風神であるゆえに、彼の引き起こす暴風雨が人々を苦しめることもあったであろう。そのようなとき、人々はこの荒ぶる神を「シヴァ」(吉祥なるもの、寂静なるもの)という別称で呼んだと考えられる。ただ『リグ・ヴェーダ』において「シヴァ」(吉

ムクテーシュヴァル寺院の奥殿(ガルバ・グリハ)に祀られるリンガ・ヨーニ　リンガは男性の目印つまり男根を，ヨーニは女性性器を意味する。ヨーニを貫いたリンガ(リンガ・ヨーニ)は，男性原理としてのシヴァと女性原理としての妃が本来，一体であることを示す。一般にリンガ・ヨーニを祀る堂の壁には装飾が施されていないが，これはその堂の内部が女神の子宮であることを意味する。オリッサ州都ブヴァネーシュヴァル市。

祥な)という語は、インドラ、アグニ、ルドラなどの形容詞としてあらわれるのみであって、ヴェーダの時代(バラモン教の時代)が終わって、ヒンドゥー教の時代になると「シヴァ」という名称が一般的となった。

もっとも後世においても「ルドラ」と「シヴァ」とがつねに同じ神を意味したというわけではない。『リグ・ヴェーダ』のルドラは同じく風神マルトと同一視され、複数の神として登場することもある。カーリダーサの『王子の誕生』[第二章]には、ルドラ神群とシヴァとが別の神として登場する。

クシャーナ朝後期にはリンガ(男根)、三《さん》叉《さ》戟《げき》、牛(ナンディン)の彫像がシヴァのシンボルとして用いられるようになった。これらのシンボル、とくにリンガによってシヴァをあらわすのは今日のインドでは一般的なことである。リンガからシヴァがあらわれてくる像もエローラ石窟第一五窟などにみられる。

インドでは古来、世界は卵のイメージで考えられてきた。リンガはしばしば卵形で表現されるが、この卵形は世界をも意味した。女性の性器(ヨーニ)からそそり立つリンガ、すなわちリンガ・ヨーニは、シヴァとその妃とが合一した姿をあらわすシンボルとして用いられてきた。右半身がシヴァ、左半身が妃パールヴァティー（ウマー）となった像アルダナーリーシュヴァラの絵や彫像が製作されている。

男根崇拝は世界の各地にみられるが、ヴェーダ期のインドにすでにおこなわれていたと推定される。もっともヴェーダ聖典を奉じたアーリヤ人たちは男根崇拝（リンガ崇拝）に対しては否定的であった。しかし、ヴェーダ祭式を中心とした崇拝形態つまりバラモン教（狭義）が勢力を失い非バラモン的要素の強い仏教やジャイナ教が台頭したのち、バラモン教は仏教やジャイナ教さらには土着的文化要素を吸収して新しくヒンドゥー教が興隆する。この新しい形態の興隆が顕著となるのは、紀元前後であるが、シヴァ崇拝がそれまでのインドにあった男根崇拝を自己のシステムのなかに組み入れたのもこの頃である。

インドにおける一二のリンガ霊場

インドでは一二のリンガ霊場が有名であり、一般に「十二リンガ」あるいは「光輝のリンガ」（ジュヨーティル・リンガ）と呼び慣わされている。それらは以下のようである。

1　ソームナート（ソームナート、グジャラート州）
2　マッリカプージャナ（シュリーシャイラム、アンドラ・プラデーシュ州）
3　マハーカーレーシュヴァル（ウッジャイン、マドゥヤ・プラデーシュ州）
4　オーンカーレーシュヴァル（オーンカーレーシュヴァル、マドゥヤ・プラデーシュ州）

＊5　ヴァイジナート（プネーから東三〇〇キロのアムバジョーガーイ、マハーラーシュトラ州）
＊6　ビーマシャンカル（プネーから九五キロのビーマシャンカル、マハーラーシュトラ州）
7　ラーメーシュヴァル（ラーメーシュヴァル、タミル・ナドゥ州）
＊8　ナーグナート（オーランガバードから東二一〇キロのパルバニ、マハーラーシュトラ州）
9　ヴィシュヴェーシュヴァル（ヴァーラーナシー、ウッタル・プラデーシュ州）
＊10　トラヤンバケーシュヴァル（ナーシク、マハーラーシュトラ州）
11　ケーダルナート（ケーダルナート、ウッタランチャル州）
＊12　グリシュネーシュヴァル（エローラ、マハーラーシュトラ州）

リンガ崇拝と結びついたシヴァ崇拝の霊場がこのようにほぼ全インドに広がっている。これらの一二のうち、五つ（＊印）がマハーラーシュトラ州にあり、この地方がリンガ崇拝の盛んな地域であることがわかる。これらの霊場のほとんどはそれぞれの神話的背景と千数百年以上の歴史を有しており、近年、これらの霊場に訪れる参拝者はめだって多くなっている。イスラームへの対抗心がより強くなっていることや観光産業がインドにおいても急伸していることによるのであろう。

これらのシヴァの一二の霊場がそろったのはインドがイスラーム教徒に政治的に支配されるようになってからであろう。もっともそれらのうち、いくつかは七世紀中葉から始まるインド文化史第四期にはシヴァの霊場として知られていたと思われる。例えば、プラーナ文献としては比較的早い時期に編纂されたと考えられる『スカンダ・プラーナ』（プラバーサ巻）には、ソーメーシュヴァルのことが述べられているゆえに、グジャラートの半島の南端に位置するソームナートの寺院（第一霊場）は、七世紀には存在していたと推定される。この霊場は七二二年にイスラーム教徒に襲われたという記録がある。その後、何度も（一〇二五、一二九七、一四七九、一五〇三年）イスラーム教徒から攻撃を受け、一七〇一年この寺院は完全に破壊された。

しかし、一八八三年、シヴァ教徒のサードゥヴィー・ホルカルによって寺院は再建された。一九五一年五月、インド大統領ラージェーンドラ・プラサドによって新しいリンガが置かれ、今日、ヒンドゥー教の有名な霊場となっている。ほかのリンガ霊場も千年に近いイスラーム教徒との抗争を経て今日に至っているところがほとんどである。

ヴァーラーナシーにあるリンガ霊場ヴィシュヴァナート寺院（ヴィシュヴェーシュヴァル）は、今日でもイスラーム教徒との抗争のただなかにある。というのは、塀一つ隔ててイスラームのモスクが建っているからである。ちなみに、このリンガはソフトボールほどの大きさである。

シヴァのさまざまな相

あとでみるように、ヴィシュヌ神は時代状況に合わせてその身を変化させる、つまり、化身をあらわすと考えられたが、シヴァは化身をあらわすというよりは相（ムールティ、姿）をとる。先に述べた「リンガからシヴァがあらわれてくる」姿もシヴァの相の一つであって、「リンガからの顕現の相」（リンガ・ウドババヴァ・ムールティ）と呼ばれる。文献的には『リンガ・プラーナ』［五五・一三〜五七］などにみられる。

このほかのいくつかの相を以下にみておきたい。

「象の魔神を殺す相」(ガジャースラ・サンハーラ・ムールティ)もよく知られたシヴァの相の一つである。この相の特徴は、殺した象の魔神の生皮をシヴァが頭上あるいは背後にかぶることである。皮をかぶることは、入門儀礼などにしばしばみられる。弟子がしばらくのあいだ、皮をかぶり、その後沐浴して、入門が認められるのである。ここには皮に象徴される再生のシンボリズムがみられるが、シヴァのこの相の場合も同様のシンボリズムがみられると思われる。『シヴァ・プラーナ』ルドラ・サンヒター篇[五・五七・五〇]には、殺された魔神が自分の皮をかぶってほしいとシヴァに頼み、それをシヴァが承知したとある。魔神は自分の皮をシヴァがかぶることで自分の生れ変りを願ったと解釈できよう。

第3章第3節において、シヴァが自分の第三の目から熱線を出して愛の神カーマを焼いて灰にしてしまったという神話にふれたが(九五頁参照)、「カーマを殺した者」(カーマ・アンタカ)の相もシヴァ・ムールティの一つとして数えられる。シヴァの崇拝者マールカンデーヤを死へといざなおうとする死神カーラを殺す相(カーラ・アリ・ムールティ)も有名である。シヴァは神々の求めに応じて魔神たちの住む、金・銀・鉄で建てられた三つの都を矢の火で焼いたと伝えられる。車(戦車)の上から矢をつがえるシヴァの姿は「三都を滅ぼす者の相」(トリプラ・アンタカ・ムールティ)と呼ばれ、エローラ石窟第一五窟などにその作例がみられる(二六五頁参照)。

青年バギーラタの親族たちは、カピラ仙人を盗人と間違えたため仙人の怒りをかって殺されてしまった。彼らの罪を浄めるためにバギーラタは苦行をおこない、天を流れるガンジス川を地上に降下させる

踊るシヴァの銅像　インド国立博物館，ニューデリー。

力を得た。その川の水を遺灰にかければ、バギーラタの親族たちの罪が浄められるはずであった。しかし、ガンジス川が地上におりれば洪水が起きる恐れがあった。シヴァは自分の巻き髪（ジャター）をほどいて天から降下するガンジス川を受け止めたといわれる。「ガンジス川を髪で受けるシヴァ」の姿は、例えば、エローラ石窟第一六窟にみられる。

シヴァはナタ・ラージャ、すなわち踊り手たち（ナタ）の王と呼ばれる。古代インドにおいて舞踏は儀礼あるいは儀式において重要な要素であり、これをダルマ（務め）とする職能集団（ジャーティ）も存在する。シヴァの「舞踏の相」（ヌリティヤ・ムールティ）の代表的な作例は、火炎の輪のなかで片足をあげて踊る四臂《しひ》像がよく知られている（図参照）。上の右手にあるダマル太鼓（日本でいうでんでん太鼓）の音は宇宙展開の始まりを告げ、上の左手の炎は宇宙の破壊を意味する。下の右手は「祝福を与える印」（仏教でいう「畏《おそ》れるな、という印」）を示す。下の左手は「象の鼻の印」を示しながら、人の避難所であるシヴァの左脚を指し示している。右足は「無知」を象徴する魔神を踏みつけている。火炎のなかで踊るこのイメージははじめ南インドにおいて生まれたが、のちにインド全土に広がった。今日、インド土産としてもっとも人気のあるのはこの相である。

宇宙的姿をとるヴィシュヌ

神と世界との関係は、ヒンドゥー教において重要なテーマの一つであった。とくに紀元後のヒンドゥー教において崇拝の対象としての神がイメージされる場合、あるいは図像に表現される場合、神はしばしば「人間に似た」(アンスローポモルフィック)姿で表現されるようになった。その際、神の身体はしばしば宇宙的な姿(ヴィシュヴァ・ルーパ)をとった。

「ヴィシュヴァ・ルーパ」という語は「宇宙的我《が》」(ヴァイシュヴァーナラ)を指し示す語としてすでに紀元前七世紀頃の『チャーンドーギヤ・ウパニシャッド』〔五・一三・一〕に用いられている。『シュヴェータシュヴァタラ・ウパニシャッド』ではブラフマンの特質として「宇宙的姿をとるもの」(ヴィシュヴァ・ルーパ)と述べられている。

「ヴィシュヴァ」という語は、形容詞として「すべての、あらゆる」を意味するが、名詞として「すべて」「宇宙」を意味することもある。「ルーパ」は、姿、形の意である。したがって「ヴィシュヴァ・ルーパ」は、「すべての姿」あるいは「すべての姿をとった神」さらに、「宇宙の姿」「宇宙の姿をとった神」を指し示す。「すべての姿をとった」神は、世界のなかのあらゆる生類の姿をとるわけであるから、結局は「宇宙の姿をとった」神なのである。

『ギーター』(バガヴァッド・ギーター)第一一章においてクリシュナすなわちヴィシュヌは、王子アルジュナに自らの「あらゆる姿」あるいは「宇宙的姿」(ヴィシュヴァ・ルーパ)を見せる。

多くの口と目があり、多くの希有な姿をあらわし、多くの神々しい飾りをつけ、多数の神的な武器を振り上げて、神々しい花環と衣を身につけ、素晴らしい香料や塗料を施し、あらゆる奇瑞よりなり、無限で、いっさいの方角に面する神を〔見よ〕。〔一〇～一一偈《げ》〕

そこで神々の体のなか、一箇所に集まりながら、多様に分かれた全世界をアルジュナは見た。〔一三偈〕

アルジュナは、すべての神々、さまざまな生類の群、さらにはすべての聖山や龍王たちをヴィシュヌの身体のなかに見た〔一五偈〕。冠を戴き、武器である円輪を持ち、光のかたまりそのものであるヴィシュヌを見た〔一七偈〕。さらに、これから合戦をおこなおうと並んでいるアルジュナの親族、友人たちがヴィシュヌの巨大な口のなかに吸い込まれていくのを見た。ヴィシュヌの牙で頭を砕かれている者や、歯のあいだに捕らわれている者もいる〔二七偈〕。このように人々は神の口のなかに飛び込んで死に至る〔二九偈〕。このように一人の神がさまざまな姿をとり、それらが宇宙を埋めつくすという考え方は後世のヒンドゥー教においてますます一般的なものとなった。

後世、「ヴィシュヴァ・ルーパ」はヴィシュヌのみならず、ほかの有力な神の宇宙的姿を指す言葉となった。シヴァ、カーリーなどのヴィシュヴァ・ルーパ像もつくられた。仏教においても、シャーキャ・ムニの「ヴィシュヴァ・ルーパ」、後世の仏教タントリズムにおいて有名な秘密仏チャクラ・サンヴァラ（勝楽《しょうらく》）尊の「ヴィシュヴァ・ルーパ」などの作例が残っている。

ヴィシュヌの化身

ヒンドゥー教神話では世界の創造・維持および破壊が繰り返されると考えられた。ブラフマーが世界を創造し、ヴィシュヌが維持し、シヴァが破壊を司るといわれる。このような神話はグプタ朝初期には確立されていたと思われる。ブラフマーによって創造されたのち、世界は四周期をかけて良き時代から末世へのサイクルを繰り返す。その四周期とは、

クリタ・ユガ　一七二万八〇〇〇年間
トレーター・ユガ　一二九万六〇〇〇年間
ドゥヴァーパラ・ユガ　八三万四〇〇〇年間
カリ・ユガ　四三万二〇〇〇年間

であるが、これらの名前はサイコロの目に由来している。インドのサイコロは四角い棒状で、一から四までの四つの目しかない。第一周期の目は四であり、最良を意味する。第二周期の目は三、第三のそれは二、第四周期の一つの目は最悪である。つまり、世界は黄金期から末世へと衰退しつづけると考えられた。

ヴィシュヌは、ブラフマーが世界を創ったあと、すなわち、諸元素を素材としてさまざまなものの姿・形を整えたあと、四周期それぞれの状況に合わせて、自らの姿を変化させて世の中に出現するという。このような化身（アヴァターラ）の思想はすでに紀元二世紀頃に編纂された『ギーター』〔四・七〕にみられる。もっともヴィシュヌのさまざまな化身のシステムがヴィシュヌ神話のなかに位置づけられるの

はかなりのちのことである。『ヴァラーハ・プラーナ』〔一五・九〜一八〕には一〇の化身が、十世紀頃成立した『バーガヴァタ・プラーナ』〔一・三・六〜二五〕には二二の化身が述べられている。

今日、一般にはヴィシュヌに一〇の化身があり、周囲に合わせて人々を救うためにあらわれると信じられている。すなわち、次に示すように、クリタ・ユガ期においては、一〇の化身のうち、四つの化身があらわれ、次のトレーター・ユガ期においてほかの三つの化身が出現した、という具合である。

一　クリタ・ユガ期における化身

(1)魚(マッヤ)

(2)亀(クールマ)

(3)野猪(ヴァラーハ)

(4)人獅子(ヌリ・シンハ)

二　トレーター・ユガ期における化身

(5)倭人《わいじん》(ヴァーマナ)

(6)武人パラシュラーマ

(7)ラーマ王子

三　ドゥヴァーパラ・ユガ期における化身

(8)クリシュナ

四　カリ・ユガ期における化身

(9)ブッダ
(10)カルキ

第一の化身である魚については次のような神話が伝えられている。かつて人間の祖マヌは小さな魚を救ったことがあったが、その魚が巨大になってしまったので海に入れた。魚は「やがて洪水が起きるから、大きな船を用意しておいてください」と言い残した。その言葉通りに洪水が起きたが、かの魚はマヌたちが乗った船を安全な場所に導いたという。その魚はヴィシュヌの化身であった。この神話は成立が仏教誕生前後と推定される『シャタパタ・ブラーフマナ』〔一・八・一〜六〕にもみられ、ヴィシュヌ神話のなかで古層に属する。

クリシュナ伝説の集大成ともいうべき『バーガヴァタ・プラーナ』〔八・二四〕には、魚の神話の別のヴァージョンが語られている。すなわち、魚に化身したヴィシュヌは、眠っているブラフマー神からヴェーダ聖典を盗んだハヤグリーヴァ（馬頭）を打ち負かし、聖典をマヌに与えた、という。「取り戻したヴェーダ聖典をブラフマーに返した」という伝承も残されている。

亀の化身の神話も古い層に属する。魚の化身の神話で述べたように世界は洪水にみまわれたが、その際、不死の霊薬（アムリタ、甘露）などの貴重なものが海底に沈んでしまった。洪水が引いたあと、神々は魔神（アスラ）たちとともにマンダラ山に大蛇ヴァースキを巻きつけて攪拌棒として大海を攪拌して海底に沈んでしまった宝などを得ようとしたが、マンダラ山はその重みで沈み始めた。それを見ていたヴィシュヌは亀に化身してマンダラ山の下に入って、マンダラ山を支えた。神々は再び大海を攪拌し始め、不死の霊薬や宝などを手に入れることができた、という。

ヴィシュヌが亀に化身する話は、『アグニ・プラーナ』〔三章〕、『クールマ・プラーナ』〔二五九章〕、『ヴィシュヌ・プラーナ』〔一・九〕などにみられる。しかし、亀の姿をとる神は、元来、ヴェーダの宗教における主要神の一人プラジャーパティであった。その古代の神プラジャーパティの職能を後世、新興勢力の神ヴィシュヌが有するようになったと思われる。

太古において大地は海のなかに沈んでいた。ヴィシュヌは野猪の姿をとって海のなかにもぐり、大地を海の下に引きずりこんでいた魔神ヒラニヤークシャを打ち負かして、再び海の上に大地を置いた、という。図像学的には、野猪の姿をとったヴィシュヌがその左肩に小さな大地の女神を載せた図であらわされる。

野猪の化身の神話は『ヴィシュヌ・プラーナ』〔一・四・四五〜五〇〕、『パドマ・プラーナ』〔六・二六四〕、『ヴァーユ・プラーナ』〔第六章〕などにあらわれる。亀に化身した神話と同様、野猪に化身する職能も古くはプラジャーパティ(ブラフマー)の職能であった。

野猪となったヴィシュヌに殺された魔神ヒラニヤークシャの兄弟ヒラニヤカシプは、復讐を誓い、魔力を得るために苦行(タパス)をおこなった。その苦行の熱(タパス)のために世界が苦しんだので、神々はブラフマー神に窮状を訴えた。ブラフマーは魔神の苦行をやめさせるために「いかなる武器によっても、人間・獣・神々のいずれによっても、家の内外のいずれにおいても、魔神は殺されない」という約束を魔神にしてしまった。ますます横暴になった魔神を見て、家の柱からあらわれた化身人獅子は爪で魔神の腹を裂いて殺した、という。

いかなる武器も使わず、人間・獣・神々のいずれでもない人獅子は、家の内外のいずれでもない柱において魔神を殺したのである。人獅子の神話は『バーガヴァタ・プラーナ』〔七・八～一二〕、『アグニ・プラーナ』〔第四章〕、『マツヤ・プラーナ』〔第一六一～一六三章〕、『ヴィシュヌ・プラーナ』〔一・二〇〕などにみ

象の魔神を殺す相
シヴァによって殺された象の魔神の皮は，シヴァの頭の上に広げられている。象の頭が写真左端にみられる。エローラ第16窟。

リンガから出現する相
写真左は四面のブラフマー。ブラフマーの上には彼自身が上空に飛び上がり，シヴァのリンガの上端を見極めようとしている。写真右はヴィシュヌ。ヴィシュヌの下にはその化身野猪(ヴァラーハ)が，リンガの下端を見ようとして地面を掘っている。エローラ第15窟。

三都を焼き亡ぼすために矢をつがえるシヴァ　エローラ第15窟。
これらのシヴァの3相に関しては，156～158頁参照。

られる。

第五の化身倭人(ヴァーマナ)が、第2章第2節において扱った「世界を三歩でまたぐヴィシュヌ」(六一頁参照)に変身するのである。つまり、倭人に化身したヴィシュヌが三歩分の土地の所有を認められると、巨人の姿に身を変えて世界を三歩でまたいだという。世界を三歩でまたぐヴィシュヌの神話はすこぶる古く、すでに『リグ・ヴェーダ』〔一・一五四・四〕にみられる。

第六の化身の武人パラシュラーマは、「斧(パラシュ)を持つラーマ」を意味する。バラモン階級に属するブリグ族の末裔である彼は、かの斧で数多くの武士階級の者たち(クシャトリヤたち)を殺した、と伝えられる。

第七の化身ラーマは叙事詩『ラーマーヤナ』の主人公ラーマ王子である。この叙事詩のなかでラーマがヴィシュヌの化身であると述べられているわけではない。しかし、今日ではラーマはクリシュナの化身と並んで、ヴィシュヌの化身のうちではもっともよく知られた化身である。

第八の化身クリシュナは、第2章第2節で述べたように『ギーター』においてすでに登場しているが(六五頁参照)、時代を経るに従って、「クリシュナの生涯」に関する長編神話がつくられていった。この神話の最終版は九～十世紀の成立と考えられている『バーガヴァタ・プラーナ』である。クリシュナの生涯は、(1)異常な怪力ぶりを発揮した幼年時代、(2)牛飼いの女たちと戯れた青年時代、(3)生涯の敵カンサを倒した成年時代、および、(4)自国の王となり、バラタ(バーラタ)戦争に参加し、ダルマ(法)を説いた時代、に分けられる。後世、このクリシュナ物語の諸場面は細密画のテーマとして好まれた。

ヴィシュヌの第九の化身はブッダである。ブッダがヴィシュヌの化身の一つに数えられたのは、九〜十世紀には仏教の勢力が弱まり、ヒンドゥー教のなかに徐々に吸収されていく一つのステップを示しているといえよう。今日、タミル地域においてブッダ像が小さな社のなかに祀られているのが見受けられる。またオリッサ地方のヒンドゥー教寺院の壁にはブッダ像がはめ込まれていることもあり、明らかに仏教の尊格の彫像がヒンドゥー教の尊格として祀られていることもある。このように、仏教の勢力が弱まったインドではヒンドゥー教徒は仏教の尊格をむしろ自分たちの尊格として取り入れていったと思われる。

第一〇の化身はカルキである。一〇の化身のうち、この化身のみはまだあらわれておらず、未来にあらわれると信じられている。バラモンの家系に生まれると予言されている彼は、成人して馬に乗り、剣を手にとって、悪魔(ダスユ)どもを皆殺しにするという。

以上、ヴィシュヌの化身について述べたが、ヴィシュヌ神話に関しては、ナーラーヤナ神についても述べておかねばならない。ヴィシュヌは「ナーラーヤナ」(人間の避難所)とも呼ばれる。この神は『シャタパタ・ブラーフマナ』〔一二・三・四・一二〕のなかで「すべてのヴェーダ聖典を私自身のなかに置き、私自身をすべてのヴェーダ聖典のなかに置いた、ということを彼〔プラジャーパティ〕に知ってほしい。世界は不滅であり、神々もヴェーダも不滅である」と述べる。人間と世界の本来的不死性とヴェーダ聖典の正統性を主張するナーラーヤナ崇拝はやがてヴィシュヌ崇拝へと組み込まれていった。

ナーラーヤナはしばしば海あるいは水の上にとぐろを巻く巨大な蛇の上でまどろむ姿であらわされる。

この蛇の名は「アナンタ」（無限なるもの）である。ナーラーヤナ（ヴィシュヌ）は「世界を自分に置き、自分を世界に置く」という。つまり、自身の身体が世界なのである。世界を自身の姿とするときの素材は「無限なる」蛇である。蛇は無限であるゆえに、ヴィシュヌという世界からあまってしまう。それゆえ、かの蛇は「あまったもの」（シェーシャ）という第二の名前をもっている。「ナーラーヤナ」は「水という拠り所」と解釈されることがある。

プラーナ文献

ヒンドゥー教にはじつに多くの神々が登場する。そしてそれぞれの神の物語が数百年、さらには千年をかけてつくられた神話のなかで語られているのである。それらの神話は「プラーナ」と呼ばれる神話集成としてまとめられている。ただし、今日のわれわれの目から見てそれらのヒンドゥー教神話の集成はわかりやすいものではない。というのは、それぞれのプラーナ文献は『ヴィシュヌ・プラーナ』とか『シヴァ・プラーナ』というようにしばしば神の名を冠しているが、それらの文献はその名前の神の神話をもっぱら語るというわけではないからである。またそれぞれのプラーナの組織も明解なものではない。次の一八のプラーナ文献が有名であり、「十八プラーナ」と呼ばれている。

1　ブラーフマ（ブラフマ）・プラーナ（「ブラーフマ」とも「ブラフマ」ともいう。以下同様である）
2　パードマ（パドマ）・プラーナ
3　ヴァイシュナヴァ（ヴィシュヌ）・プラーナ

4 シャイヴァ(シヴァ)・プラーナ
5 バーガヴァタ・プラーナ
6 ブリハン・ナーラディーヤ・プラーナ
7 マールカンデーヤ・プラーナ
8 アーグネーヤ(アグニ)・プラーナ
9 バヴィシュヤ、もしくはバヴィシュヤット・プラーナ
10 ブラフマヴァイヴァルタ・プラーナ
11 ラインガ(リンガ)・プラーナ
12 ヴァーラーハ・プラーナ
13 スカーンダ(スカンダ)・プラーナ
14 ヴァーマナ・プラーナ
15 カウルマ(クールマ)・プラーナ
16 マーツィヤ(マツヤ)・プラーナ
17 ガールダ(ガルダ)・プラーナ
18 ブラフマーンダ・プラーナ

4　ヒンドゥー哲学思想の展開

哲学的思想の水平

グプタ朝期にほぼでそろっていたインド哲学諸学派は、その後それぞれの発展を遂げるのであるが、これらの哲学諸学派の思想の理解のためには、「属性」(グナ)と「実体」(ドラヴヤ)という二つの基礎概念の理解が必要である。これらの基礎概念は、サンスクリットに限らず英語やドイツ語などの印欧語を話す人たちの思考にとって基本的なものである。「属性」は、英語では「クオリティ」(quality)あるいは「アトリビュート」(attribute)に相当する。サンスクリットの「ドラヴヤ」(実体)の意味は「サブスタンス」(substance)のそれに近い。実体は属性の基体(アーダーラ)となるが、インド哲学ではこの「基体」という概念も重要である。基体を意味する英語には「サブストレイト」(substrate)や「ロウカス」(locus)がある。

「この紙は白い」という命題を考えてみよう。この命題は「この紙は白いものというクラス(集合)の一メンバー(要素、元)である」を意味すると考えられるが、インド人たちはこの命題をしばしば「この紙には白いことあるいは白色という属性がある」というように読み替える。そのように読み替えたほうが、実体(あるいは基体)と属性との関係に基づいて世界構造を考えるという彼らの思考パターンに合うからである。つまり、「この紙は白い」という命題の内容を「この紙という基体(あるいは実体)には白いこと（あるいは白色）という属性が存する」というように捉えるのである。

「この紙は白い」という命題は、主語と述語という観点からも考えられる。この命題において「この紙」は主語であり、「白い」は述語である。インドの哲学的思索は、この主語であらわされるものと述語であらわされるものとの関係、あるいは基体と属性との関係を軸としている。「この紙は白い」という命題を例にとっていえば、主語の意味する紙と述語の意味する白いこと（あるいは色彩「白」）の関係をめぐってインド哲学は論議を続けてきた。あるいは、実体（あるいは基体）である紙とそこに存する属性である白いことがどのように関係するかが考察されてきたといえよう。

主語と述語という概念は、それぞれ実体（あるいは基体）と属性という概念にしばしば対応するが、つねにというわけではない。というのは、「この紙は白い」という命題では、紙という実体が主語によって、白いことという属性が述語によって表現されるが、「白いことがこの紙に存する」という命題では「白いこと」が主語であり、「この紙」は述語の一部だからである。

インドでは実体と属性の関係についておおよそ二種の考え方がある。すなわち、実体と属性がもともと別物であり、この両者は和合と呼ばれる実在する独立のカテゴリーによって結ばれている（関係づけられている）という考え方と、実体と属性は元来一つのものであって切り離すことはできず、両者を繋ぐ実在する独立のカテゴリーは実在しないという考え方とである。「この紙は白い」というような「AはBである」という形式の命題にそくしていうならば、主語によってあらわされる基体Aと述語によってあらわされる属性Bとがもともと別物だという考え方と、その二つは一体のものであって離すことはできないという考え方の二種であるといえよう。

要するに、基体（一般に、主語の指し示すもの）と属性（一般に、述語の指し示すもの）が別個の存在であり、両者を繋ぐ和合も実在であるという考え方をインド型実在論という。一方、基体と属性は別個の存在ではなく、和合というような独立のカテゴリーも存在しないという考え方をインド型唯名論という。インド型唯名論は、さらにバラモン正統派のものと非正統派（仏教など）のものとの二種に分かれる。

バラモン正統派の哲学において、実在論に属する学派はヴァイシェーシカ学派やニヤーヤ学派であり、唯名論に属するのはインド最大の学派ヴェーダーンタ学派である。このように、正統バラモン哲学のなかに実在論と唯名論の二つのタイプが存在した。

先程の白い紙の例を再度取り上げ、実在論と唯名論との違いをあらためて考えてみたい。その紙には何グラムかの重さがあるが、その重さを除くことができたとしよう。その紙は白色で四角であるが、色も四角の形も取り去ることができたとしよう。紙にあるわずかな匂いも除くことができたと考える。また、この紙には味があると思われるが、その味も取り除くことができたとしよう。これには紙という名前がついているが、紙という名前も取り去ることにしよう。このようにしてあらゆる性質・属性を取り去ることができたとするならば、そこに何かが残るのであろうか。あるいは、何も残らないのであろうか。

それらのすべての性質・属性を取り去ってしまったあとに、何かは不明であるが基体ともいうべき何ものかが残るのであり、性質と基体はまったく別物であり、さらに両者ともに実在するとヴァイシェーシカ学派などの実在論者は考える。一方、すべての性質を取り除いたあとには何も残らず、属性の存すべき基体は実在しないと考えるのは唯名論的考え方であり、非正統派の仏教がこれに属する。

一方、唯名論に属するヴェーダーンタ学派のバラモン正統派の者たちは、ヴァイシェーシカ学派におけるようには属性とその基体とを峻別はしないが、仏教徒たち、とくに空思想を提唱する者たち（中観論者）のように属性とその基体との複合体が「空なるもの」（あるいは、存在しないもの）であるとは考えない。ヴェーダーンタ学派にとって目の前に見えているものは幻、すなわち神あるいは宇宙の根本原理が人間たちをだました結果であり、実在ではない。しかし、それは何らかの意味において存在し、機能しているものである。例えば、紙と白色とは独立した別個の実在ではないが、中観論者たちのいうように「まったき空なるもの」ではない。ヴェーダーンタ学派の者たちは白色の基体としての紙などの現象世界を有する全世界的基体を考えている。この「全世界的基体」はブラフマンあるいは神イーシュヴァラと呼ばれる実在である。しかし、基体としてのブラフマンは決してキリスト教的な創造主ではない。キリスト教では神が世界そのものとなることはないが、ヒンドゥー教では基体としての神は創造主ではなく、そのまま世界となるのである。

シャンカラの思想

紀元八世紀前半にインド最大の哲学者といわれるヴェーダーンタ学派のシャンカラが活躍したと推察されている。彼は、若くして亡くなったといわれている。今日、彼の真作と考えられるものとして一六点が数えられるが、そのうちの主要なものは『ブリハッド・アーラニヤカ・ウパニシャッド註解』『チャーンドーギヤ・ウパニシャッド註解』『アイタレーヤ・ウパニシャッド註解』などの諸ウパニシャッドに対する註解、『バガヴァッド・ギーター註解』『ブラフマ・スートラ註解』『ヨーガ・スートラ註解』『ウパデーシャ・サーハスリー』(千の教説)である。

彼の著作はウパニシャッド群や『バガヴァッド・ギーター』などの古典に対する註解がほとんどだが、これは彼が古代のバラモン中心主義を復活させようとしていたことを物語っている。シャンカラには明らかに仏教の影響がみられるが、仏教的要素をも自らの思想のなかに組み入れつつ、インド文化史の第四期(六五〇〜一二〇〇年)の初期にあってバラモン文化に思想的モデルを与えた。

シャンカラおよび彼の学説を継承するシャンカラ派によれば永遠にして唯一の真の実在として存在するものはブラフマンと呼ばれる。このようなシャンカラの立場は純粋不二論(ケーヴァラ・アドヴァイタ)と呼ばれる。「アドヴァイタ」とは、一般には「不二論」と訳されるが、文字通りには「(ブラフマン以外の)第二のものなきもの(に関する論)」を意味する。すなわち、第一のブラフマンのみが実在し、第二のものである世界つまり、現象世界はブラフマンの幻力(マーヤー)によって姿かたちのあるものとしてあらわれているにすぎない、というのである。

シャンカラによれば、この多様で多元的な世界は、宇宙論的幻覚によってそのように錯覚させられているにすぎない。それは真実には存在せず、蜃気楼《しんきろう》あるいは魔法の町のようなものである。そのような世界は無知な人々あるいは迷いのなかにある人々の思考においてのみ存する。このように現実の現象世界は無知な人々あるいは迷いのなかにある、と考える限りにおいては、シャンカラの思想は仏教に似ている。そのゆえであろうか、シャンカラはヒンドゥー教の思想家たちからは「仮面の仏教徒だ」と批判された。

ヴェーダーンタ学派にとっては、永遠の唯一なるものを知らないという状態に留まっていることが幻想であり、迷いである。それはわれわれすべてが捉えられている不治の病である。しかし、儀礼的行為や道徳的行為、ほかのいかなる行為も迷妄に捉われた人をこの災いから救うことはできない。

次のような認識のみが救済をもたらすことができる。すなわち、多元性を有する世界とは迷妄以外の何ものでもなく、ただ永遠に存在するブラフマンのみが実在し、さらに「汝はそれである」という認識が精神の至福をもたらす。この場合、「汝」とは自己(アートマン)であり、「それ」とはブラフマンを指す。以上のように認識する者によって、無明のヴェールが破られる。

ドイツの宗教哲学者R・オットーは『インドの恩寵の宗教とキリスト教』第二章においてシャンカラの立場について次のように述べる。

このブラフマンは、わたしの自己であり、根底においてわたし自身であるところの自己である。またそれは、二元性なきもの、すなわち別異性を全く欠いたものである。それは「存在するもの」としてしか規定できない。ブラフマンからは、あらゆる述語が離れ落ちる。とりわけ、主体、客体、認識行為という区別が、すべて消滅してしまう。ブラフマンは個人にかかわる概念、個人的差違に関する概念を全く超越している。ブラフマンは認識する人、認識される対象、および認識行為という三者の彼方に存し、あらゆる関係から自由である。〔立川武蔵・立川希代子訳『インドの神と人』人文書院、一九八八年、三八頁〕

スレーシュヴァラの思想

シャンカラの直弟子にスレーシュヴァラがいた。彼の著作としては、『ブリハッド・アーラニヤカ・ウパニシャッド』に対するシャンカラ註への註、『タイッティリーヤ・ウパニシャッド』に対するシャンカラ註への註、および『解脱の行為無用性の証明』(ナイシュカルミヤ・シッディ、行為無用論)が真作と考えられている。

『行為無用論』第三章はじめにおいて彼は、ブラフマンから草などまでの認識、認識手段、認識の対象および認識者という姿をとるこの一切が錯覚にすぎず、究極の知としてのブラフマンとかの錯覚とのあいだには無知(アヴィジュニャーナ)以外の関係はない、と主張している。スレーシュヴァラは、解脱は知(ジュニャーナ)のみによって得られるのであり、行為(カルマ)の補助も必要ないという。この考え方は師シャンカラの思想を受け継いだものであった。

スレーシュヴァラは『行為無用論』第一章のはじめにおいて、解脱は行為のみによって得られるという説、知と行為との協同によって得られるという説などの批判に多くのページを割いている。これはスレーシュヴァラの時代、すでに哲学の分野においても行為が重要な位置を占めつつあったことを示している。

紀元八世紀前半とされるシャンカラとその弟子の時代は、まだ「現実の世界は幻である」というようないわば古典的な考え方がある程度、説得力をもつことができた時代であった。しかし、十一〜十二世紀ともなると、現実の世界の実在性を無視できなくなり、現象世界が幻である、あるいはブラフマンのみが実在であるというような考え方は以前ほどの力を得ることができなくなった。このような状況のなかでシャンカラより三世紀程のちに活躍したラーマーヌジャは、世界の実在性および行為の重要性をシャンカラよりもいっそう強く主張する立場をとった。

ラーマーヌジャの思想

後期ヴェーダーンタ学派の思想家ラーマーヌジャの生年に関しては諸説があり、はっきりしないが、一〇一七年頃という説が有力である。没年は一一三七年と推定されている。彼は『ブラフマ・スートラ』や『ギーター』に対する註を残した。

すでに述べたように、シャンカラは「第一のもの」であるブラフマンのみがあって第二のものがない、と考えた。それゆえ、彼の学説は「第二のものなき実在に関する説」(不二説、アドヴァイタ)と呼ばれた。ラーマーヌジャもまたアドヴァイタ説を提唱した。しかし、シャンカラにとって世界の根本真理は人格神ではなかったが、ラーマーヌジャにとっての根本真理は人格神としてのイーシュヴァラであった。つまり、ラーマーヌジャの場合、第一のものは神であり、第二のものは世界と我であり、第二の世界と我は第一のものの身体であった。

シャンカラの考え方とラーマーヌジャのそれとのさらなる違いは「第二のものがない」という場合の「ない」の程度の違いである。ヴェーダーンタ学派にとって、ブラフマンは、至高なるもの、真実なるもの、ただ一つなるものではあるが、これはブラフマンのかたわらにいかなる世界も存しないことを意味しない。「第二のもの」すなわち現象世界、自己意識などが「第一のもの」であるブラフマンと等しい力を有する存在ではないという意味なのである。

ラーマーヌジャによれば、意識や世界は神の身体であり、「私」という意識と世界は、神とまったく同じではないが、存在しないわけではない。世界の多様性あるいは多元性は実在するとラーマーヌジャはいう。一方、シャンカラは、多様で多元的な世界は幻であって、真実は多様性が消えたところにあると主張した。それに対して、ラーマーヌジャは、ブラフマンが創造したこの世界、さらにはそのなかのわれわれは見せかけや、虚妄なるものではなく、真実であり現実である、という。

シャンカラによれば「第二のものを有しないもの」であるブラフマンは、そのなかに現象世界を完全に含んではいるが、それ自体はほかからの制約を受けないという意味で「純粋的な(ケーヴァラ)不二論」と呼ばれる。一方、ラーマーヌジャの場合には「第二のものを有しないもの」である根本実在イーシュヴァラは世界と「我」(アートマン)を自らのなかに含むのではなく、世界と「我」によって、すなわちほかからの制約を受けている。この意味でラーマーヌジャの説は「制限を受けた(ヴィシシュタ)不二論」と呼ばれてきた。これらの二つの学説がヴェーダーンタ哲学においてはとくに重要である。

最終的な救済、つまり悟りに至ったときに仏教の思想家やシャンカラは、自分の意識や、自分だという意識自体も消え去ると主張したが、ラーマーヌジャは、最終的な悟りにおいても自分というものは消えないのだという。

あらゆる意識は客体と主体との区別を有しており、「私という主体」という前提なしには世界は存在しえないとラーマーヌジャは主張した。古代インドでは「私と宇宙とは一体である」とは認めていたが、ウパニシャッドの哲人たち、さらにはシャンカラに至るいわば古典的ヴェーダーンタ学派の思想家たちは、「私」という感覚の確固とした実在性を認めることはしなかった。ラーマーヌジャの時代の人々は「個としての私」という意識を強くもち始めたのである。

ラーマーヌジャの時代はシャンカラのそれから三〇〇年以上は隔たっている。六五〇〜一二〇〇年の時代、つまりインド文化史第四期の前半にシャンカラがいて、第四期の末期にラーマーヌジャが生きた。『ブラフマ・スートラ』は五世紀頃までには、つまり、第三期の後半には成立しているが、ヴェーダーンタ学派がさらなる展開を迎えるのは第四期である。そして第五期の、イスラームの支配下に入る直前にヒンドゥー的な完成を遂げたのである。

マドゥヴァのドゥヴァイタ論

インド文化史の第五期(一二〇〇〜一八五〇年)つまり、イスラーム教徒の政治的支配を受ける時代に入った頃、ヴェーダーンタ学派の思想家マドゥヴァ(一一九七〜一二七六)が登場した。しかし、彼はシャンカラ、ラーマーヌジャと続くヴェーダーンタ哲学の伝統を引き継いでいるゆえに、第五期の思想家としてではなく、第四期を締めくくる思想家としてここで扱っておきたい。
マドゥヴァは南インドのマイスオールのカナラ地方にバラモンとして生まれたといわれる。彼はヴィシュヌを崇拝したが、いま述べたように哲学的にはヴェーダーンタ学派に属した。ヴィシュヌを信仰し、ヴェーダーンタ哲学を研究するという意味では、ラーマーヌジャと同様であった。

マドゥヴァの学説は、ドゥヴァイタ論といわれる。「ドゥヴァイタ」とはすでに述べたように「第二のもの」のことである。つまり、第二のものと第一のものがほとんど同じ強さで存在するという意味で「ドゥヴァイタ論」といわれ、「二元論」と呼ばれている。この学説によれば物質世界、霊魂および神は、それぞれ永遠不滅であって互いに異なっている。つまり、第二のものである物質世界や我(霊魂)が、第一のものである神と同じ度において実在すると主張される。とはいえ、マドゥヴァの説においても、神のみが独立的存在であり、物質的世界と我は神の意志に従うのである。すなわち、第一、第二という序列は存するのではあるが、神と宇宙根本原理ブラフマンは同一視されている。

このようにしてマドゥヴァは、ヴェーダーンタの一元論学説を保持する。神ヴィシュヌを自らの学説の中核とはするが、ラーマーヌジャよりもいっそう強く、世界と我との実在性を主張した。このようなわけで彼の学説は、逆説的な命名ではあるが多元的一元論と呼ぶことができる。神と世界とが多元的つまり二つの原理として存在すると考えるが、一元論としての伝統も守っているという意味である。

シャンカラ以後のヴェーダーンタ学派の歴史は次のようにまとめることができよう。すなわち、八世紀前半、シャンカラはブラフマンのみがいて、われわれが見る現象世界は幻だと主張した。十一世紀から十二世紀にかけて生きたラーマーヌジャは、現象世界は幻というわけではないという。しかし、ラーマーヌジャにとって神のほうが現象世界よりランクが上であった。十三世紀に入ってマドゥヴァは、ラーマーヌジャが考えるより、より強く現象世界の重要性を主張した。ヴェーダーンタ学派の流れのなかでも徐々に現象世界の位置づけがあがってきたのである。このような現象世界重視の傾向はヒンドゥー教の近代化へ結びついた。

実在論者ウダヤナと神

十一世紀、哲学者ウダヤナが活躍した。この実在論哲学者は、論理学を中心課題としたニヤーヤ学派と自然哲学学派ともいうべきヴァイシェーシカ学派を統合した。著作としては、ヴァイシェーシカ哲学の綱要書『プラシャスタパーダ・バーシュヤ』(四五〇〜五〇〇年頃)に対する註解『キラナーヴァリー』(光の環)、ヴァイシェーシカ哲学の基礎概念の定義集『ラクシャナ・アーヴァリー』(定義の連なり)などがある。

十一世紀頃、後期大乗仏教は、ヒンドゥー教の優勢に圧される一方でイスラーム教徒の侵害に苦しんでいた。それでも論理学と認識論の場面の分野において大乗仏教はかなりの成果をあげていたが、この仏教哲学に打撃を与えたのがウダヤナであった。ウダヤナは『アートマンの本質の解明』(アートマタットヴァ・ヴィヴェーカ)という本を著しているが、この書には『仏教徒への嘲笑』(バウッダ・ディクカーラ)という「裏のタイトル」があった。この仏教批判に対して反論することのできる仏教哲学者はもはや登場しなかった。

彼自身の哲学的立場の中核はニヤーヤおよびヴァイシェーシカにある。これらの学派にウダヤナ以前から有神論的傾向がなくはなかったが、論理学、認識論、自然哲学などを主要な分野としていた。ウダヤナは論理学や自然哲学の分野を超えて、バラモン正統派の思想を総合的に考えようとした。その際、思想家として彼がめざしたのは、ニヤーヤ学派やヴァイシェーシカ学派の実在論的な世界観を保持しながら、神の存在を証明し、さらに神による救済がすべての人におよびうることを主張しようとした。

彼の『アートマンの本質の解明』の扱うアートマン（我）は『ヴァイシェーシカ・スートラ』（紀元二世紀頃）に述べられる古典的なアートマンではなく、彼が主張する「神」（イーシュヴァラ）なのである。

ウダヤナは神の存在証明のために『論理の花房』（ニヤーヤ・クスマーンジャリ）を著している。この著の第一、二偈は、比喩的な表現ではあるが論理（ニヤーヤ）が神を思うことと等しく、それは解脱へと人を導くと述べている。これらの二偈の註においてウダヤナはヴェーダーンタ、サーンキヤ、ヨーガ、さらには仏教などの各学派が「神」あるいは根本実在を崇めていることを指摘する。各学派の考え方の違いはあるにせよ、ともかくも人々が「神」と呼ぶことのできる存在を認めていることは、ウダヤナが神の存在を証明する際に都合のよいことであった。

しかし、ウダヤナはシャンカラやスレーシュヴァラたちの純粋不二論者たちのようには知のみが人々を解脱へと導くとは考えない。シャンカラは行為が続く限り、行為は人間たちを輪廻のなかに縛りつづけるのであるゆえに行為は解脱を得るための障害にほかならないと考えた。一方、ウダヤナは、行為を続けることによって人々は「見えざるもの」（アドリシュタ）と呼ばれる功徳を蓄積することができ、この功徳の蓄積は解脱の獲得にとって補助となると考える。祭式を繰り返し執行するなどして「見えざるもの」の蓄積が進むならば天界（スヴァルガ）に至ることができるという考え方は儀礼の次第や意義を考察するミーマーンサー学派のそれであった。このようにウダヤナは彼自身の方法によってバラモン正統派の諸学派の統合をめざしていたように思われる。

ウダヤナによれば、我という実体（アートマン）において苦がまったくなくなることが解脱であった。これは、ヴァイシェーシカ学派が求めてきた究極的境地であり、精神的至福（ニヒシュレーヤサ）と呼ばれてきたものであった（一〇三頁参照）。精神的な至福という概念は、紀元二世紀頃の編纂と考えられる『ヴァイシェーシカ・スートラ』において、世俗的繁栄（アビウダヤ）と並んで述べられていた。

モークシャとは解脱、すなわち輪廻からの解放である。仏教において解脱つまり涅槃《ねはん》において身体はなくなると考えられている。しかしウダヤナは、身体は解脱を得るためには必要だという。すなわち、実在論にあっては、原因があってはじめて結果がある原則は守られねばならない。彼によれば、身体という原因としての基体がなければ、その基体のうえにあるべき解脱はないのである。

さらに、ウダヤナによれば、身体があるということは、輪廻のなかに縛られるということを意味しない。苦をもたらさない限り身体を有することは、否定されなくてもよい。解脱をめざすことに対しては障害にならないのである。身体を有することは、儀礼や行為がおこなわれることを意味する。要するに、ウダヤナにとっては、身体は必要なものである。体が必要だということは行為が必要だということを意味する。さらに、正しい知識が涅槃に導くとウダヤナはいう。もっともウダヤナは儀礼をすれば人が救われるとは考えない。世界の構造に関する知識がわれわれを悟りに導き、そのときには身体が必要であり、しかし主役は知識であるとウダヤナはいう。

このようなウダヤナの現実主義的な考え方は、彼とほとんど同時代の思想家であり、世界と我（アートマン）が現実として存在すると主張したラーマーヌジャの考え方と共通するものがあるといえよう。さらには、ラーマーヌジャに続いてあらわれたマドゥヴァの多元論的なヴェーダーンタ学説もインドが徐々に古典的な世界観から離れてより現実的な世界観をもとうとしていたことを哲学の分野において示していると思われる。

このように七世紀頃から十三世紀初頭までのインド文化史第四期は、ヒンドゥー教哲学の成熟期といえるであろう。十三世紀以降、北インドはイスラーム教徒の政治的支配を受けるようになる。南のデカン地方も十四世紀以降、イスラーム教徒により支配されることになった。インド文化史の第五期に入っていくのである。十三世紀以降はインド大乗仏教の勢力は急激に衰え、やがてインド亜大陸から消滅した。一方、ヒンドゥー教のほうは、消滅することはなかったが、哲学の場面において以前のような創造的発展はなかった。それまでのそれぞれの学派の綱要書などが多く著されたのである。

第5章　イスラーム教支配下のヒンドゥー教

1　イスラーム王朝の時代

奴隷王朝

十三世紀に入ると北インドの政治的情勢は一変する。インド文化史の第五期イスラーム教支配下のヒンドゥー教の時代の始まりである。それはアフガニスタン東部のゴールを中心とするゴール朝（一一〇〇頃～一二一五年）の滅亡から始まった。

十二世紀後半、ゴール朝のムハンマド（ムイッズ・アッディーン・ムハンマド、在位一二〇二～〇六）はインド亜大陸への進出を推し進めた。一一八六年にはアフガニスタンに興ったトルコ系のイスラーム王朝であるガズナ朝（九六二～一一八六年）を破り、パンジャーブ地方を支配下におさめた。

一一九三年、ムハンマドのマムルーク（宮廷奴隷）出身の武将であるクトゥブッディーン・アイバクはラージプート王朝の一つであるチャウハーン朝（チャーハマーナ朝）の首都デリー（現在のニューデリーの南）

を陥落させた。さらにアイバクは中央インドを支配し、ベンガル地方まで軍を進めた。このようにしてゴール朝は北インドのほとんどの領域を支配するようになっていた。

一二〇六年、ゴール朝のムハンマドが暗殺されると、アイバク(在位一二〇六～一〇)はデリーを拠点として新しい王朝を建てた。この王朝はインド亜大陸におけるはじめてのイスラーム王朝であったが、ハルジー朝に取って代わられる一二九〇年まで続いた。アイバクおよびこの王朝の確立者であるイルトゥトゥミシュ(在位一二一一～三六)、バルバン(在位一二六六～八七)らが奴隷出身であったために、この王朝は「奴隷王朝」と呼ばれている。この王朝では国王の世襲制は確立されていなかったために、有能な者が王位に就いたのである。

デリー諸王朝

十三世紀初頭に創始された奴隷王朝に始まり、奴隷王朝を倒したハルジー朝(一二九〇～一三二〇年)、トゥグルク朝(一三二〇～一四一三年)、サイイド朝(一四一四～五一年)、ローディー朝(一四五一～一五二六年)と五代にわたり、デリー地域に都をおいたイスラーム王朝が継起した。これらの五王朝、三二〇年間をまとめて「デリー諸王朝」(デリー・スルターン朝、デリー・サルタナット)と呼ぶ。最後のローディー朝は、一五二六年、ムガル帝国によって亡ぼされることになる。もっともムガル帝国もスルターン(イスラーム王)がデリーに都をおいた王朝であるという意味では「デリー諸王朝」のなかに含めることも可能である。

奴隷王朝およびデリー諸王朝は北部からの脅威とも戦わねばならなかった。モンゴル帝国を建てたチンギス・ハンは、一二一九年自ら軍を率いて中央アジアに入り、西トルキスタンを支配していたトルコ系のホラズム国を亡ぼし、南下して奴隷王朝下のインドに進出し、インダス河畔にまで至った。中央アジアにおけるモンゴル支配が弱まった十四世紀後半には、サマルカンドに都をおいたティムール朝が成立した。この王朝はインドへの侵入を繰り返し、トゥグルク朝を亡ぼしている。十六世紀、ムガル帝国を創始したバーブルはティムールの子孫であった。このように、十三世紀以降北インドを統一したイスラーム王朝の王たちは、北からの脅威をつねに感じていなければならなかったが、彼らの意識は南インドへの進出にあった。

ヴィジャヤナガル王国

第4章第1節においてすでに述べたようにグプタ朝崩壊後、インドがイスラーム教徒の支配を受けるまでのデカン地方の歴史は、チャールキヤ朝とこの王朝と抗争あるいは連帯の関係にあった北部のラーシュトラクータ朝、南部のパッラヴァ朝、チョーラ朝などとの関係・交渉の歴史とみることができる。

十四世紀中葉、一三四七年にはデカン地方に最初のイスラーム系王国であるバフマニー朝（バフマン朝）が成立する。この王朝はデリーに拠点をおくトゥグルク朝からデカンに派遣されていたトルコ系の太守アラーウッディーン・ハサンが一三四七年に興したものであるが、十六世紀初頭に亡んだ。

このように十四世紀以降はイスラーム系王朝がデカン地方を支配するのであるが、十四世紀以降南インドには強力なヒンドゥー王国が約三〇〇年間存続した。この王朝は、東インド会社のインド進出までの約三〇〇年のあいだ、南インドを支配したのである。

バフマニー朝成立の少し前、一三三六年、ヒンドゥー系のヴィジャヤナガル王国が成立し、現在のカルナータカ州のヴィジャヤナガル（勝利の町）に都が定められた。今日「ヴィジャヤナガルの遺跡」と呼ばれる地域の一部がハンピである。その後、都は東南のペヌコンダ、さらにその東のチャンドラギリに移された。

ヴィジャヤナガル王国は、血統の異なる四つの王統によって継承された。その四血統とは、サンガマ朝（一三三六～一四八五年）、サールヴァ朝（一四八六～一五〇五年）、トゥルヴァ朝（一五〇五～六九年）、アーラヴィードゥ朝（一五六九～一六四九年）である。

この王国は、当時デカン地方を支配していたバフマニー朝と覇を競い合ったが、バフマニー朝衰退期に独立したムスリム五王国との「ターリコータの戦い」（一五六五年）で敗北し、その後は国力を弱めて、一六四九年、バフマニー朝の後を継いだビージャプル王国に敗れ、滅亡した。

ムガル帝国

すでに述べたように、ティムールの子孫であるバーブル（在位一五二六～三〇）が一五二六年インドに侵入してデリーを占領してムガル帝国を建てた。バーブルの死後、子のフマーユーンが王位に就いた（在位一五三〇～四〇、五五～五六）。フマーユーンは即位してまもなくアフガン系のスール朝のシェール・シャー（在位一五三九〜四五）に敗れ、インドを追われた。一五四五年のシェール・シャーの没後、スール朝は弱体化し、五五年、フマーユーンはデリーに戻ることができた。

一五五六年、十三歳のアクバル（在位一五五六〜一六〇五）が即位したが、ムガル帝国がインドの支配王朝となることができたのはアクバルが成人してからである。次の皇帝としてはジャハーンギール（在位一六〇五〜二七）、シャー・ジャハーン（在位一六二八〜五八）、アウラングゼーブ（在位一六五八〜一七〇七）と続いた。アクバルが成人した一五七〇年代から十八世紀の初めのアウラングゼーブの時代の終りまでがムガル帝国の全盛期であった。

一五九〇年代半ば、北西部の国境の状態を安定させたアクバルは、南方のデカン地方に進出しようとする。十五世紀末から十六世紀の初めにかけてデカン地方に五つのイスラーム王国（ムスリム五王国）が生まれた。先述のバフマニー朝は十五世紀末頃には衰退の途をたどったが、各地の総督が次々と独立したのである。一五九六年、アクバルは、ムスリム五王国の一つであり、ムガル朝のすぐ南にあったニザーム・シャーヒー朝を攻撃し、ベラール地方（ニザーム・シャーヒー朝にすでに併合されていた五王国の一つであるイマード・シャーヒー国）を割譲させた。このあとも、五王朝の「残り」とムガル帝国との戦いは続いた。しかし、その戦いの最後に二王国、すなわちゴールコンダ王国（クトゥブ・シャーヒー王国、一四八七〜一六八七年）とビージャプル王国（アーディル・シャーヒー王国、一四九〇〜一六八六年）が残った。前者は一六三六年、ムガル帝国の宗主権を認めてムガル帝国の南下を食い止めたが、結局はムガル帝国によって亡ぼされた。後者はヒンドゥー教徒との融和策を採っていたが、ムガル帝国によって滅亡させられた。

マラーター王国

このように南インドへと勢力を拡張する際、ムガル帝国はデカンのムスリム五王国と戦わざるをえなかった。しかし、ムガル帝国のデカン進出を最終的に阻止したのは、ムスリムの諸王朝ではなく、マハーラーシュトラのマラーター人たちであった。

マラーター王国建国の祖、シヴァージー（一六二七〜八〇）の父シャーハジー・ボーンスレーは、ニザーム・シャーヒー朝に仕えていたとき、マラーターの名家の娘と結婚し、シヴァージーを生んだ。父はニザーム・シャーヒー朝が亡んだのち、ビージャプル王国の一将軍となって南に移ったが、シヴァージーは母とともにプネーに残った。

彼はマラーターの農民たちに軍事的訓練を施し、騎馬軍を組織した。ゲリラ戦術をも用いて周辺の諸国を打ち破っていった。シヴァージーはムガル帝国と戦った。一六五九年、ビージャプル王国の軍が派遣した武将アフザル・ハーンとの会見の席上、握手をするとみせかけて自分の手にはめていた武器「虎の爪」でかの武将の腹を裂いてしまったことはよく知られている。これ以後、第六代皇帝アウラングゼーブ自身がシヴァージーと戦うことになった。一六六六年、シヴァージーはアウラングゼーブに囚われるが、脱出し、再びムガル軍と戦った。

一六七四年、シヴァージーはラーイガルで即位し、「反ムガル」と「ヒンドゥー教主義」を掲げてマラーター王国を建てた。この王国は十九世紀初めのイギリスとの戦争「マラーター戦争」まで存続した。一八一八年、マラーターのバージー・ラーオ二世は降伏し、インド中・西部全域で独立国は消滅することになった。十九〜二十世紀のインド独立運動において、シヴァージーはマハーラーシュトラの人々の精神的支柱となった。今日、プネー市にはシヴァージーの名にちなんだ町「シヴァジ・ナガル」(シヴァージーの町)があり、銅像も立てられている。

東インド会社

一六〇〇年、東インド会社はエリザベス一世の勅許状を得て、一二年に西海岸のスラートに最初の商

マラーター王国シャニワルワダ城の門(上)と遺跡の内部(下)　プネー。

館を建てた。ここにイギリスのインド進出が始まる。以来、一八五七年にインド人傭兵（セポイ）の反乱が鎮圧され、ムガル帝国が亡び、イギリス国王がインドの統括権を得るまでを、「東インド会社の時代」と呼ぶ。

十七世紀の東インド会社は、通商権をめぐってライバルであるオランダやフランスと戦わねばならなかった。当初、イギリス帝国はスラートと南海岸のマスリパタムに拠点をおいたが、のちにボンベイ（ムンバイ）とマドラス（チェンナイ）に移した。この帝国は綿布・絹織物・硝石・インディゴ（インド藍）などを求めて、次々と内陸に商館を建てていった。進出してくるヨーロッパの商人たちと接しながら、当時のインドの人々はそれが将来、インドにとって途方もなく大きな問題になるとは思わなかったという。

一七〇七年に皇帝アウラングゼーブが亡くなると、ムガル帝国は急速に力を弱めていった。それにともない、それまでムガル帝国の強大な権力を怖れて鳴りをひそめていたヒンドゥー勢力が各地で決起し始めた。一方、インドとの商業権闘争においてポルトガルとオランダが脱落したために、いまや英仏間の衝突は避けられなかった。

一七五六年、イギリス東インド会社がフランスの攻撃に備えるという名目で太守の許可なくカルカッタ（コルカタ）の要塞を強化しようとしたため、太守はイギリス人を海上に放逐してしまった。ただちに会社側はマドラスから援軍を派遣した。太守はフランスに援助を求めた。一七五七年六月、両軍はプラッシーで戦い、イギリス側の勝利に終わる。これが「プラッシーの戦い」である。

イギリスは念願のベンガル進出をはたし、ボンベイ、マドラスに加えてカルカッタという三拠点を確保することができた。これ以後、イギリスはインド植民地化へと進むのである。

2 ヨーガの展開 ハタ・ヨーガの行法

密教的ヨーガの出現

インド文化史の第三期(紀元前五〇〇〜紀元六五〇年)後半におけるグプタ朝(四〜六世紀)下では、美術、工芸、数学、天文学などが発達した。また哲学者たちも社会のなかの具体的な事柄にかかわらざるをえなくなり、さらにそれまでの時代におけるよりいっそう世界の仕組あるいは構造を問題にするようになっていた。次の第四期(六五〇〜一二〇〇年)は、インド諸哲学学派が理論を展開させ、とくにそれぞれの立場からの世界観を構築した時代であった。また、この期における自然哲学、論理学、認識論などの発展はめざましかったが、次の第五期(一二〇〇〜一八五〇年)においても自然哲学、とりわけ世界や人体の構造への関心はますます高まっていった。

このようなインド文化史の第三期から第五期にかけての思想・哲学の展開・変化は、当然、インド宗教における実践方法の基本であるヨーガの行法にも影響を与えた。すなわち、この新しい時代にあっては、ヨーガ行者たちは古典ヨーガの時代におけるように自らの心の作用にもっぱらかかわるのではなくて、身体および世界の構造に対しても多くの関心をはらうようになった。

ヨーガの歴史では、古典ヨーガに代表される前期のヨーガと、密教的要素を多分に有する後期のヨーガという二つのタイプが生まれたことはすでに述べた(一一〇頁参照)。インド文化史の第五期の初め頃までに、後者のタイプを有する「ハタ・ヨーガ」と呼ばれる新しい行法がヒンドゥー教において確立された。「ハタ」とは、文字通りには、「力」「激しさ」を意味する。この種のヨーガの息遣いが激しいものであるからそのように呼ばれると思われる。

ハタ・ヨーガでは、身体および世界の構造のイメージが古典ヨーガにおけるよりもいっそう重要な役割をはたすことになった。すなわち、この種のヨーガでは、身体の構造図に基づいてヨーガ・エネルギーつまり「気」(プラーナ)を走らせる。つまり、身体に張りめぐらされた脈管のなかを通る「気」(エネルギー)のスムーズな流れをめざすのである。このようにこのタイプのヨーガでは、精神生理学的な修練に重点がおかれることになった。

ハタ・ヨーガの行法は、九~十世紀頃から徐々に形成されてきたと考えられるが、十三世紀のゴーラクナート(あるいは、ゴーラクシャ)は北インドおよびネパールで活躍し、ハタ・ヨーガの体系を述べた『ゴーラクシャ・シャタカ』(ゴーラクシャによる一〇〇頌《じゅ》)を著したという。「ナート」とは「導師」「主」を意味し、いわゆる超能力を得た行者を指す呼称である。彼らはしばしば呪術者であり、ときにはシャーマンでもあった。十一~十二世紀以降のインドでは、「ナート」と呼ばれる行者たちに対する崇拝(ナート崇拝)が盛んになり、とくに東インドのベンガル地方、ネパール地方、さらに西インドのマハーラーシュトラ州などにこの崇拝形態は広がっていった。今日でもインド、ネパールにはナート崇拝が残っている。

ゴーラクナートの行法に対する解説はいくつか残されている。例えば、十六〜十七世紀、スヴァートマーラーマが『ハタ・ヨーガ・プラディーピカー』を著し、ハタ・ヨーガを体系的に説明した。このの ち、ゲーランダがハタ・ヨーガの解説書『ゲーランダ・サンヒター』を著した。ハタ・ヨーガの解説書としてはこの二著が重要である。このようにハタ・ヨーガの行法は第四期の末期頃にはある程度知られていたが、確立されたのは第五期においてである。ちなみに、仏教タントリズムの行法はすでに八〜九世紀には確立されていたと推定されるが、この行法は実質的にはハタ・ヨーガと同じものである。つまり、第二のタイプのヨーガは、まず仏教において実践され、次いでヒンドゥー教において知られるようになったといえよう。

ハタ・ヨーガのシンボリズム

『ハタ・ヨーガ・プラディーピカー』(以下『プラディーピカー』)の冒頭にはシヴァ神に捧げられた偈《げ》がみられる。したがって、この書の著者はシヴァ派に属する、あるいはそれと近い関係にあったと思われる。後世、ハタ・ヨーガはシヴァ派と密接な関係を保った。

ハタ・ヨーガの場合も、古典ヨーガの場合と同様に準備が必要である。その準備として『プラディーピカー』は禁戒《きんかい》(ヤマ)と勧戒《かんかい》(ニヤマ)の二項目をあげる。禁戒とは、非暴力、誠実、不盗、梵行《ぼんぎょう》(女性と交わらないこと)、忍耐、節食などである。勧戒とは、努力、満足を知ること、布施、神に供養すること、説教を聴くこと、マントラを唱えることなどである。禁戒と勧戒をまず守らなければならないことは、

『ヨーガ・スートラ』の古典ヨーガの場合と同様である。

ハタ・ヨーガはインドの伝統的医学であるアーユル・ヴェーダの思想と技法を採用することにより、行者の身体がハタ・ヨーガの修練にふさわしいものとなるように努める。アーユル・ヴェーダは人間の健康状態を三つの生理的原理によって説明する。その三つとは、体内を駆けめぐるエネルギーである「風」(ヴァータ)、体熱を司る「胆汁」(ピッタ)、および血液や体液の流動性ともいうべき「粘液」(カパ)である。これら三つが調和しているならば人間は健康であり、不調和になると病気になると考えられる。

第三の原理「粘液」の活動がほかの原理のそれよりも際立って活発であれば、粘液体質となるが、この体質はヨーガのめざす「気」(プラーナ)の流れを妨げる。したがって、粘液体質の人はヨーガの実習に入る前に、身体のなかの気の道を清掃し、気の流れをよくしなければならない。

次に、行者は行法の第三階梯《かいてい》として坐法《ざぼう》あるいは体位法(アーサナ)を学ぶ。ハタ・ヨーガでは、身体全体がどのような姿勢をとるかが重要であるゆえに、アーサナは「坐法」というよりは「体位法」と訳したほうがよいであろう。体位にはさまざまなものがあるが、例えば、シッダ(成就)体位とは、左足の踵《かかと》を会陰部(あるいは陰嚢の後ろ)に当てて、右足の踵を性器の上に置くものである。

さまざまな体位を習得したのち、ヨーガ行者は調息法《じょうそく》によって気を支配するのであるが、調息法を理解するためには、ハタ・ヨーガのシンボリズムを知らねばならない。ハタ・ヨーガのシンボリズムは、行者の身体に関するシンボリズムと、行者個人の身体を超えた宇宙に関するものとから成り立っている。この二つのシンボリズムによって身体と宇宙とが相同の関係にあることが示される。

ハタ・ヨーガでは、現実の肉体は「粗大な身体」といわれ、ヨーガの行法のために考えられた想像上の身体モデルは「微細な身体」と呼ばれる。後者の身体は目に見えず、実際に触れたりすることはできない。しかし、心的・擬似的な空間としての広さあるいは大きさはある。すなわち、われわれの身体と同じ形、同じ大きさをもつものと考えられているのである。ヨーガのさまざまな操作は現実の身体の部位に対してなされ、その結果もこの生身の肉体に起きるのであるが、ヨーガ行者がおこなうべきそれぞれの行法は「微細な身体」の地図の上で指示される。つまり、「微細な身体」の上にヨーガにおける「気」あるいはエネルギーの運行図が描かれているのである。ヨーガ行者の「気」は「微細な身体」に示されたチャートに従って航行を続けるが、その結果は「粗大な身体」つまり行者の現実の身体にあらわれる。

地、水、火、風、空という五元素によってこの身体さらには世界が構成されているとは、インド古来の一般的理解である。ハタ・ヨーガにおいても、身体はかの五元素に対応すると考えられている。足から膝に至るまでの部分は地の要素に対応し、膝から肛門までは水の要素に、その上から心臓までは火の要素に、その上から眉間までは風の要素に、その上から頭頂までは空(虚空)の要素にそれぞれ対応する。

地、水、火、風、空という順序は、それぞれの元素の「重さ」の順になっている。つまり、地がもっとも重く、その上に存する水は地より軽い。このように下に行くほど重いものを配して、安定した感じを与えるような配置が考えられている。

五大元素にはそれぞれシンボルが考えられており、地は四角、水は三日月(半月)、火は三角(頂点を上

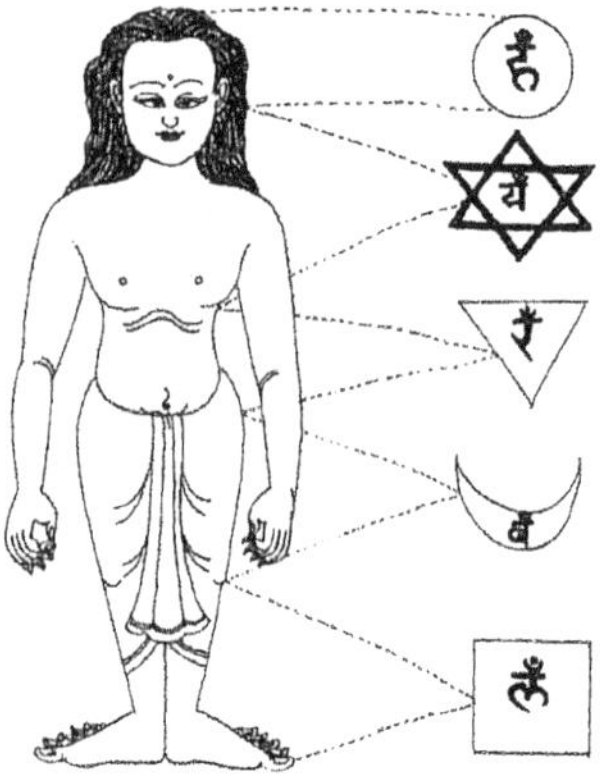

ハタ・ヨーガの身体モデル

にする場合と下にする場合とがある）、風は「三角と逆三角の合体図」、空は円によって象徴される。したがって、ハタ・ヨーガにとって身体は、図にみるように、下から四角、三日月、三角、三角と逆三角の合体、円の積み上がったものである。このようにして「微細な身体」のおおまかな構造モデルができあがる。

ヨーガ行者の身体モデルは、一般に坐ったかたちで考えられる。ヨーガによって身体の気エネルギーが巡行する宇宙あるいは世界は、体位法に従って坐った身体だからである。地、水、火、風、空の五元素でできた身体モデルの仕組は、気（プラーナ）、身体の中央を走る脈（ナーディー）とその節目ごとに存在するエネルギー・センター（チャクラ）によって説明される。

気の道としての脈

微細な身体の脈とチャクラのなかを「気」が流れている。微細な身体とは「気」の循環システムである。気の根源は人体の基底部、つまり大地の要素でできた部分にある。気つまりエネルギーが身体の上方に向かって動き、最後に頭頂に達すると精神的な至福が得られるという。ハタ・ヨーガの修練はおおむね気の流れをよくすることをめざしている。

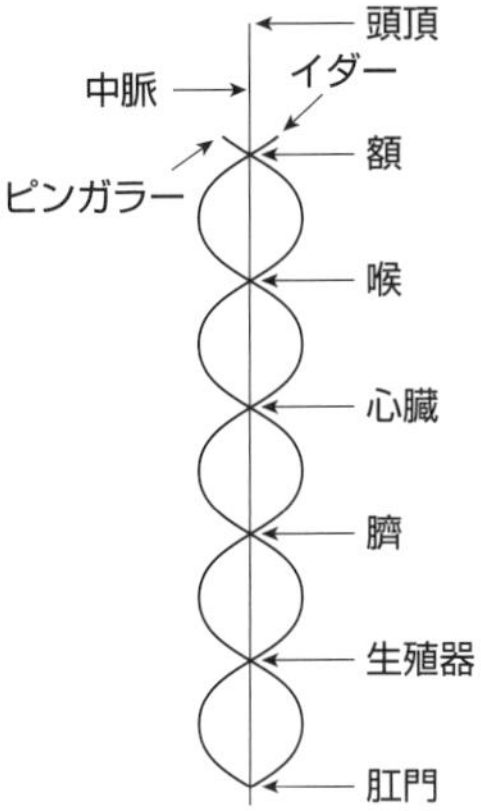

三つの脈

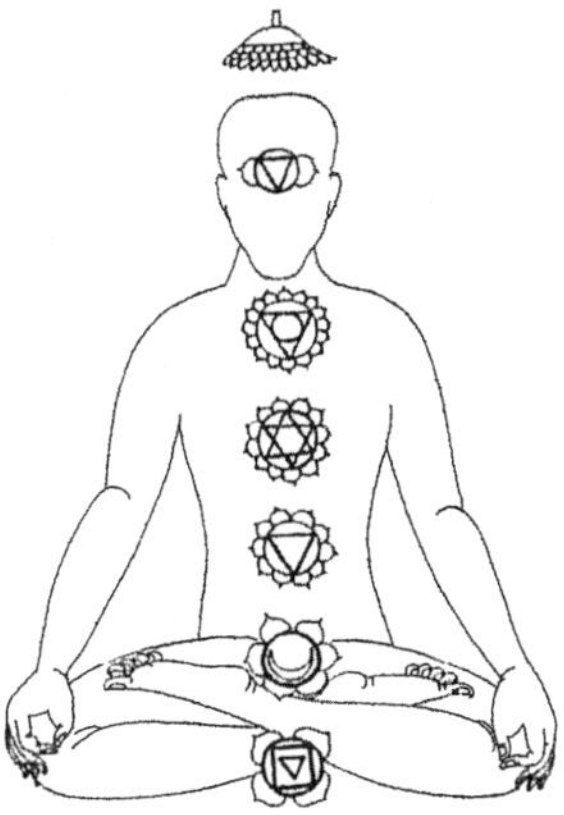
六つのチャクラとサハスラーラ

古代インド人が「気」の道としての「微細な身体」における脈を、循環器系統、消化器系統、あるいは神経系統の「管」、例えば、血管、食道、神経などと同一視していたというようなことはありえない。彼らは現実の身体を超えた「メタ身体」を考えていたのである。だからといって、この「メタ身体」が現実的な作用をもたないというわけではない。

「微細な身体」における脈とは、身体に張りめぐらされている「管」のすべてをいう。脈の数は一般に七万二〇〇〇本といわれるが、この途方もない多さは「粗大な身体」(すなわち現実の身体)のもっている厚みにそっくり重なるような「微細な身体」を考えたためと思われる。

これらの数多くの脈のうちで、ハタ・ヨーガにとって重要なのは、身体の中央を上下に貫く中脈(スシュムナー)、その左右を走るイダー脈(気道)およびピンガラー脈(気道)である。イダーは女性原理を示し、ピンガラーは男性原理を示し、中脈は中性原理と考えられる。中脈を中心にしてイダーとピンガラーとが平行して左右に走るのではなくて、イダーは左の鼻孔より始まり、ピンガラーは右の鼻孔より始まり、両者は中脈上で数回交差している（図参照）。

エネルギー・センターとしてのチャクラ

「微細な身体」の中央を走る中脈には数個のチャクラが「竹の節のように」存在する。「チャクラ」とは文字通りには円輪を意味するが、ここでは無数の細い脈が円盤型に絡まった叢のことである。この円輪は気エネルギーが集結している「エネルギー・センター」なのであるが、細い脈が絡まっているために、中脈のなかを「気」がよく通らない。それゆえ、ハタ・ヨーガはこの叢をほぐして中脈のなかに気がよく通ることをめざすのである。

一般には七つのチャクラが考えられている。つまり、それらは、下から尾骶骨《びていこつ》、生殖器、臍《へそ》、心臓、喉、眉間および頭頂に相応する場所に「微細な身体」の中脈にそって存在する、と考えられている（図）。微細な身体もまたかの五元素によって構成されるのであるが、その五元素の性質はそれぞれのチャクラに反映される。つまり、足から膝までの部分を支配する地の元素の性質は、微細な身体の背の基底部（尾骶骨）のチャクラに、膝から肛門までの部分の水の元素は、生殖器にあるチャクラに、火の元素は臍にあるチャクラに、風の元素は心臓にあるチャクラに、空の元素は喉にあるチャクラにその性質を反映させ、第六チャクラは五元素の有するもろもろの性質を超えている。第七チャクラである光のかたまり「サハスラーラ」（千の光を備えたもの）は頭頂からわずか離れたところにある。

このように五元素でできた「微細な身体」は、身体の中央を走る中脈スシュムナーを中心としたシステムにほかならない。この中脈およびそのなかに上下に並ぶ七つのチャクラが「気」の流れの中心的舞台である。「気」の脈は身体の隅々まで走っているが、ハタ・ヨーガの実践において行者が意図的に「気」を移動させるのは主としてかの七つのチャクラの並ぶ中脈のなかだからである。

最下部にあるチャクラは「根を支えるもの」（ムーラ・アーダーラ）と呼ばれる。このチャクラは「微細な身体」の根にあたる。チャクラにはそれぞれイメージが定められている。スイス生まれの精神分析学者C・G・ユングによれば、このチャクラはわれわれの日常性をあらわしており、かの四角のなかにあらわれる象は、日常の力（リビドー）のシンボルである（二〇三頁図参照）。すなわち、まだ聖化を受けていない「俗なるもの」である。

象の上には逆三角形があるが、これは女性性器をかたどったもので、世界の根源がここにあることを意味する。この逆三角のなかにシヴァを象徴するリンガがあり、その基部に蛇が巻きついている。この蛇はクンダリニーと呼ばれる女神（シャクティ）である。「シャクティ」とは、文字通りには力を意味するが、ここでは男神の力のことである。男神の力が「シャクティ」すなわち女神（妃）と呼ばれるのである。

ハタ・ヨーガの行者は、蛇の姿をとって眠っている女神を目覚めさせ、毎日の訓練によって彼女を徐々に中脈のなかを昇らせる。彼女の身体つまり蛇は中脈に存在するいくつかの節目（チャクラ）を押し開きつつ、頭頂に至るといわれる。女神クンダリニーは脈を押し開くための道具あるいは力なのであるが、ハタ・ヨーガの最終段階において男性原理と一体となる女性原理そのものでもある。

第一のチャクラにおいて目覚めさせられた蛇クンダリニーは、中脈を昇り始めるが、蛇のさらなる上昇のために第二の「スヴァ・アディシュターナ・チャクラ」（行者自らの「気」の拠り所のチャクラ）が開く。水と関係する第二チャクラのシンボリズムは、ヨーガ行法における入門儀礼の説明ともなる。すなわち、ある集団の新しいメンバーとして受け入れられるための儀礼において、水はしばしば重要な要素である。仏教やヒンドゥー教の入門儀礼としての灌頂《かんじょう》では水を入門者の頭から振りかける。

水には浄化の力がある。第二のチャクラに至った「気」は、これから続く旅のために自らを浄めねばならない。水によって浄化され、新しく資格を与えられた者のみが、第三以降のチャクラへと進むことが許されるからである。

第一のチャクラは日常の意識世界を意味したが、第二のチャクラは、ユングによれば、海獣マカラの住む「海」すなわち無意識の領域を指している。水はあらゆるものを呑み込み、自らの奥深くしまいこ

シヴァ・リンガに巻きつく「蛇」クンダリニー　プネー。

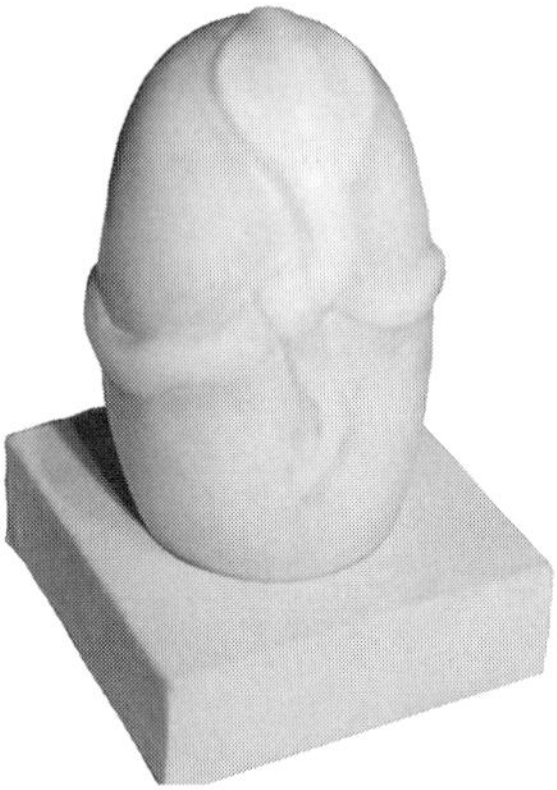

蛇の巻きついた石製リンガ
古代ギリシアでは世界を取り巻く蛇は「ウロボロス」と呼ばれてきたが，インドにおいても同種の「蛇」があらわれる。インド国立博物館，ニューデリー。

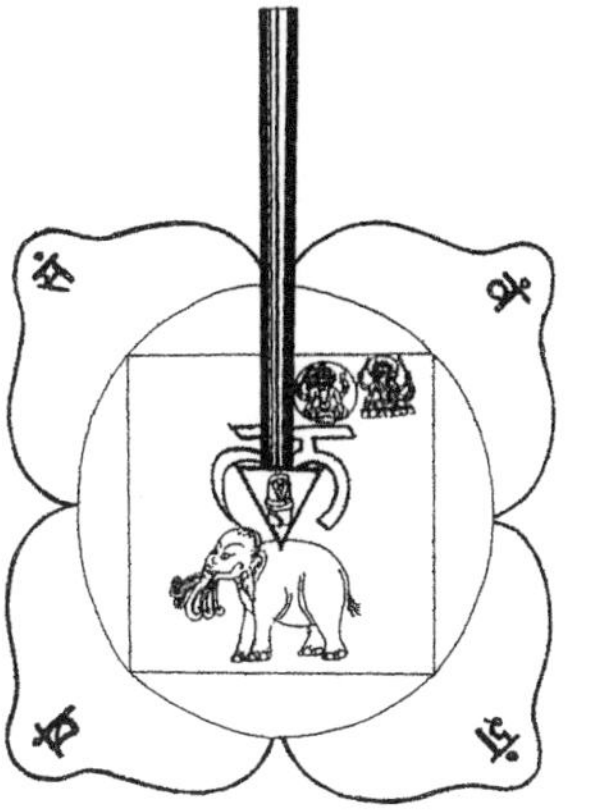

第一チャクラ

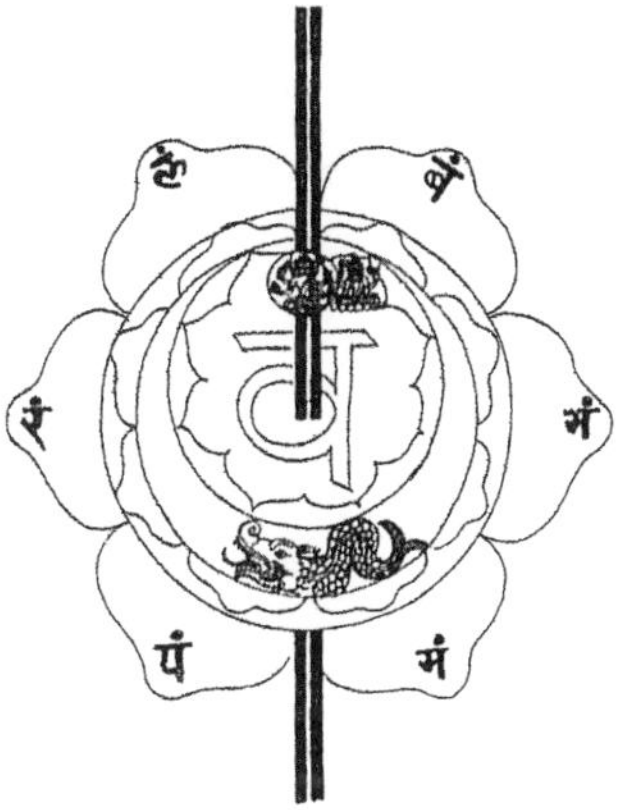

第二チャクラ

んでしまう。われわれの意識の領域の下には無意識の世界が、あたかも海面下に沈んでいる氷山の大部分のように存在している。われわれの日常の意識活動は、長年にわたって積み重ねられた無意識によって影響を受けているが、ヨーガ行者は日常的意識を支配するのみでなく、意識に昇っていない無意識の世界にもおりていってその領域をも支配しなければならない。

第三の「マニプーラ・チャクラ」（宝石《マニ》の町《プーラ》のチャクラ）は、臍のあたりにある。このチャクラには火の元素の性質がある。水をくぐり抜けて入信儀礼を終えた者には火があらわれる。「海」あるいは「水」の底から蘇った者が次に至るべき火は地獄の火でもある。この火は入信の儀礼をすませた者への試練を意味する。水からあがった者は、いまや熱で自分をつくりなおす必要がある。このつくりなおす作業は、クンダリニーが第三チャクラを通過することによってなされるのである。

第四チャクラは、「アナーハタ・チャクラ」と呼ばれるが、「アナーハタ」とは、「二つのものが触れることなくして生ぜしめられた音」を意味する。このチャクラは音あるいは風と関係する。風の元素は個我《こが》(アートマン)を意味するが、第四のチャクラが位置する心臓は、古来、個我アートマンの座と考えられてきた。

行者は、アートマンの座であるこの第四チャクラにおいて「聖なるもの」の顕現に出会う。第三チャクラではまだ不明瞭だった「聖なるもの」が、第四チャクラでは完全にではないが、自らの姿を顕現させるのである。第五の「ヴィシュッダ・チャクラ」(清浄なチャクラ)は喉にある。このチャクラは第五元素である空(虚空)と関係する。

このように第一のチャクラからチャクラの位置が昇るにつれて、関係する元素は順を追って「軽く」なり、「清浄なるチャクラ」とも呼ばれる第五チャクラは、重さも形も動きもない元素である「空」と関係する。これはヨーガ行者の心の状態が段階を追って昇華されることを示している。

第一チャクラにおいてリンガの形で示されていた男性原理シヴァは、まだその力を発揮するまでには至っておらず、女性原理クンダリニーは「蛇」の姿をとって眠っていた。第二、第三のチャクラを経過したクンダリニーは、第四チャクラにおいて「聖なるもの」である個我アートマンの顕現に出会うのである。第五チャクラにおいてその「聖なるもの」は、男性原理と女性原理との融合という姿をとる。女性原理とは男性原理の力(シャクティ)にほかならない。したがって、女性原理と融合した男性原理のみが、完全な機能を発揮できるのである。

第六の「アージュニャー・チャクラ」は眉間のあたりにあると考えられている。このチャクラがかかわる宇宙元素は、これまでに述べた五大元素を超えたものであり、「マハット」(大)である。これはサーンキヤ哲学の概観で述べたように、宇宙の根本物質が現象世界の形成のために動き出した初期的な形態である（二〇六頁参照）。

頭頂にある第七チャクラは「サハスラーラ」（千の光を備えたもの）と呼ばれる。千の花弁を有する蓮華《れんげ》によりあらわされるが、ここにあるのは光ばかりである。第六のチャクラに到達したときにすでに得られていた五つの感覚器官を超えた状態は、ここに至ってブラフマン（大宇宙）とアートマン（小宇宙）の合一した状態となるという。

ヨーガ行者の頭頂あるいは頭頂の上方に位置する光のかたまりにほかならないサハスラーラは、ヨーガ行者の「気」の巡行の最終目的地である。脈のなかを通り抜けてここに至ったエネルギーは、宇宙原理ブラフマンのエネルギーと同化するのである。

以上のように、ハタ・ヨーガの行法がおこなわれる場である微細な身体は、一人のヨーガ行者の「身体」であるとともに宇宙でもある。また、それは、ヨーガ行者という小宇宙が大宇宙との同一性を感得する際の媒体となるのである。

ハタ・ヨーガとヴェーダーンタの哲学

ハタ・ヨーガの行法と思想は『ヨーガ・スートラ』の述べる古典ヨーガとかなり異なる。哲学的には、古典ヨーガがサーンキヤ哲学に基づいていたのに較べ、ハタ・ヨーガはヴェーダーンタ哲学に依っている。

『プラディーピカー』〔四・五〕は三昧《さんまい》の状態を次のように述べる。

三昧とは、水に塩がとけて一体となるように、アートマン（真我）とマナス（意）とが合一した状態である。

この場合の「アートマン」とは、宇宙我ブラフマンと本来は同一である「真の自己」（真我）を指し、「マナス」とは個々の我が有する心作用を意味している。したがって、ここでの「アートマン」は宇宙我ブラフマンを、「マナス」は個我アートマンを指している。ヴェーダーンタ哲学によれば、唯一のアートマンすなわちブラフマンが実在し、それは心的なものであり、歓喜そのものである。この世界はブラフマンの有する幻影力（マーヤー）によってあらわれでたものであって、実在するものではない。ブラフマンを真に知ったとき、幻影としての世界は唯一の実在のなかにとけ入るのである。

さらに『プラディーピカー』〔四・七〕はこの合一した状態について次のように述べる。

個我（ジーヴァ・アートマン）と最高我（パラマ・アートマン）との二つが均一となり、合一し、そしてすべての観念が消え去った状態が三昧と呼ばれる。

個我（アートマン）と宇宙我（ブラフマン）との本来的同一性は、インド精神がウパニシャッドの時代からもちつづけてきたものであった。ヴェーダーンタ学派はヒンドゥーの諸哲学派のなかでとりわけ個我と宇宙我との合一の体験を求めた学派であった。『プラディーピカー』〔四・五六〕は、ヴェーダーンタ哲学者がしばしば用いる譬えによって三昧の状態を説明する。

三昧に入っているときには、虚空（空）のなかにある瓶のように、行者の内も外も空である。また、海中の瓶のように、内も外も満たされている。

われわれの眼前に繰り広げられる現象世界では、個我（アートマン）は移ろいやすい人体をまとっている。宇宙我（ブラフマン）は宇宙のすべてを統括している。もしもその二者の自己同一性が体験できるならば、どのような方法によってそれが可能となるのか、とハタ・ヨーガの行者は考える。ヴェーダーンタ哲学やその影響を受けたハタ・ヨーガがとった方法は、個我（小宇宙）と宇宙我（大宇宙）の相同性の考察から両者の同一性を直観することであった。「微細な身体」はそのための理論的準備であり、さらにヨーガにおける実際的手がかりである。

一人一人の身体に宇宙をみることができるとハタ・ヨーガでは考えられる。宇宙の創造者としての神の存在を認めないヴェーダーンタ学派にとっては、宇宙全体が「神」でないとしても「聖なるもの」である。宇宙は構造をもち、全体であり、そして「聖なるもの」なのである。一方、個我あるいは個体は、部分であり、「俗なるもの」である。ハタ・ヨーガにあっては、それぞれの行者の身体は宇宙の部分でありながらも、個々の身体は宇宙にほかならないと考えられている。この行法にあっては、部分が全体のなかに含まれる一方で、全体が部分のなかに見出されるのである。

ヨーガ行者の身体の諸部分が五大元素（地・水・火・風・空）の特質と対応すると考えられたことはすでにみた。五大元素は世界の物理的基礎であり、この基礎の上に世界軸（アクシス・ムンディ）としてのメール山（須弥山）が考えられる。この山のモデルは中国、インド、ネパールの国境近くのカイラーサ山だといわれている。もっとも厳密にはメール山は宇宙の軸であるが、カイラーサ山はメール山の南方に浮かぶ閻浮提《えんぶだい》（ジャンブ・ドゥピーパ）の北端にある山である。

『プラディーピカー』はメール山を人体の背骨と考える。メール山頂には甘露（ソーマ）を蔵する穴があり、その穴はもろもろの河川、すなわち、気道（脈、ナーディー）の合流するところである。イダー気道はガンジス川に、ピンガラー気道はヤムナー川に譬えられる。

『プラディーピカー』はヨーガ行者の身体を宇宙とみなしているが、このように行者の身体に宇宙をみる方法は、ヴェーダーンタ哲学の影響を受けた『シヴァ・サンヒター』（チャンドラ・ヴァス版）がよりいっそう明確に述べている。

この身体に七つの島に囲まれたメール山がある。もろもろの川、海、山、畑、領主たちも存する。

［二・一］

また、聖仙（リシ）や聖者（ムニ）がおり、すべての星と惑星も存する。巡礼の霊場、神殿、神殿の主たち（神々）もみられる。［二・二］

創造者たる月と破壊者たる日も運行している。また、空、風、火、水、地も存する。［二・三］

サーンキヤ哲学に基づいた古典ヨーガの骨子は、原質（プラクリティ）の活動を止滅させることによって、霊我（プルシャ）を顕現させるというものであった。ハタ・ヨーガにおいても、この俗なる現象世界を止滅させることによって聖なるブラフマン（梵《ぼん》）に到達するのである。つまり、ヒンドゥー哲学が考える世界の消滅を、ヨーガのなかで実現させよう、あるいは演じようというのである。

地、水、火、風、空の五元素と、第一から第五までのチャクラのそれぞれが対応しており、「気」が最下部の第一チャクラから順次上に昇っていくことはすでに述べた。この「気」の上昇の過程は、世界の消滅の過程でもあった。このようにして、ハタ・ヨーガの伝統も「俗なるもの」としての世界を否定することにより「聖なるもの」としてのブラフマンつまり世界の根底に至ろうとする。

3　イスラーム王朝下のヒンドゥー教

イスラームの政治支配とヒンドゥー教

インド文化史の第五期、すなわちイスラーム教徒による政治的支配の時代のヒンドゥー教には、それ以前のシャンカラ、ラーマーヌジャ、ウダヤナなどの活躍によるような哲学・神学上の進展はみられなかった。もっとも論理学の分野では『真理の如意樹』（タットヴァ・チンターマニ）の著者ガンゲーシャ（十四世紀）などによって新論理学派（ナヴヤ・ナイヤーイカ）の理論が展開された。この学派は特殊な論理学的システムをつくり、古典的なニヤーヤ・ヴァイシェーシカ哲学において論議されてきた問題をより精緻な方法によって考察した。

また、それまでのヒンドゥー哲学学派の優れた綱要書が書かれたのはこの時代においてである。例えば、ヴァイシェーシカ哲学の綱要書としてのアンナンバッタ（十六世紀末）の『タルカ・サングラハ』、アーパデーヴァ（十七世紀初頭）によるミーマーンサー学説の綱要書『ミーマーンサー・ニヤーヤ・プラカーシャ』、サダーナンダ（十五世紀末）によるヴェーダーンタ哲学の『ヴェーダーンタ・サーラ』が有名であり、これらは今日でも入門書としてよく読まれている。

一方、この時代にはカビール、トゥルシーダース、チャイタニヤ、トゥカーラームなど「神への帰依」(バクティ、献信)に生きた者たちがあらわれた。また、西アジアからの影響によって、細密画がさかんに描かれた。とくにラージプート王国やムガル帝国の細密画は有名である。

ラーマーナンダとカビール

イスラーム教徒は仏教僧院に対しては容赦なかったが、ヒンドゥー教徒たちに対して改宗を命じたわけではなかった。ヒンドゥー教徒のあいだでは、相変わらずヴァルナ(カースト)間の差別は厳しく守られていた。とはいえ、ヴァルナ間の差別に対して正面から反対を唱える宗教的指導者もヒンドゥー教の内部にあらわれた。

そのような指導者たちの一人がラーマーナンダ(一四〇〇頃~七〇頃)である。彼はバラモン階級と不可触民との差別を認めず、ヴィシュヌを信奉する者はだれとでも食事をすることができると主張した。彼は新しい教義の説明には方言を用いるべきだとも考えた。彼は一時、ラーマーヌジャの「限定つき一元論」を奉ずる師に就いたが、師と決別して彼独自の「限定つき一元論」を展開した。

ラーマーナンダは多くの弟子に恵まれたが、そのなかには下層階級出身の弟子もいた。詩人カビール(一三九八~一四四八頃あるいは一四四〇~一五一八頃)も伝説ではラーマーナンダの弟子として数えられるが、両者が実際に会っているか否かは不明である。彼の出生も謎に包まれているが、最初はイスラーム教徒の織工であったと考えられている。イスラーム系のローディー朝第二代王シカンダル・ローディー（在位一四八八〜一五一七）は彼を味方として受け入れたという。

彼の考え方は彼の一つの詩によれば次のようである。人体のなかでは個我とそれを照らす最高神があったが、その個我から欲望という名の女神ガーヤトリー（太陽神サヴィトリに捧げる歌の神格化）が生まれた。彼女はブラフマー、ヴィシュヌ、シヴァという三人の息子を生んだが、母は息子に「我は汝であり、汝は我である。汝は我が夫であり、我は汝の妻である」という。この歌の意味は複雑だが、ともあれカビールがヒンドゥー教の伝統に基づきながらも、正統派の考え方とは異なる考え方を主張しようとしてい

マドゥライのミーナークシー寺院の女神ミーナークシー（魚の眼をもつ女神）**のイメージ**　ミーナークシーはかつてはドラヴィダ系の女神であったが，北方から南下したシヴァ崇拝の傘のなかに組み入れられた。ミーナークシーの元来の夫であったドラヴィダ系の土着神アリャハルは女神の兄とされた。ミーナークシー寺院のパンフレットより。

妃ミーナークシーの許を訪れるシヴァの儀礼　ミーナークシー寺院。

たことは事実である。

チャイタニヤとトゥルシーダーズ

チャイタニヤ(一四八五〜一五三三)は神へのバクティに生きた人であった。彼はとくにクリシュナとその愛人ラーダーを崇拝していた。彼は儀礼の形式を重んずるヒンドゥー教の伝統を軽視し、神へのバクティをより重視し、階級制度による差別に反対し、イスラーム教徒をも自分の弟子として受け入れた。クリシュナ神へのバクティのみによって人はクリシュナに近づくことができる、と彼は主張した。

クリシュナには、知的存在であるという側面、神としての自らの姿をあらわす能力が備わっているのであるが、彼のもつもっとも大きな力は歓喜を生み出す能力である。チャイタニヤによれば個我は最高神を求めているが、バクティを通じて最高神クリシュナの力に満たされると、個我は自らが個我にすぎないことを忘れ、一種のエクスタシーのなかで最高神との一体感を感ずるのである。チャイタニヤを祖とするチャイタニヤ派の勢力は今日も続いている。

一方、北インドにおいてラーマ信仰を広めた人物として、トゥルシーダース(一五三二〜一六二三)の名をあげるべきであろう。カビールと同じく、彼もまた親に捨てられたという。

彼はカビールのように新しい説を打ち立てようとしたわけではなく、ラーマすなわちヴィシュヌへのバクティ(帰依、献信)の伝統的な道を進んだ。彼がヒンディー語の一方言で著した『ラーマ・チャリタ・マーナサ』は中世文学の最高傑作といわれ、一般に『トゥルシー・ラーマーヤナ』と呼ばれている。北インドの人々が『ラーマーヤナ』を読むときには、このラーマーヤナを読むという。カトマンドゥ盆地でも僧によるこのラーマーヤナの詠唱がおこなわれている。

トゥカーラーム

ジュニャーネーシュヴァラ（二五四頁参照）と並んでマハーラーシュトラの聖者を代表するトゥカーラームの生年ははっきりしないが、一五九八年という説が有力である。彼はプネーの郊外にあるデーフ村で生まれ育った。出身はシュードラ（隷属民）階級と推定される。わずか十三歳で彼は父の家業を継いだが、商売に失敗してしまった。そのあとに起きた飢饉のため、二人いた妻の一人は餓死したという。商売をやめた彼は、神に対する瞑想と神の讃歌を詠うことに専念するようになった。

マハーラーシュトラの聖者トゥカーラームの像　プネー市郊外。

彼はマラーティー語で自分の考えを「アバング」と呼ばれる韻律（特定の間隔で韻を踏む詩形）で表現した。彼が実際に書き残したものはほんのわずかなようだが、現在では、数千にのぼる断片詩が伝えられている。それらの歌は、彼の罪悪感、焦燥感、苦悩、さらには神への訴えを伝えている。

「私を捨てないでください。私はあなたの家の扉にいる犬です」

コラム　インドの石窟寺院

インド半島の中央を西に向かって流れる大河ナルマダー川以南は巨大な岩盤であり、「デカン溶岩台地」と呼ばれている。「デカン」とは、インドの古語サンスクリットで「南」を意味する「ダクシナ」がなまったもので、紀元前一五〇〇年頃に中央アジアから侵入してきたインド・アーリヤ人により支配されたパンジャーブ地方の南であることを指している。

デカン高原を覆う玄武岩大地は六七〇〇万〜六五〇〇万年前の白亜紀の終りにかけて大量に噴出されたマグマによって形成されたといわれ、西から東へ向けてゆるやかに傾斜している。この岩盤の西端は標高一〇〇〇〜一三〇〇メートルの西ガーツ山脈となって南北に走り、ところどころでそのかたい「素肌」をみせる。そのかたい岩盤を彫ってつくられたのが、例えば「エローラ石窟寺院」である。この地域には、ほかにも石窟が数多く存在している。例えば、仏教壁画で有名な「アジャンタ石窟」や観音菩薩の浮彫りで知られている「アウランガバード石窟」、一〜二世紀頃つくられたと推定される、インド石窟群のなかでもっとも初期の「カルラー石窟」などがある。インドにおける仏教石窟は、紀元前後に造られ始めたが、ヒンドゥー教窟の本格的造営は六世紀以降である。こののち、インドにおける開窟は十一世紀頃まで続いた。

代表的な石窟であるエローラ石窟は、インド中部の都市アウランガバードから車で一時間程の距離にある。ここには南北約三キロにわたって、およそ五〇の石窟寺院が残されているが、そのうちの主要な三四窟に通し番号がつけられている。南端から順に第一〜一二窟が仏教窟、第一三〜一九がヒンドゥー教窟、第三〇〜三四窟がジャイナ教窟である。これらの石窟寺院がつくられた時代は、紀元六〜九世紀頃である。ただし、ジャイナ教窟は八～十世紀と推定されている。仏教、ヒンドゥー教、ジャイナ教という異なる三つの宗教寺院がほとんど同じ時代、同じ場所に共存したのである。一つの宗教の石窟寺院に参拝した人々は、おそらくほかの宗教の石窟寺院でも礼拝をしただろうと考えられている。

ヒンドゥー教窟のうち、もっとも大きなものは第一六窟のカイラーサナータ寺院である。高さ三四メートル、奥行八〇メートル、幅四六メートルあり、インド最大の石窟寺院である。エローラのほとんどの寺院は、岩山を横から掘り進めたものだが、カイラーサナータ寺院は上から掘り下げたものである。「カイラーサナータ」とは、ヒマーラヤ山脈にあるカイラーサ山の主（ナータ）のことであり、これはヒンドゥー教の神シヴァを示している。この寺院の本堂の深奥部には、巨大な石製のリンガ・ヨーニが本尊シヴァのシンボルとして祀られている。

エローラ第14窟の入り口　このヒンドゥー教窟は女神を祀ったものと考えられるが，中尊の像は失われている。右壁奥には七母神像が見られる（147頁参照）。

エローラ第16窟の内部　写真中央に見られる小さな窟院には七母神の像が残されている。

「私の命が去っていく。あなたの力で私を救ってください」

「あなたは私を受け入れてはくださらなかった。私の運命はあなたよりも強いと思う。私は神に対しどのようにこの身を捧げればよいのかわからない」

このように苦しんでいたトゥカーラームは、神を見出す。

「私が何を問おうとも神はただちに答えてくれる。私がこの世を去るとき、神は私の召使いとなる」

「すべての人がいまや神となる」

「私の唯一の憩いの場は神の名なのだ」

彼の名声は広がっていき、ムガル帝国に対して抗戦したシヴァージーの耳に入った。王はトゥカーラームを自分のところに招待しようとしたが、かの聖者は断り、その代わりに例の韻律で書かれた歌を送ったという。その後もこのマラーター国の王は、マラーティー語で詩を書く聖者を尊崇しつづけた。

これまでヴィシュヌ派に属する聖者たちの何人かの生涯と彼らの思想をごく簡単にみてきた。インド文化史の第五期におけるヴィシュヌ信仰の中心は、バクティ(帰依)崇拝をどのように実践し、その実践をどのように理論化するかということであった。ヴィシュヌへの帰依に関して、カビール、チャイタニヤ、トゥカーラームなどは同じ道を歩んでいる。彼らは神の名を呼ぶという実践形態をとり、そして現前にあらわれるものがすべて神の姿であり、神そのものであると考えたのである。もっとも世界と神とはまったく同一ではないことをかの詩人たちも知っていた。だが、かの詩人たちにとっては、神と世界との違いに関する哲学的議論よりも、この身体で目の前に神を感ずることのほうが重要であったと思われる。このような神への態度は、のちのラーマクリシュナなどの神に対する態度と似通ったものがあると思われる。

細密画

アジャンタ石窟などにみられるように、紀元後かなり早い時代からインドでは画家の活動がみられるのであるが、イスラーム王朝下のインドではまず写本の挿絵としての細密画に力がそそがれるようになった。まず西インドのグジャラートでは十五世紀頃からジャイナ教の写本の挿絵に、胸は広く、腰はくびれ、目の飛び出たユーモラスなタッチの人物が登場する。

このの ち、十六世紀から十九世紀前半にかけて、西北インドのパンジャーブやラージャスターンにおいて、緻密な線と綿密な着彩を有する細密画がさかんに描かれた。これらの画はラージプート王侯の保護のもとに描かれたので「ラージプート絵画」と呼ばれる。

このラージプートの絵師たちの運動とほとんど同時期に、ムガル帝国に支えられたムガル絵画の運動があった。ムガル絵画は、ペルシアの細密画の影響を受けながら、王侯たちの肖像、狩りの場面、宮廷に集められた珍しい動物や植物などの世俗的テーマを扱った。これとは対照的に、ラージプート絵画は、民間信仰、とくにヴィシュヌ崇拝、さらにはそれに関係する文学などの宗教的テーマを選ぶことが多い。ラージプートの絵師たちは自らのテーマを『バーガヴァタ・プラーナ』第一〇巻にとることが多かった。この巻はクリシュナの生涯を描いていたからである。

第6章　近代のヒンドゥー教

1　ヒンドゥー教の復興

外国資本主義制圧下のインド

前章において述べたように、一六〇〇年にすでにイギリスは東インド会社を設立、十八世紀後半から積極的にインド経営に乗り出した。十九世紀初頭にはインドにおけるフランスの勢力を破り、一八五八年にはインド人傭兵（セポイ）の反乱を鎮圧した。この反乱の鎮圧とともにイギリスは最後のムガル皇帝バハードゥール・シャー二世を追放してムガル帝国を亡ぼし、イギリス国王がインドの統括権を得た。こののち、イギリスによる支配は一九四七年のインド独立まで続いた。

インドがイスラーム（イスラーム教）の実質的な政治的支配を受けていた時代、イスラームはヒンドゥー教を激しく攻撃することはなかったが、ヒンドゥー教はそれまでの学説などの綱要書をまとめるなどのことはおこなっても創造的な展開はほとんど生まれなかった。一方、イギリス帝国による支配はインドに新しいものをもたらした。つまり、インドはイギリスを中心とするヨーロッパから自然科学、政治的・社会的制度、風習などを学んだのである。もっともインドはそれらの新しいものすべてを無批判に受け入れたわけではなかった。ヨーロッパを鑑として己を見たのである。

一八〇〇年頃からインドでは自らの宗教や社会を見直そうとする気運が高まっていた。十九世紀におけるヒンドゥー教改革運動の先駆は一八二八年に設立されたブラフマ・サマージ(協会)である。これは「近代インドの父」と呼ばれるラーム・モーハン・ローイ(一七七二/七四〜一八三三)により設立された。彼は当時ヨーロッパから渡来しインドで活動していたキリスト教宣教師たちのみならず伝統的で保守的なバラモンたちとも戦わねばならなかった。ローイはサティー(寡婦焚死《かふふんし》)の風習を廃止し、科学的教育の普及に努めた。この協会の会員にはデーヴェーンドラナート・タゴール(一八一七〜一九〇五)がいたが、彼は詩人ラビーンドラナート・タゴールの父である。

十九世紀の後半にダヤーナンダ・サラスヴァティー(一八二四〜八三)によって北インドにおいてアーリヤ・サマージの活動が始まった。ローイが英語による教育を受け、ヨーロッパ文明とくにキリスト教をつねに視野においていたのに較べ、ダヤーナンダは英語の教育をまったく受けていなかった。アーリヤ・サマージの運動は、もっぱら古代のヴェーダの宗教への復帰を掲げ、後世のヒンドゥー教における神の化身の思想や聖地巡礼などを排斥した。ダヤーナンダの没後も、アーリヤ・サマージの宗教・社会改革運動は発展を続け、一八八七年にはラホールに拠点を設けた。やがて、その運動のあり方にも変化が生まれた。例えば、英語の教育を受けた若者たちにも支持されるようになった。

一八九二年、この協会は近代的な教育や日常生活が必要であると主張した改革的なカレッジ派と、伝統的なヒンドゥーの教育や生活態度を重視する保守的なマハートマ派の二派に分かれた。アーリヤ・サマージの活動は、基本的には宗教活動であったが、当時のインドにおける教育の普及に多大な功績があった。

ラーマクリシュナ

十九世紀末（一八九七年）には、今日も国際的な活動を続けているラーマクリシュナ・ミッションが創始された。このミッションはヴィヴェーカーナンダ（一八六三〜一九〇二）によって始められたが、彼の活動は彼の師ラーマクリシュナ（一八三六〜八六）の教えを俟《ま》ってはじめて可能であった。ラーマクリシュナはローイやダヤーナンダによって始められた近代ヒンドゥー教の復興を独特の方法によって成し遂げた。彼こそまさに近代ヒンドゥー教の父といえよう。

ラーマクリシュナが生まれたのは、ブラフマ・サマージの設立後まもなくの一八三六年であった。彼はコルカタの郊外にある貧しいバラモンの家に生まれ、幼名は「ガダーダル」〈サンスクリットではガダー・ダラつまり「棍棒を有する者」〈ヴィシュヌ神の別名〉〉であったが、ベンガル風に「ゴダドル」と呼ばれていた。

六歳のとき、畦道を歩いていたゴダドルは、黒雲の広がった空に白い鶴の一群が飛ぶさまに見とれて忘我状態になり、その場で卒倒した、という。この経験をラーマクリシュナは後年、何度も自ら語って

ラーマクリシュナが住んだダクシネーシュヴァリー(ドッキンネッショル)寺院の建つフーグリー河岸

いる。トランス状態に入ってしまう彼の資質は、すでに幼いときにその芽がみられたのである。「ラーマクリシュナ」とは修行者となってからの名前であり、「ラーマ」も「クリシュナ」もともにヴィシュヌの化身を意味する。この二つの名前や幼名が語るように、この近代ヒンドゥー教復興の指導者はヴィシュヌ崇拝の強い環境のなかで育った。

一八五五年、コルカタの近郊、ガンジス川の支流フーグリー河畔にシュードラ階級出身のラーニ・ラースマニが女神カーリーを祀るダクシネーシュヴァリー(南を向いた女神)寺院を建立した。そこの主僧として実兄が迎えられ、ゴダドルも兄について寺院に移ったが、ゴダドルはこの寺院に住むことをきらった。というのは、その寺院が低いヴァルナ(カースト)の人によって建立されたからである。ゴダドルは寺院で調理されたものは食べず、河岸で自ら調理して食べていた。それでも二十歳のときにはゴダドルは、この寺院内にあるカーリー堂付きの役僧となった。

ラーマクリシュナの「奇行」は周囲の人々を驚かせた。寺の創建者ラースマニが寺にきたときのこと、彼は突然詠うのをやめ、横にいたラースマニの頰を力いっぱい殴った。もっともこれは彼女が訴訟問題のことを考えていたのをラーマクリシュナが見抜いたからであった、という。

彼は、日夜、カーリー女神の姿を見ようと修行を続けた。カーリー堂から一〇〇メートルも離れていないところに、彼が住居とした石造りのそれほど大きくない家が今日も残っており、毎日数多くの人が訪れる霊場となっている。二十歳から約三〇年間この行者はそこを祈りの場としたのである。

後世のラーマクリシュナのカーリー女神への崇拝態度は、熱烈なヴィシュヌ教徒がヴィシュヌ神へ語りかける態度に似ている。ラーマクリシュナにとってはカーリーとヴィシュヌは本来一つのものであった。カーリーは捧げられた犠牲の生血を舌から滴らせているといったイメージでしばしば描かれるが、ラーマクリシュナが語るカーリーには陰惨で不浄なイメージはない。あるのは、女神の清明で清浄な響きのみである。彼を育てたヴィシュヌ教的な環境が、ラーマクリシュナのカーリー観に影響を与えたと考えることができよう。ヴィシュヌはヒンドゥー教の神々のなかでもっとも柔和な性格を有する神々の一人である。ラーマクリシュナによってかの女神は新しい姿をこの世界にあらわした。この行者はその生涯をかけてヒンドゥー教の歴史を変質させるほどの事業を成し遂げたのである。このようにして、ラーマクリシュナはカーリーというういわば「不浄なる」要素を多く含む女神のイメージや職能を「浄なるもの」へと聖化する作業を進めた。

ラーマクリシュナはサンスクリットの学習を熱心にしたわけでもなく、伝統的なヨーガの行法を師に就いて長期間学んだこともなかった。彼の修行はただただ女神カーリーを見ようとしたことだった。彼に許された宗教的資質が「生きた神を見ること」を可能にしたのであろう。現前に神を見ようとする行法は、観想法(サーダナ)としてインド、ネパール、チベットではよくおこなわれている。

ラーマクリシュナがカーリー女神を目で見ようと祈り始めた頃には、以前の彼にあった低い階級に対する差別意識は消え去っていた。彼は女神が憑《つ》いた状態つまり憑依《ひょうい》状態になったまま、食事もしない日が続いた、という。ある日、女神カーリーはその姿をラーマクリシュナに見せる。彼は意識を失って倒れてしまった。このの ち、彼はカーリーとともに暮らすようになったとされる。

憑依はシャマニズムにおいて一般的な現象である。ここでは「シャマニズム」という語を広義に用いておこう。すなわち、憑依あるいは脱魂を経験する者を中心とする崇拝形態を「シャマニズム」と呼ぶことにしたい。

憑依とシャマニズム

神あるいは仏を眼前に見たといわれる宗教者は珍しくはない。チベット仏教における最大の宗派ゲルク派の開祖はツォンカパ(一三五七～一四一九)である。彼は、眼前にあらわれた文殊と問答をしながら、著述を進めた、という。ラーマクリシュナがカーリーを日常的に見たように、ツォンカパは文殊とともに暮らしていたのである。

チベット仏教においても「仏と一体となる行法」である観想法(チベット語でドゥプタプ)と「神がおりてくること」(チベット語でラパプ)とは厳密に区別されてきた。だが、ツォンカパやラーマクリシュナの体験は、シャマニズムの技法そのものではないが、シャマニズムが育ててきたような神降しの要素が組み入れられているように思われる。

コラム　インド仏教タントリズムとヒンドゥー教

インド仏教の歴史は三期に分けられる。すなわち、⑴仏教誕生から紀元一世紀頃までの初期仏教、⑵紀元一世紀頃から六五〇年頃までの中期仏教、および、⑶六五〇年からインド仏教消滅の十三〜十四世紀までの後期仏教の三期である。

インド初期仏教は今日の東南アジアに流布しているテーラヴァーダ仏教に近い形態を有していたと推定される。インドでは一世紀頃から大乗仏教が台頭するが、密教はおおよそ四〜五世紀には始まった。密教（タントリズム）は、大乗仏教のなかの一つの形態としてあらわれ、後期仏教において大きな勢力を有した。密教は仏教にのみにではなく、ヒンドゥー教、ジャイナ教にも存在する。

神々（仏たち）あるいはそのシンボルが館のなかに並ぶマンダラは、密教においてのみつくられる。したがって、インドの初期・中期仏教の前半ではマンダラはつくられなかった。ヒンドゥー教の密教にもマンダラがみられる。ジャイナ教では「マンダラ」とは呼ばれないが、マンダラに似たものは存在する。

インドにおける仏教の密教（仏教タントリズム）は初期、中期、後期の三期に分けられる。初期密教は四〜五世紀から六世紀頃まで、中期の密教は七世紀頃であり、後期は八世紀頃からインド仏教が亡びるまでのあいだである。インドにおいて密教（タントリズム）が勢力をもち始めたのはまず仏教においてであったが、八〜九世紀以降、ヒンドゥー教にもタントリズムが興隆した。その頃の仏教タントリズムはヒンドゥー教から大きな影響を受けるようになった。例えば、後期仏教タントリズムにおいて有名なチャクラ・サンヴァラ（勝《しょう》楽《らく》）尊の図像学的特徴は明らかにシヴァのそれを受け取っているものである。シヴァに似た仏教の如来《にょらい》がシヴァとその妃を両足で踏みつけているのである。

第一の初期タントラ経典の主要な内容は、仏像や祭壇の作り方や礼拝の手順などである。中期密教経典に属する行タントラ経典の代表である『大日経』は胎蔵マンダラを説明する。弟子の入門儀礼に用いられるマンダラの書き方を説明し、マンダラの観想法に関しても説く『大日経』によって仏教タントリズムは確立された。ヨーガ・タントラ経典（ヨーガの行法に基づいた観想を説くタントラ経典）の代表『金剛頂経』は金剛界マンダラについて述べている。空海が唐より持ち帰ったのは胎蔵および金剛界の二マンダラである。

インドにおいて九世紀以降、新しい型の観想法が生まれた。つまり、金剛界マンダラまでは自分の心のなかで仏を念じ、そのイメージを育てていたが、この頃になると、自分の心の外から仏を呼ぶようになった。つまり、仏教においても行者以外のところに存在する「神」が行者の心におりてくると考えられるようになったのである。自分の心の外に実在する神の存在を認めるのは、仏教の伝統的な教説とは矛盾した。さらに、仏教は神憑《がか》りの伝統と自らの伝統とを厳しく区別していたが、後期の密教行者たちは、シャマニズム的な行法である「神憑り」あるいは「神降し」を自分たちの行法のなかにひそかに導入し、自分たち独自の行法としたのだと思われる。ヒンドゥー教においても観想法の伝統は残っている。

バルクマーリー寺院　このヒンドゥー教寺院では，年に1度，神憑りになった者が太い針で自分の両頬を刺し通す。ティミ，カトマンドゥ盆地。

インドの正統派バラモンたちにとって憑依はむしろ否定すべきものであった。彼らは、憑依を得体の知れない霊に支配されてしまう危険なものとしてきらった。そのような伝統が憑依をともなう儀礼行為を低いカーストに属するものとして片隅に追いやってきたのであった。

しかし、ベンガル地方では神に酔った行者が多数でている。かつて密教(タントリズム)の勢力が強かったネパール、ビハール、アッサム、そしてベンガルというようなヒマーラヤの南腹から東インドにかけての地域では、シャマニズムの要素も多く見受けられ、憑依の伝統が社会的にも比較的高い評価を受けてきたのである。

憑依あるいはそれに近い状態にあったラーマクリシュナの信仰が近代ヒンドゥー教復興の導因となった背景には、彼がベンガルの地に生きたことがある。彼はそれまでヒンドゥー教正統派のなかで否定的にみられてきた憑依の伝統の積極的側面を近代社会に示したのである。

密教(タントリズム)において実践される観想法(神と一体になる行法、成就法、サーダナ)は、シャマニズムと無関係ではない。初期の観想法はともかくとして、八~九世紀以降の観想法には憑依の状態になるための身体技法が取り入れられたように思われる。シャマニズムにおいて憑依になるための特別な呼吸法と意識の保ち方が伝えられてきたが、密教は観想法のなかにその身体技法を組み入れたと考えられる。その技法を取り入れた観想法によってラーマクリシュナは女神カーリーを見たのではなかろうか。

ヴィヴェーカーナンダと近代ヒンドゥー教

ラーマクリシュナは、晩年、優れた弟子たちに恵まれた。すでに述べたように、国際的なヒンドゥー教の教団ラーマクリシュナ・ミッションをつくったのは、弟子ヴィヴェーカーナンダであった。社会的な意味ではこのヴィヴェーカーナンダこそ近代ヒンドゥー教復興の父なのだが、ラーマクリシュナがいなければ、ヴィヴェーカーナンダは存在しなかった。ラーマクリシュナの画期的な体験を土台として、弟子ヴィヴェーカーナンダはヒンドゥー教の近代化を断行することができたのである。ラーマクリシュナが弟子たちを指導した期間はそれほど長くはない。ラーマクリシュナとヴィヴェーカーナンダの二人の関係は、イエスと弟子パウロとのそれに似ている。宣教をわずかな期間で終えたイエスののち、パウロが原始キリスト教の宣教を受け持ったのである。

ヴィヴェーカーナンダはカーリー女神の信仰を広めたわけでもなく、人々に対して現前に神を見ることを薦めることもしなかった。彼はヴィシュヌ神を信仰した。ヴィシュヌ教の聖典『バガヴァッド・ギーター』は、人が歩むべき道の一つとして行為の道(カルマ・ヨーガ)を説く。これは「人は行為の結果を度外視して自らの行為あるいは義務に励むべきである」ということであった(六九頁参照)。古代インドで「行為」(カルマ)とはヴェーダの儀礼行為を意味した。後世、ヒンドゥー教の思想史のなかで「行為」という語はさまざまに解釈されたが、近代人ヴィヴェーカーナンダは「行為の道」を労働の道と解釈した。結果を度外視した神への奉仕、帰依としての労働を説いたのである。ここでヒンドゥー教のなかに近代的な概念が導入されたといえよう。

ヴィヴェーカーナンダは一八九三年、シカゴで開かれた世界宗教会議において講演をおこない、いちやく世界中に知られる存在となった。それから四年後、彼は師の教えを広めるため、ラーマクリシュナ・ミッションを設立した。この団体の活動は今日でも盛んである。

一八七五年、ブラヴァツキー夫人とオルコット大佐はアメリカにおいて神智協会(テオソフィカル・ソサエティ)を設立したが、この運動は数年後にインドに伝えられ、八二年にはマドラス(チェンナイ)の近郊のアドヤルに拠点をおいて伝道を始めた。この協会は、インドの精神文明の価値をヒンドゥー教徒にあらためて認めさせようとする一方、あらゆる宗教のエッセンスを受け入れて、宗教の普遍性を主張しようとした。一方では、この協会がオカルティズムの要素を強めてしまった観もある。ともあれ、インド人たちにとってこの協会は自分たちの宗教的伝統の一面を世界に知らせることに役立った。現在においてもアドヤルにはこの協会の図書館があり、多数の写本を収蔵することで知られている。

ブラフマ・サマージ、アーリヤ・サマージ、ラーマクリシュナ・ミッションなどの宗教改革運動がインド人たちを自覚させ、その後の政治的な民族運動を促す主要な動因となったことは事実である。これらの運動のなかでヴィヴェーカーナンダたちは近代という時代的状況に対応した新しいヒンドゥー教の思想を築いていった。当時のインドは近代ヨーロッパを見据えながら自らの伝統を守るとともに変革していく必要に迫られていた。

2　インド独立運動とヒンドゥー教

国民会議派の誕生

前節に述べたように、一八二八年にはモーハン・ローイによってブラフマ・サマージが設立され、十九世紀の後半にはダヤーナンダ・サラスヴァティーのアーリヤ・サマージの宗教・社会改革運動が始まった。さらにこれらの運動とはいちおう別に、ラーマクリシュナとヴィヴェーカーナンダの二人によって近代インドのヒンドゥー教が復興することになった。

彼らに続いてあらわれた思想家や政治的指導者たちの行動形態は、それぞれがおかれた社会的状況、あるいは各人の資質によって異なったが、全体としては一つの共通の目的に収斂《しゅうれん》していった。その目的とは、イギリスの帝国主義による搾取からインドを解放し、自分たちの民族の自治（スワラージ）を得ることであった。しかし、イギリスの帝国主義に対する戦闘は、当然ながらいくつかの段階を経ておこなわれた。

十九世紀後半に入ると当時のカルカッタ（コルカタ）、ボンベイ（ムンバイ）、マドラス（チェンナイ）などにおいて各種の政治団体が生まれた。それらの団体は、インド人のより広い政治参加、インド人とヨーロッパ人との人種差別の撤廃などを求めたが、イギリス人のインド支配撤廃を正面から要求するまでには至っていなかった。しかし、しだいにインド人の政治団体はイギリス支配そのものへの疑問を投げかけるようになった。

一八七六年、スレーンドラナート・バネルジーは人種差別撤廃を求めて「インド人協会」を設立した。その後、彼はインド各地を遊説し、アッラーハーバード、カーンプル、ラクナウ、ラホールなどに支部をつくった。このバネルジーの活動は、インド・ナショナリズムの成長に大きく貢献した。

インドでは一八六五年から八〇年にかけて、平均二年半も続いた長期の飢饉が五回も発生している。一八七七年の飢饉では五〇〇万人が亡くなったといわれる。帝国主義者的インド総督として有名なエドワード・リットン卿(在任一八七六〜八〇)が、ヴィクトリア女王をボンベイに迎えて盛大な式典をおこない、女王をインド皇帝であると宣言したのは、一八七七年であった。イギリス人のインド皇帝が生まれた頃からインド人たちのイギリスの帝国主義的支配に対する本格的な戦いが始まったといえよう。当時、イギリスはすでにインド人の信頼を失っていたのである。しかし、インドが独立を得るまでには、その後約七〇年を要した。

一八八三年十二月、バネルジーの提唱によって「インド人協会」を基盤とした組織「全インド国民協議会」第一回大会がカルカッタで開かれた。第二回大会は一八八五年に再びカルカッタで開催された。同じ十二月の二十八日、第一回国民会議派(以降「会議派」)大会がボンベイで開催された。この会議に集まった者たちのなかに、あとに述べるローカマニヤ・ティラクが参加していた。翌年十二月に第二回会議派大会がカルカッタで開かれたが、この会議にバネルジーのインド人協会が合流した。この頃には、第二回会議派大会に集まった人々のあいだには、「自らの運命を自ら決定することのできる自治」の観念が育っていた。こののち、この組織の勢力は急速に増大した。とはいえ、一方では、「会議派」のメンバーたちがおおむね「王冠」への忠誠とイギリスの「自由主義的思想」への信頼をおいていたことは事実であった。

ローカマニヤ・ティラク

一八八〇年代末から九〇年代後半に至る会議派の運動方針にあきたらず、急進的な対英政策が必要だと叫び、比較的早い時期にインド独立に向けて行動を起こした人物は、会議派の第一回大会から参加していたローカマニヤ・ティラク（バール・ガンガーダル・ティラク、一八五六〜一九二〇）である。

彼は、マハーラーシュトラ州のプネーで生まれた。第一回会議派大会に出席したときは教師であったが、二十世紀初頭の民族運動のなかで急進派グループの最大の指導者となる。

一九〇六年のカルカッタ会議派大会では自治が運動目的として掲げられた。この時点からインド人による独立運動は新しい局面に入っていったといえよう。一九〇七年のスラート大会ではスレーンドラナート・バネルジーやG・K・ゴーカレーなどの穏健派とティラクを中心とする過激派との対立が表面化し、ティラクは会議派を脱退した。

一九〇八年、ティラクは自分が出版した論説で暴動教唆を問われて、その後一四年までミャンマーのマンダレーにて獄中生活を送った。釈放後、一九一八年から一九年にかけて渡英し、イギリスでインドの自治を訴えた。第一次世界大戦期から労働組合運動の推進のために努力し、一九二〇年の全インド労働組合会議の結成にも関連した。

ティラクは、プネーにおいてマラーティー語の週刊紙『ケーサリー』(たてがみを有するもの、獅子の意)および英字紙『マラーター』を発行して、反英民族運動のオピニオンリーダーの一人となった。『ケーサリー』は二〇一四年現在も発行されている。一九〇八年、ティラクがマンダレーに抑留されたのは、『ケーサリー』掲載の記事との関連であった。

マラーティー人の少女と幼児　プネー。

ティラクは主としてこの抑留期間に主著『ギーター・ラハスヤ』(ギーターの奥義)を書き、一九一五年六月マラーティー語版を出版している。鉛筆で書かれた原稿は検閲のために削除・変更された箇所も多く、多くの友人たちによって清書されねばならなかった、とティラクは序文で書いている。この書はたちまちに版を重ね、ヒンディー語、グジャラティ語、ベンガル語、カナッド語、タミル語、さらに一九三六年、英語に訳されている。

ティラクは『ギーター』(バガヴァッド・ギーター)を『カルマ・ヨーガ論』と呼んでいることからもうかがうことができるように、このヒンドゥー教の聖典の思想をカルマつまり行為という概念を窓としてみようとした。紀元二世紀頃、現在形が成立したと考えられるこの古典に対して、インドの思想家たちは自分自身の立場から註釈書を書きつづけてきた。『ギーター』解釈史がヒンドゥー教思想史といっても過言ではないであろう。それはちょうどキリスト教思想家のほとんどがそれぞれの立場から『聖書』

註解を書いてきたのに似ている。

すでに第2章第2節においてみたように、『ギーター』の提唱する修練(ヨーガ)は、次の三つの「道」を歩む。
(1)感覚器官を制御し、知を確立する　知の修練(ジュニャーナ・ヨーガ)
(2)行為の結果を放棄して、行為する　行為の修練(カルマ・ヨーガ)
(3)ヴィシュヌへの帰依(献信、バクティ)を保ちながら、自らの行為を供物としてヴィシュヌに捧げる　帰依の修練(バクティ・ヨーガ)
(ヨーガはここでは、修練あるいは道という意味である)
(1)の知の道と(2)の行(行為)の道とは、古来相反する道と考えられていた。『ギーター』の編纂者の意図は、(1)と(2)との統一をはかって、そのうえで(3)の道を説くということであったと思われる。しかしながら、歴史的には、かの三つの道のうち、いずれに重点があるのかは註釈家たちの立場によって異なっている。
例えば、ヴェーダーンタ学派のシャンカラ(八世紀前半)は(1)に重点をおいた。彼の時代には「カルマ」とは儀式、とくにヴェーダ祭式を意味しており、「実在であり、歓びである」根本原理ブラフマンは「知」(チット)であり、この根本実在との合一は知の道によってなされるべきものであった。またシャンカラにとってブラフマンはいわば中性原理であり、人格神的側面は重視されなかった。したがって、シャンカラにあっては、(3)の要素はそれほど重要ではなかった。

コラム　聖なるものと俗なるもの――儀礼の内化

「聖なるもの」と「俗なるもの」という二概念は、さまざまな宗教の形態を統一的に理解するための操作概念として有効である。「聖なるもの」といえば、人は神、仏、救い、悟りのようないわゆる「神々しい」ものを思い浮かべるであろう。また「俗なるもの」という語からは心の汚れ（煩悩）、「俗っぽい人」あるいは「世俗的な人間」を思うであろう。しかし、近年の宗教学では、「聖なるもの」とは祭りの日、葬儀、死体などのように非日常的であり、人に戦慄を覚えさせるようなものをいう。また「俗なるもの」とは祭りや葬儀などの特別の行事や儀礼のない日常的な時を意味すると考えられている。

宗教行為には個人的なものと集団的なものがあるが、前者の例はヨーガであり、後者の例としては葬儀があげられる。もっとも、宗教の現実的・歴史的あり方ではこの両者が、統一されていることが多い。

ヨーガ行者は、身体を動かさず、話もせず、心も動かない状態に至ってはじめて、霊我（純粋精神）に接する、あるいは悟ることができる。行者にとって身体的・言語的および意的行為は否定さるべきものである。霊我などは好ましきあるいは良き「聖なるもの」であり、身体の活動などは否定さるべき汚れた「俗なるもの」である。このような好ましき良きものを「浄なるもの」と呼び、汚れた否定さるべきものを「不浄なるもの」と呼ぶことができる。ヨーガなどの個人的宗教行為にあっては、「聖なるもの」と「浄なるもの」は一致し、「俗なるもの」と「不浄なるもの」は一致する。

ヨーガは一人の実践者が霊我に接するあるいは悟りを得ようとする行為であり、集団あるいは社会が取り組んでいる行事・儀礼ではない。宗教行為のなかには個人の精神的救済を求める行為のほかに、集団・社会が主導する宗教行為、例えば、葬儀がある。葬儀は「不浄なるもの」である死者を「浄なるもの」とする作用を有する。葬儀などの集団的宗教行為では「不浄なるもの」から「浄なるもの」への移行は「聖なるもの」のなかでおこなわれる。一方、葬儀などのおこなわれていない日常的状況は「俗なるもの」のなかにあり、浄・不浄は無関係である。このようにヨーガと葬儀という二種の宗教現象では「聖なるもの」と「俗なるもの」という二つの概念の意味は異なっている。

だが、儀礼の内化(七六頁参照)がおこなわれることによって、異なった意味を有する「聖なるもの」と「俗なるもの」が一つの儀礼のなかで統一される場合がある。例えば、ホーマはヴェーダ祭式の代表であるが、この儀礼はバラモンたちがチームを組んでおこなうものであり、個人の精神的救済としての悟りを得るためのものではなかった。ホーマにおける「ヴェーダ的」(vaidika)と「世間的」(laukika)との厳密な区別は、われわれの言葉でいうならば「聖なるもの」と「俗なるもの」との区別ということができよう。

しかし、後世のヒンドゥー教や仏教タントリズムは元来はヴェーダの宗教の儀礼であったホーマを自らの体系のなかに組み入れた。ホーマは元来は、悟り・解脱などを得るための行為ではなかった。だが、後世のヒンドゥー教や仏教タントリストたちは、火への奉献あるいは献供《けんぐ》という外的行為を精神化あるいは「内化」しようとした。つまり、外的には火のなかへ供物を入れるという行為が「内的には」すなわち心のなかでは心の汚れ(煩悩)を焼く修行であるとみなしたのである。実際に火のなかに供物を投げ入れるホーマは「外的ホーマ」(バーフヤ・ホーマ)といい、精神化されたホーマは「内的ホーマ」(アンタル・ホーマ)と呼ばれた。その結果、元来は集団的宗教行為としてのホーマが個人的宗教行為としての意味をも有することになった。

十一世紀から十二世紀にかけて生きたラーマーヌジャにとってもっとも重要なのは、(3)つまりバクティ(帰依)の要素である。彼にとっては儀礼(カルマ)は重要なものであり、バクティ崇拝にとってむしろ不可欠なものであった。また儀礼以外の行為一般という意味でのカルマもラーマーヌジャの視野に入っていた。第4章第4節において述べたように、彼にとって世界は真実であり現実であった。彼の時代にはもはやシャンカラのように「世界は幻である」といいつづけることはできなかったのであろう。したがって、世俗世界における行為もシャンカラの時代よりは「重み」を増していた、と思われる。

十九世紀のヴィヴェーカーナンダの『ギーター』解釈については、すでにふれた。すなわち、彼は、結果を度外視した行為を神への奉仕にほかならないと考えた。帰依としての労働を説いたのである。労働という概念がヒンドゥー教の伝統のなかで捉えられたのはこのときがはじめてであろう。ヴィヴェーカーナンダにとって知の道も重要であったのはいうまでもない。『ギーター』を聖典として奉じた聖者、思想家たちのすべてにとって知の道はつねに根底であった。

ティラクの『ギーター』解釈の根本は「カルマ・ヨーガ」つまり(2)の行為の道の重視であることはすでに述べた。『ギーター』第二章第四七偈《げ》は、「カルマ・ヨーガ」について述べた偈として古来、有名なものであったが、ティラクはこの偈にとくに注目する。

その偈において、クリシュナつまりヴィシュヌは王子アルジュナに次のようにいう。

行為のみにお前の関心(アディカーラ)はあるべきだ。いかなるときも結果にあってはならない。行為の結果が動機であってはならない。お前は無行為に執着してもいけない。

ティラクは、この偈のなかの四句が補集合的関係にあるという。第一句の「アディカーラ」はこの偈のなかではキーワードの一つであるが、現代の英訳や和訳ではしばしば「インタレスト」あるいは「関心」と訳されている。一方、『ギーター・ラハスヤ』の英訳(一九三六年)では「オーソリティ」(権限)と訳されている。この訳語はティラク自身によって選ばれたものではないが、ティラクの意図を伝えているものと思われる。したがって、ティラクによればこの偈の意味は次のようであったと思われる。「行為にのみ人の権限は存する。行為をなす者はその結果をも得る権限があると一般には思われているが、神ヴィシュヌは結果を得ることの権限をお認めになっていない。また行為の結果をはじめから目論んで行為をしてはならない。さりとて、行為をしないでいるということもよくない」。

『ギーター・ラハスヤ』の原稿は獄中で書かれ、検閲を経ているためであろうか、同書のなかで過激な表現は見当たらない。しかし、ティラクにとって『ギーター』の提唱するカルマ・ヨーガつまり行為の道は、インドの自治のための運動であった。

ラビーンドラナート・タゴール

ラビーンドラナート・タゴール(ベンガル語読みではロビンドラナト・タクル、一八六一〜一九四一)は「ベンガル最大の文学者」といわれるが、彼はインド古来のバラモン正統派の伝統を受け継ぐのみではなく、非正統派の伝統からもインド精神を汲み取ろうとした。彼によれば仏教の開祖ブッダこそすべての人に差別なく救済を説いた人であり、「世界史のなかで化身(アヴァターラ)の観念が宗教の歴史のなかに入り込んだはじめてのこと」(『創造的統一』)であった。

タゴールにはバウルと呼ばれる吟遊詩人たちの歌を聴く機会があった。その吟遊詩人たちは崇拝のための寺院も神像ももたず、ほとんどの場合文字の読み書きもできなかった。タゴールは彼らの歌に深く感動した。『創造的統一』のなかでバウルの次のような歌詞を引用している。


私は、私の友なるあなたを捜さうと永い間旅して来た。

けれども、若しあなたが私の愛を信じないなら、私はあなたと遇はうとは思ふまい。

私の眼は、市場の埃りと日中の陽の眩しさで盲いている。

されば、私の慕わしい人よ、何うか、私を愛して、捜しに来て下さい。〔古舘清太郎訳『創造的統一』春秋社、一九二九年、五九頁〕

ヨーギニー女神の歌チャルヤーギーティのダンスをおこなうネワール仏教僧

叙事詩を詠いながら旅を続けるネパール人の兄弟　横田憲治氏撮影。

これはたんなる恋愛歌ではない。この歌のなかの「あなた」は神を指している。少なくともタゴールはそのように解釈した。バウルの詩人たちは、ヒンドゥー教、ジャイナ教、仏教のいずれにも属さないが、彼らの伝統は、後期の仏教タントリズムと深い関連のある歌チャルヤーギーティの影響を受けていると思われる。今日でもカトマンドゥ盆地におけるネワール仏教タントリズムには歌チャルヤーギーティの伝統は生きている。後期の仏教タントリズムにおいては性的ヨーガがおこなわれていたといわれ、その修行方法や教義の細目は灌頂《かんじょう》を受けた弟子たちにのみ伝えられた。バウルの吟遊詩人たちのもろもろの歌の意味が象徴性に富み、曖昧《あいまい》に聞こえるのはそうした密教的背景を有しているからであろう。

もっともタゴールにとっては、各人の身体が神の殿堂であるというバウルたちの基本的精神のみで十分であった。また、彼は世界のなかのそれぞれのものが神の殿堂であり、また神であると考えた。この精神は古代のウパニシャッド以来の精神でもあり、インド正統派の哲学学派ヴェーダーンタが追求した「アートマン（我《が》）とブラフマン（梵《ぼん》）の本質的同一性」のそれでもあった。タゴールの偉大性はそれらのインド古来の諸伝統を踏まえながら、それらのいずれにもこだわらないことである。彼の作品には学派、宗派、聖典などを超えた広さがある。彼の主著『ギーターンジャリ』はベンガル語版、英語版ともに目の前に広がる世界、すなわち神に対する讃歌といえよう。このようにしてタゴールはヒンドゥー教の近代化をラーマクリシュナやヴィヴェーカーナンダなどとは異なった方法によっておこなったのである。

一九〇一年、タゴールは彼の父の宗教実践の地であったシャンティニケータンに学校を創設した。彼が政治的に運動に参加した時期もあるが、運動に失望し政治の舞台から退いたあとは、シャンティニケータンを拠点として終生、「人の教育」に努めた。人種的差別・階級制の打破、新しいインドのためには「人の教育」がもっとも重要と考えたからである。日本には三回訪れているが、当時の日本の軍国主義に批判的であったことはよく知られている。

オーロビンド・ゴーシュ

タゴールが政治運動に失望したのち、学校を建て教育に努力したことは述べたが、ベンガル出身の宗教思想家オーロビンド・ゴーシュ(一八七二〜一九五〇)も政治運動に参加し、辛酸をなめ、政治の舞台から退いた経験の持ち主である。

彼は医師の子として生まれ、七歳のときイギリスに渡り、ロンドンのセント・ポール・スクールでギリシア語やラテン語を学び、続いてキングズ・カレッジ(ケンブリッジ大学)で学んだ。帰国したのち、ラーマクリシュナに傾倒する一方で、サンスクリットを学んでインド古典に親しむことができた。しかし、当時は、「ベンガル分割令」(一九〇五年)をめぐって反英闘争が盛り上がってきたときであった。オーロビンドは急進派のリーダーとして民族運動に参加したが、逮捕投獄されてしまう。カルカッタの拘置所で一年間勾留されていたあいだに彼の心境に変化が起きた。つまり、政治から宗教的霊性に心が向いていったのである。勾留のあいだに彼は『ギーター』を熟読し、大きな影響を受けた。

彼は一九二二年から三〇年にかけてシリーズで『ギーター』についてエッセイを書きつづけた。それらは一九五〇年に『ギーターに関するエッセイ』という一冊となって出版された。この書において、オーロビンドはカルマ・ヨーガを次のように説明する。

『ギーター』は、われわれの自然な存在（あり方）と通常の心を超え、われわれの知的および倫理的なごたごたとしたあり方を超えて、ほかの存在法則とともなるほかの意識、したがって、われわれの行為のためのほかの観点に至れ、と答えている。そこでは、個人的な欲望や感情はもはや支配的ではなく、二元性もなくなっている。さらに、そこでは行為（action）はすでにわれわれ自身のものではなく、したがって個人的な徳や罪の感覚を突き抜けている。またそこでは宇宙、非個人的なもの、神的な精神がその目的に従って世界において働く（work）。……

われわれの存在の中心が上方へと移行し、その結果、われわれのすべての存在と意識が変性する。続いて精神およびわれわれの行為（action）の動機のすべてに変化が起きる。行為はしばしば外的な現れ方においてはまったく同じである。これが『ギーター』のカルマ・ヨーガの要点である。［第一シリーズ、二二四］。

このようにオーロビンドにとって『ギーター』は内的精神の変性、日常性よりの超越を主張しているのであって、世俗世界における行為の変化を求めてはいない。オーロビンドは、われわれの日常の行為よりも、宇宙あるいは神の行為あるいは働きを考えていたのである。それゆえ、『ギーターに関するエッセイ』においては「行為は外見上はまったく変わらない」と繰り返している。カルマ・ヨーガに関するこのような解釈はティラクのそれとは大きく異なっていた。

カルカッタの拘置所での一年間の勾留ののち、オーロビンドは無罪となったが、インド警察が彼を逮捕する動きをみせたため、インドのフランス植民地地域に避難する。一九一〇年になって彼はポンディシェリに引き籠もり、ここで道場を建設し、宗教哲学者として活動することができた。

マハートマー・ガンディー

「マハートマー」とは文字通りには「偉大なる（マハー）魂（アートマー）」ということであるが、要するに「偉大な」という意味である。この場合、ガンディーに与えられた尊称である。

モーハンダース・カラムチャンド・ガンディー（一八六九〜一九四八）は、カーティアーワール半島の小藩王国ポールバンダルの大臣の長男として生まれた。ロンドン留学で弁護士資格をとり、一八九一年帰国した。一八九三年、ある訴訟事件の依頼で南アフリカに渡り、そこで働くインド人労働者たちの市民権獲得闘争を指導することになった。その際の運動形態は、「サティヤ・アーグラハ」（真理の護持）と自ら名づけた非暴力的抵抗運動であった。この方法が後年、インドにおいて大衆的独立運動を指導するときのモデルになった。彼は二二年の長きにわたって南アフリカに滞在し、一九一五年インドに帰ったが、それは第一次世界大戦勃発後のことであった。アフリカ滞在中に彼は『ヒンドゥー・スワラージ』（原本はグジャラティ語、のちに英訳）を執筆している。帰国後、暗殺されるまでガンディーは「ヒンドゥー・スワラージ」（インドの自治）のために生涯を捧げた。

一九一四年八月四日、イギリスが宣戦布告した。イギリスの植民地であったインドはたちまち戦争に巻き込まれた。インドにおける税率は急上昇し、インフレが人々の生活をおそった。イギリスはインドの戦争協力を当然のことと考えており、インド人のなかにも「第一次世界大戦が民族自決の戦争であり、戦争協力がインドの自治に繋がる」と考えた者たちもいた。戦争のために徴用されたインド人の数や、インドがイギリスに提供した軍事物資、さらに戦費は膨大なものであった。一方、戦争協力が進むなかでインド人たちの民族運動が結集してきたことは事実である。

第一次世界大戦前後からインド・パキスタンの独立(一九四七年)までの時期はガンディーによって指導された時期であり、「ガンディー時代」と呼ばれる。一九四五年には第二次世界大戦が終わった。したがって、「ガンディー時代」は二つの世界大戦とその間の期間なのである。

ガンディーに率いられたインドの民族運動は、一九一九〜二二年の非協力運動(ノン・コオペレーション)、三〇〜三四年の不服従運動(シヴィル・ディスオビーディエンス)、四二年の「インドから去れ」(クィット・インディア)という三つの時期において高まりをみせた。ガンディーは西欧の真似をすることをやめ、エリートの運動ではなく大衆が参加する運動をめざした。ガンディーは運動が階級的色彩を帯びることに断固として反対し、イスラームの運動体とも協力関係を結んだ。

彼はインドとパキスタンの分離承認に最後まで反対であったが、会議派指導部の分離承認の動きを阻止することはできなかった。そして、一九四八年一月、プネー出身の狂信的なヒンドゥー教徒の手によって暗殺された。

「アヒンサー」というサンスクリットは不殺生を意味するが、ガンディーのいう「アヒンサー」は不殺生に留まらない。「それは何人も怒らせず、敵を見ても無慈悲の考えを起こさないことである。アヒンサーの教えを奉ずる人には敵の存する余地はなく、その人は敵の存在を否定する」とガンディーは一九一六年マドラスにおけるサティヤ・グラハ・アーシュラムの創設記念講演で語っている。ガンディーの「アヒンサー運動」についての評価はさまざまである。

ガンディーにとっては、過剰に資源を消費し、過剰な生産を追求しつづけてきた西洋近代の文明の姿勢そのものが「暴力」なのであった。彼は厳格な自己制御をもちつづける一方で、動物や植物などとの「共生」を求めていたといえよう。その意味ではガンディーはタゴールやオーロビンドと共通するものをもっている。また一見あまりに理想的すぎると思えるガンディーの生き方は、方法こそ違っているが、ひたすらカーリー女神を見ようとしたラーマクリシュナと同じ「匂い」をもっている。

ジャワハルラル・ネルー

一九一二年六月のある日、ネルー（パンディト・ジャワハルラル・ネルー、一八八九〜一九六四）がイギリス留学から帰ってきたときの様子を彼の妹クリシュナー（クリシュナー・ネルー・フーテーシン）が『われらがネルー一族』のなかで回想している。そのとき彼女はまだ五歳であった。アッラーハーバードの著名な弁護士・政治指導者であった父モティラル・ネルーは北インドのムスリーに壮大な別荘をもっており、ネルー一族は夏、その別荘で暮らしていた。五〇人近いサーヴァントがいたという。そこにネルーがケンブリッジ大学やロンドンのインナー・テンプルにおける留学を終え、弁護士の資格を得て、帰国したのだった。

帰国したその年に彼は国民会議派大会に出席している。一九一六年、会議派ラクナウ大会にてはじめてガンディーを見るが、その演説には失望したと伝えられる。翌年、娘インディラが生まれている。一九一九年のサティヤ・アーグラハ（非暴力抵抗）闘争ののち、ネルーはマハートマー・ガンディーとガンディーの死まで歩みをともにした。しかし、あとで述べるように、ネルーの意見はしばしばガンディーのそれと異なっていた。

一九二三年、アッラーハーバード市長に就任するが、この前後から逮捕、釈放が繰り返された。最初に逮捕されてから一九四五年の最後の釈放まで、彼は九回逮捕され、通算九年の獄中生活を送った。一九二八年、会議派書記長、翌二九年には会議派議長に選出されている。一九三六年、妻カマラー永眠。ネルーは娘を連れてインドを遊説。一九三七年の総選挙では会議派が大勝した。

一九三八年、チャンドラ・ボースが会議派議長に就任。翌年、第二次世界大戦勃発。ボースはガンディーとの意見対立もあり、議長を辞任している。一九四一年一月、ボースは身をくらますが、十二月には太平洋戦争が始まった。ボースは、のちに「インド国民軍」を率いてインパール作戦を日本軍とともに戦った。一九四五年八月、台北での飛行機事故で死亡している。

ネルーは、一九四〇年一月、イギリスと協力して第二次世界大戦を戦うことを拒否したために逮捕されるが、四一年十二月、釈放されている。この年、論文集『インドの統一』が出版された。一九四二年には、会議派のボンベイにおける全インド運営委員会でのイギリスの「即時撤退」決議の責任を問われ、逮捕されている。これが最後の逮捕であったが、一九四五年六月には釈放された。一九四六年には『インドの発見』が刊行されている。

一九四七年八月十五日午前零時、インドは、東インド会社が徴税権を獲得した一七六五年から一八二年にわたるイギリスの植民地支配を終えて独立した。しかし、デリーの国会議事堂でおこなわれた独立を祝う式典にガンディーの姿はなかった。ガンディーは最後までインドとパキスタンの分離独立に反対であった。また「同じ道を歩んだ」ガンディーとネルーの二人のあいだのもっとも大きな意見の相違は、インドとパキスタンの分離独立を認めるか認めないかにあった。ガンディーはヒンドゥー教の伝統を踏まえてはいたが、例えば、ヴィシュヌとかカーリーといった特定の神への崇拝を説いたわけではなかった。イスラームとの協力関係をも積極的にもとうとした。

しかし、すでに述べたように、インドの歴史は一八五〇年以降、第六期「ヒンドゥー教復興の時代」に入った。十九世紀中葉のムガル帝国の滅亡から、インドではヒンドゥー教が復興しており、イスラームと共存の方法を探ろうとする運動もそれほど大きくなっていない。インド独立運動にあってもヒンドゥー教とイスラームとが協同して一つの理念をつくりあげようとすることはなかった。少なくとも、それは大きな動きにはならなかった。

インドにはシク（シーク）教と呼ばれる宗教が存在する。ナーナク（一四六九～一五三八／三九）を開祖とする宗教であり、その教義はヒンドゥー教とイスラームのいずれをも批判的にみたうえで統合しようとしたものである。シク教徒は現在パンジャーブ地方に多いが、歴史的にも彼らはヒンドゥー教、イスラームのいずれにも属さない傾向が強いといえよう。この例からもわかるように、インドにおいてヒンドゥー教とイスラームとが融合あるいは統一されることは難しいことである。

ガンディーの願いもむなしく、「インド」はパキスタンとインドに二分された（一九七一年、東パキスタンはバングラデシュとして独立）。二つの独立国を生んだことは、その後、双方から数百万にのぼる難民を生む原因となった。さらに水利系の分断などの新しい問題を生むことにもなった。

今日、インドとパキスタンは半世紀前まで「一つの国」であったとは思えないほど互いに疎遠な国になってしまったように思える。両国の国境線問題はまだかたづいていない。その理由はここで簡単に書くことができるようなものでないことはいうまでもない。しかし、ヒンドゥー教とイスラームの宗教の違いは経済問題や政治問題に解消できない何ものかをはらんでいることは確かである。

3 バラモン中心主義と非アーリヤ系の宗教

正統派と非正統派

すでに述べたように、ヒンドゥー教においては多くの異なる民族や言語が抗争してきた。例えば、第一期（インダス文明の時代、紀元前二五〇〇〜前一五〇〇年）には今日のイラン地方から侵入し支配者となったアーリヤ人と侵入者に支配された先住民との抗争があった。そして、この両者のあいだの抗争は今日にもかたちを変えて続いているのである。

ヒンドゥー教はその歴史のなかでさまざまな地方文化と接触した。例えば、紀元六世紀に中央集権的国家であったグプタ朝が崩壊すると中央の「貴族」たちは地方に落ち延びて、それぞれの地方の文化的伝統と自分たちが有していた伝統との融合あるいは調和をはかった。その際、ある伝統はかの中央の伝統と調和することができたが、調和も折衷もできない地方の土着的伝統も存したのである。

インドには経典および教義を有する正統派なヒンドゥー教(A)と、経典や教義をもたない土着的な宗教形態(B)とがあるが、ある者たちはAとBの両者を「ヒンドゥー教」と呼び、またほかの者たちはAのみを「ヒンドゥー教」と呼ぶ。AとBは決して「仲が良かった」わけではなく、Aのほうが圧倒的に有利ではあったにせよ、両者は反目あるいは抗争を続けてきたのである。

AおよびB両者を「ヒンドゥー教」のなかに含める広い意味に用いる場合には、かの両者の抗争は「内部」のものであろうし、Aのみを「ヒンドゥー教」と呼ぶ狭い意味に用いるならば、Bはヒンドゥー教の外部のものとなろう。つまり「内部の抗争」という場合の「内部」は「ヒンドゥー教」という名称の意味を広くとっている者にとって「内部」なのであって、「ヒンドゥー教」という語の意味を狭くとっている者にとってそれは外部である。

AとBとをともに「ヒンドゥー教」と呼ぶべきか、Aのみをそう呼ぶべきか。日本では前者の用法が一般的であるが、そのように考えるときには、ヒンドゥー教が本質的にかかえている「内部の抗争」の歴史を無視してしまうことになりかねない。もし、Aのみを「ヒンドゥー教」と呼ぶべきだとするならば、Bはいったい何なのか。

ヴェーダの宗教の時代において、ヴェーダ祭式を執行する専門僧(バラモン僧)の階層を中心としてA

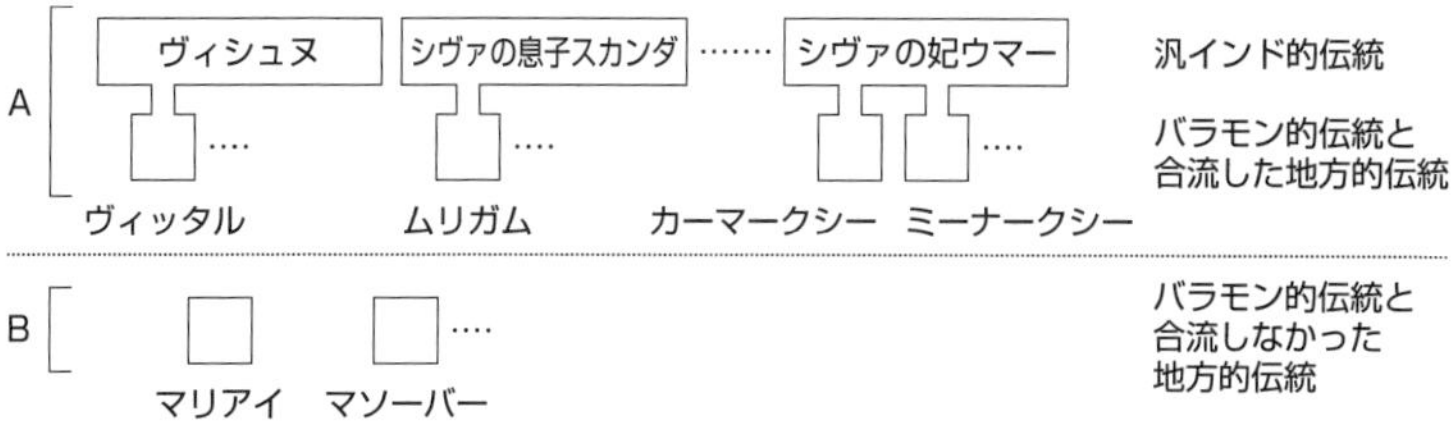

インドにおける二つの伝統（AとB）　ヴィシュヌ，シヴァ，ウマーたちは汎インド的伝統にあまねく知られた神々である。ヴィッタルは西インドのマハーラーシュトラ州においてヴィシュヌの化身として知られているが，全インドにおいて知られた神ではない。しかし，ヴィッタル崇拝はとくにマハーラーシュトラ州においてヴィシュヌ崇拝という汎インド的伝統と友好的な関係を保ってきた。南インドにおいてムリガムは，シヴァの息子スカンダと同一視されるが，この神もヴィッタルの場合と同様，全インド的伝統と「仲が良い」。南インドの女神カーマークシー（カーンチープラム市のエーカーンバレーシュヴァル寺院の女神）やミーナークシー（マドゥライ市のミーナークシー寺院の女神）は，それぞれの地域において崇拝されていた土着的な女神がシヴァ崇拝のなかに組み込まれたものである。しかし，マソーバーあるいはマリアイはバラモン中心主義的な伝統とは今日においても友好的ではない。

の宗教形態が形成されたと考えられるが、先住民つまりアーリヤ人たちによって征服された人々のあいだにはBの形態を有する宗教形態もすでに存在していたと推測される。この先住民の伝統は、ヴェーダの宗教の時代以降、今日に至るまで完全に消滅したわけではなく、しばしばインド史の表面に浮き上がってきた。例えば、ルドラ神や八母神への崇拝の源はアーリヤ人たちによって制圧されていた人々のものであったろうと推測されているのである。

アーリヤ人と「先住民」との対立・抗争はこのようにインドの宗教史を貫くものではあるが、その対立・抗争がそのままAとBとの対立・抗争として今日に至っているわけではない。南インドにおいては非アーリヤ人がバラモン僧となり、Aの宗教形態を主導しているケースが多いからである。つまり、筆者がここで「A」と名づけている形態はバラモン中心主義を指しているのであって、生粋のアーリヤ人の宗教形態をいうわけではないのである。バリ島においてもいわゆるバラモン僧であるプダンダはアーリヤ系の人である必要はない。

「AとB」とのあいだの抗争とここで筆者が呼んできたものは、文化人類学でしばしばいわれてきた「大いなる伝統」(great tradition)と「小さな伝統」(little tradition)とのあいだの抗争と同じではない。前者は汎インド的な文化的宗教をいい、後者は地方の文化的伝統をいう。

グプタ朝崩壊後に「大いなる伝統」を有した中央の貴族たちが地方に落ち延びたとき、それらの地で彼らはさまざまな「小さな伝統」に接した。インドでは、このような大、小二つの異なる伝統の融合・折衷はグプタ朝崩壊の直後のみならず、それ以前でも、さらにはそのあとでも長期にわたって続いてきた。その際、その二つの伝統は融合するか、融合しないまでも平和的な折合いをつけるかが一般的であった。すなわち、ここにいう「小さな伝統」のなかには先に述べたBの伝統は例外を除いて含まれていないのである。「小さな伝統」のなかにもほとんど数えられず、A(「大いなる伝統」)と対立したままではあるが、インドの地に今日まで生きつづけている宗教形態の存在することはあまり問題にされてこなかった。

マリアイ女神と水牛の魔神マソーバー

Bの宗教形態の一つとしてインド・マハーラーシュトラ州にみられるマリアイ女神崇拝をあげることができよう。この宗教にはいわゆる経典はなく、女装した男性が司祭の役を務める。一九九七年夏、マリアイ女神に対する供養祭を観察することができた。

ムンバイの東のプネー市において、二〇〇人程の男女がガート（河岸の霊場）に集まり、二時間程の祭りをおこなった。女装した司祭がトランスに入って、ニワトリの首を口で食いちぎり、川にその首を投げ込む。いくつかのグループに分かれ、ドラムと笛に合わせて人々は踊り狂う。

やがて、一〇人程の女性が次々とトランスに入った。地面に倒れて身動きもしない者、ひざまずいて上半身を回転させている者、川べりに坐って泣きわめく者、神憑《がか》りになった女性を介抱する者たち、赤や緑のサリー姿の女性、飛びまわる子どもたち、大声をあげる男たち、それに加えて女装の司祭たちでガートは騒然となった。祭りの終りの頃になると、神憑りとなった二、三の女性が人々の質問に答えていた。この宗教形態では憑依現象が重要な役割をはたしており、シャマニズムの要素も含まれている。インドやネパールの人々はしばしばこのように憑依や「広義のシャマニズム」つまり「憑依や脱魂などの非日常的意識状態になる者を中心とした崇拝形態」の要素を含んだ宗教形態を「タントラ的」と表現するが、多くの場合、否定的な意味が込められている。

同じガートの隅には白いサリーを着た婦人たちの小さなグループがあった。一見してバラモン階級に属する者たちとわかる。おそらくは最近、縁者を失ったのであろう。白い衣装は、喪に服していることをあらわしている。彼女らはかの賑やかな祭りに参加しようとはしないし、遠巻きにしているのみであった。

マハーラーシュトラ州の全人口のうち、バラモン階級に属する者は七〜八％といわれる。マリアイ崇

マリアイ崇拝の女装した「僧」　手に革製の鞭(チャブーカ)を持つ。プネー。

チャブーカを手にして踊るマリアイの「僧」　この祭りは毎年8月下旬におこなわれる。プネー。

拝などを有する人々が属する階級は、明らかにバラモン階級よりも多くの人々、少なくともほぼ同数の人々を擁している。バラモン階級に属する者たちの多くは、Bの宗教形態、例えば、マリアイ崇拝を自分たちの宗教形態とは異質のものと考えている。そして、マリアイ崇拝を「ヒンドゥー教」と呼ぶことを否定するのである。

Bのもう一つの例としてマソーバー崇拝があげられる。マソーバーとは、マハーラーシュトラ州を中心としてとくに農民のあいだに信仰されている民間信仰である。「マソー」とは水牛を意味するサンスクリットの「マシシャ」と関係する。「バー」とはマラーティー語の接尾辞である。この神は非常に古い起源を有する「家畜神」であったが、後世、バラモン中心主義の「大いなる伝統」と接したとき、マソーバー神はヒンドゥー教の大女神に殺された、と彼らは語る。

ヒンドゥー教の女神のうち、汎インド的な人気をもつに至った、つまり「大いなる伝統」を担うことのできた女神はドゥルガーである。この女神は元来、ヒマーラヤ地方で崇拝された処女神であったと推定されるが、後世、シヴァの妃とも考えられるようになった。この女神は「水牛の魔神を殺す女神」(マヒシャ・アスラ・マルディニー)とも呼ばれる。ドゥルガー崇拝の聖典である『女神の偉大さ』(デーヴィー・マーハートミヤ)のなかでこの女神に殺される魔神はマソーバー神そのものではない。しかし、バラモン中心主義つまりAにおいて水牛は良いものではなく、退治されるべきものである。ともあれ、この宗教にあっては、バラモンたちがきらう水牛を神として崇拝するのである。バラモン中心主義に対して対抗しようとしていた仏教タントリズムでも水牛は「良きもの」であり、水牛の顔をした如来《にょらい》「ヴァジュラ・バイラヴァ」(大威徳明王《だいいとくみょうおう》)が登場した。ちなみに水牛(バッファロー)は牛とは別の種に属すのであって、いわゆる牛の仲間ではない。

プネーの街角のあちこちにマソーバーの小さな寺や社が設けられている。時折、寺の前に人々が集まり、鶏を生贄《いけにえ》として捧げているのを見ることができる。バラモンたちはマソーバーの寺に参るわけでもなく、その儀礼に参加することもない。

ヴィッタル信仰

マハーラーシュトラ州には、ヴィッタル信仰がみられる。ヴィッタルとはこの地域特有の宗教形態であるが、ヒンドゥー教の発展の歴史のなかでヴィシュヌ神と同一視されるに至った。ヴィッタル信仰はおおむねマラーティー人によって支えられているが、彼らはアーリヤ系ではない。しかし、マラーティー人のなかにもバラモン階級は形成されており、近・現代におけるインドのバラモン文化の担い手の主要な部分がマラーティー人たちである。この伝統的なマラーティーのバラモンたちのなかでヴィッタル信仰は受け入れられている。マラーティーのバラモンたちのヴィッタル神に対する態度は、彼らのマリアイ女神に対する態度とは根本的に異なるのである。

プネーから北へ車で四〇分程走ると、聖者ジュニャーネーシュヴァラ（ニャーンデーヴ）が二十一歳の若さで「入定《にゅうじょう》」したと伝えられるアーランディーに着く。「入定」とは、自らの意志により食を断ち、地下の室において永遠の「定」（禅定瞑想）に入ることをいう。マハーラーシュトラの人々は、この聖者が今も瞑想に入っているという。

ジュニャーネーシュヴァラの父はヴィッタル、母はルクミニーという。つまりヴィシュヌとその妃の名で呼ばれていた。父ヴィッタルは妻をアーランディーに残し、遊学のためヴァーラーナシーに行ってしまう。しかし、のちにヴィッタルの師は残された妻の心労を思い、ヴィッタルを故郷に帰す。郷里に戻ってきた夫とのあいだに、ニヴリッティ（寂滅）、ジュニャーネーシュヴァラ（知の主）、ソーパーナ（（天に至るための）階段）の三人の息子と娘ムクターバイ（解脱した者）という四人の子どもが生まれた。しかし、村のバラモンたちにとってヴィッタルは二重の罪を犯したことになってしまった。つまり、家長の義務を放棄したこと、出家者が子どもをもうけたことである。家長の義務をはたし、子どもを育てたあとで、家を出て遊行すべきだったというのである。

子どもたちは村人の冷たい目のなかで育ったが、父は子どもたちに伝統的知識を教えた。やがて、子どもたちに「成人式」(ウパナーヤナ)の日が近づいた。「自分たちの罪を浄めるために」子どもたちの両親は川に身を投じたと伝えられている。それでもなお村のバラモンたちはその儀式を子どもたちに受けさせようとはしなかった。

村のバラモンたちの会議の結果を聞いた子どもたちは自分たちの超能力によって村の人々を怖れさせた。ジュニャーネーシュヴァラは塀に乗ったままでその塀を動かしたり、牛にヴェーダを唱えさせた、という。やがてジュニャーネーシュヴァラは村人たちによって祀り上げられる存在になってしまった。この聖者は『バガヴァッド・ギーター』への註釈書『ジュニャーネーシュヴァリー』をマラーティー語で著した。この書はマラーティー文学の傑作といわれ、今日も多くの人に読まれている。この註釈書のなかで彼は、「人は自らの務めをはたすべきだ」と強調している。彼にとっての務めとは神ヴィッタルつまりヴィシュヌへの帰依(バクティ)であったろう。

この若い聖者はヴィッタル崇拝の聖地であるパンダルプールに巡礼に出かけ、故郷に戻ってしばらくして入定したと伝えられている。彼を入定へと導いた原因は何だったのであろうか。『ジュニャーネーシュヴァリー』に述べられた思想は、青年のみに許されたひたむきさにあふれてはいるが、ヴェーダーンタ学派の「神学者」ラーマーヌジャの思想にみられるような円熟度はない。若さと自らを葬ることを彼は神への帰依の証と考えたのであろうか。

ジュニャーネーシュヴァラの兄と弟も入定したという。また妹は「樹の上で悟りを得た」と伝えられる。「樹の上に魂のぬけがらがあった」というのはシャーマンたちの死の一般的な表現であるゆえに妹ムクターバイはシャマニズム的技法を学んでいたと考えられる。

ジュニャーネーシュヴァラ自身はバラモン出身であり、ヒンドゥー教の伝統的な知識やヨーガなどの身体技法を身につけていた。それに加えて明らかにシャマニズム的技法をも学んでいたと思われる。村人たちを畏怖させたのはそのような力によったのであろう。

十一~十二世紀以降、マハーラーシュトラ、ベンガル、ネパールなど広領域においてナート崇拝が盛んとなり、その流れは今も残っている。ナート崇拝とは聖者あるいは超能力を有する人物を中心とした崇拝形態をいうが、各地域の聖者あるいは超能力者を中心とした集団単位で活動がおこなわれており、その集団の規模は一般に小さい。しかし、その種の集団は先に述べたようにインドやネパールの各地にみられる。ナート集団の指導者すなわちナート(導師)はしばしば憑依、脱魂などのシャマニズムの身体技法を習得していることが多い。ジュニャーネーシュヴァラは今日、マハーラーシュトラにおける初期ナート崇拝における導師(ナート)の一人に数えられている。ヒンドゥー教はとくに十一~十二世紀以降、シャマニズムの影響を強く受けるのであるが、ナート崇拝はその一つの例として考えられる。

それぞれのナートは一般にヴィシュヌ、シヴァといったヒンドゥー教の神を崇拝している。したがって、ナート崇拝はヴィシュヌ派、シヴァ派といったヒンドゥー教の分派となっている。ジュニャーネーシュヴァラはヴィシュヌ派に属しており、今日ではプネーから南のパンダルプールあたりまでにおこなわれているジュニャーネーシュヴァラ崇拝もヴィシュヌ派に属している。

われわれは、インドがそもそものはじめからかかえており、今日においてもほとんど解決されていない問題に突き当たっている。しかし、これまで日本や欧米においては、そしてある程度まではインドやネパールにおいても、この宗教形態の対立の問題は正面から取り上げられてこなかったように思われる。たしかにAの宗教形態はこれまでに築き上げることのできた「文化遺産」つまり、思想、文学、芸能、化学等々の観点からするならば、Bのそれとは比較にならない。したがって、従来のインド学がBの宗教形態をAと対比可能なものとして考えるなどということはなかったのである。

しかしながら、もしかすると、Bの宗教形態はAと向き合って考えなくてはならぬほど、重要なものかもしれない。少なくともヒンドゥー教とは何か、を考える際にBの存在を考え直す必要はあると思われるのである。

第7章 ネパールのヒンドゥー教

1 ヒマーラヤ地域の文化とネパール

二大文化圏の狭間で

ネパール（ネパール連邦民主共和国）の国土はヒマーラヤ山脈の南腹に帯状に延びている。東西およそ八〇〇キロ、南北約二〇〇キロ、西側に約二〇度傾いた長方形の形である。その面積は約一四・七万平方キロ、北海道の約二倍であり、人口は二〇一一年現在、二六四九万であるという。ヒンドゥー教徒は国民の約八割、仏教徒は約一割、イスラーム教徒は三・五％程である。残りは、キリスト教やライなどの少数民族の宗教である。このようにこの国ではヒンドゥー教が主要な宗教であり、二〇〇八年に王政が廃止されるまではヒンドゥー教が国教であった。

ネパールは北をチベット自治区に、ほかの三方をインドに囲まれている。ヒマーラヤ山脈の南腹に東西に広がるこの国は、北から南に順に山岳地帯、丘陵地帯、および平原地帯と三つに分けることができる。行政的にはネパールの国土は東部、中部、西部、極西部の四区(あるいは、中西部を加えた五区)に分けられている。これらの「縦軸」と「横軸」を合わせるならば、ネパールは一二あるいはそれ以上の地区に分けられるが、それらの地区すべてが同じように山岳地帯、丘陵地帯、および平原地帯と三つに分けられるわけではない。しかし、ネパールの文化あるいは行政を考察する場合、南北および東西にこれらの地区に分けて考えることはいちおうの目安になる。例えば、ネパールの政治・文化の中心であるカトマンドゥ盆地は丘陵地帯の中部にあり、タライ平原にあるチトワン国立公園は平原地帯の南部にあるというように、ネパール全土におけるおおよその位置を示すことができる。

巨視的には、ネパールはインドと中国という二大陸にはさまれている。それぞれ異質の文明を育ててきた二大陸の狭間にあるネパールの文化は、かの二文明という巨木の幹がこすれ合ったときにできた破片のように映るかもしれない。しかし、ネパール、ブータン、アッサム北部、チベット高原などの地域の文化は、インド文化圏と中国文化圏という異なった二文化圏という巨木がこすれ合った結果の「木片」にすぎないということはできない。ネパール、チベットなどの地域の文化圏を独立した一つの文化圏と理解すべきであろう。

チベットからビルマ(ミャンマー)にかけての地域で話される言語は「チベット・ビルマ語系」と呼ばれる。この語系の言語を話す人々は元来、ヒマーラヤ地方の山岳地帯に住んでいたが、彼らのうち、ビルマ人のみが低地に順応できた。チベット・ビルマ語系は印欧諸語のようにはその発展系列および共通的特徴が明白ではない。しかし、カトマンドゥ盆地を中心に仏教文化をつくりあげたネワール(ネワー)

人の言語は、明らかにチベット・ビルマ語系に属す言語である。

かつて中国文化の影響を受けながらも自らのアイデンティティをもつことのできた西夏《せいか》（タングート）の言語もチベット・ビルマ語の系統を引くロロ・ビルマ語系であった。この言語系の呼び名に倣ってインドと中国の中間地帯、すなわちヒマーラヤ地帯の文化圏を「チベット・ビルマ文化圏」と呼ぶことができよう。

チベット・ビルマ文化圏は、インドの北と中国の南を結んで走る領域に広がっている。チベット自治区やネパールはインドの北にあり、ミャンマー、タイ、ベトナムなどは中国の南に位置する。チベット・ビルマ文化圏のうち、インドの北に位置する地域はインド文化の影響を、中国の南に位置する地域は中国の影響をより多く受けている。もっともこの傾向はモンゴル帝国の出現ののちには変化があり、十三世紀以後のチベットは中国文化の影響をより強く受けた。

つい最近までネパールの国教はヒンドゥー教であったという事実からもうかがうことができるように、この国の主たる宗教は今日においてもヒンドゥー教である。しかし、ネパールにおける宗教はじつに多様である。ヒンドゥー教のほかに、イスラーム教やキリスト教は無論のこと、チベット系の仏教、インドから直接伝えられた大乗仏教の伝統を守るカトマンドゥ盆地に住むネワール人たちの大乗仏教、前世紀から勢力を伸ばしているテーラヴァーダ仏教、さらには少数民族の宗教がみられる。

ヒマーラヤ山脈がインドと中国という二つの巨大な文化圏を分けている、といちおういうことができよう。人々の目の前に高く立ちはだかるヒマーラヤ山脈がこの地域の諸民族の文化のあり方に多大の影響を与えたことに疑いはない。ヒマーラヤ山脈の存在が各文化圏の範囲やもろもろの特質を決定したということはできないが、この山脈を生活の場としている数多くの民族の生活形態を考える場合、その形態とヒマーラヤの自然環境とを深く結びつけて考えることは必要であろう。

地域の多様性

ヒマーラヤ地域は一つの巨大なカマボコ型ではなく複雑に波打つ襞の姿をしている。この山脈は、ネパールにあたる地域ではおよそ東西に走る幾重もの襞となっており、少なくとも三つの大きなうねりがある。このうねりのあいだのそれぞれの地帯にネパールの人々は住んでいるのである。

チベット高原の南を囲むように立つチベット周辺の山脈(第一のうねり)と、ヒマーラヤ山脈のもっとも高い稜線をなしている第二のうねり(大ヒマーラヤ)との中間は通常「インナー・ヒマーラヤ」と呼ばれている。このヒマーラヤ高地に、多くはないがネパールの人々が住み、チベット仏教を基底としながらもシャマニズム的な宗教をも吸い上げた文化が形成されている。

次に、第二のうねりとその南をおおむね東西に走っている第三のうねり(マハー・バラト山脈)とのあいだの山間山地(ミッド・ランド)はネパールという国の人口過密地帯であり、ここに国土の耕地の大半が集中している。首都カトマンドゥ市のあるカトマンドゥ盆地や観光地として有名なポカラ盆地もこの第二と第三のうねりの中間部に位置している。

第三のうねりのマハー・バラト山脈の南にもチューレ山脈などの「うねり」がないわけではないが、

それらの低い山脈は広大なタライ地方のなかに吞み込まれている。帯伏に広がるタライ地方は、海抜平均二〇〇メートルであり、インドのガンジス川流域の北縁である。この地方には先住民といわれるタルー族なども住んではいるが、住民のほとんどはインド系の人々であり、ヒンドゥー教文化が支配的である。

このようにネパールの住民たちは、ヒマーラヤ高地、山間山地、低地に分かれて住んでいるが、この標高の差による地域区分はネパール全体の文化を考える際、重要な意味を有する。つまり、ヒマーラヤ高地では、チベット仏教の影響が多大であり、ヒンドゥー教徒はほとんどみられない。

一方、低地のタライ地方には、チベット仏教の影響はほとんどみられず、インド系の住民が多い。インド平野にみられるようなヒンドゥー教の崇拝形態が存在し、またインドにみられるのと同種のヴァルナ制度がみられる。言語的にもベンガル語、マイティリ語、ヒンディー語などの印欧語が主として用いられている。しかし、タライ地方にはタルー語、ダスワール語、サタール語などの非印欧語も用いられている。これらの非印欧語を用いる民族の宗教にはインドにおけるヒンドゥー教とはかなり異なった宗教が存する。例えば、タルーの人々の宗教をヒンドゥー教であると判断することは、その儀礼やパンテオン（神々の組織）から考えて、躊躇《ちゅうちょ》せざるをえない。

もっともネパール人のなかにはタルーの人々などの宗教をヒンドゥー教であるという人々がいることは事実であり、「ヒンドゥー教」という概念をどのように用いるかによってタルーの人々などの宗教をヒンドゥー教と呼ぶか否かも変わってくるであろう。このことは、例えば、すでに述べたように（二五一頁参照)、インドのプネー市におけるマリアイ崇拝やマソーバー崇拝をヒンドゥー教と呼ぶ場合には、ヒンドゥー教の概念を従来の概念よりも拡張せざるをえないのと同様である。

ネパール国の文化の中核の場となる山間山地の文化にはたしかにほかの二つの地域からの影響がみられるが、中間の高原地帯には仏教徒、ヒンドゥー教徒、およびその両者以外の宗教に属する者たちが住んでいる。「両者以外の宗教に属する」とは、教義、パンテオン、儀礼形態などが仏教およびヒンドゥー教のものとは考えられないという意味であるが、ヒマーラヤ地方にはそのような宗教形態がしばしばみられる。例えば、山間山地に住み、チベット・ビルマ語系の言語を話すライの人々の崇める神々、儀礼・葬儀のあり方などから判断するならば、この民族の宗教は仏教でもなくヒンドゥー教でもないと思われる。このことは、このヒマーラヤ高原地帯がチベット・ビルマ文化圏に含まれていることと関係する。ネパール南部の低地ではとくに紀元六~七世紀以降、ヒンドゥー教文化が支配的となったが、高原地帯にはヒンドゥー教文化に完全には組み込まれてしまわなかった人々が存するのである。

それらの人々が自分たちの宗教をヒンドゥー教に属すと考えるのか、仏教の一派と思うのか、あるいはその両者にも属さないと考えるのかという問いは、その民族のアイデンティティの問題とも関係する。例えば、近年、中部ネパールに住むマガルの人々は、自分たちはもはやヒンドゥー教に属すのではなく、仏教徒であると主張し始めたという。このような主張が可能であるということは、マガルの宗教形態がそれほどにはヒンドゥー教的要素を有していなかったということを意味している。ヒンドゥー教から仏教への改宗を宣言するというようなことは、ネパール山間山地においては考えられることではあろう。

しかし、例えば、マハーラーシュトラ州のヒンドゥー正統派バラモンたちがあるとき、突然、自分たちはこれから仏教徒となるなどと主張することは考えられない。

このように、ネパールに住む民族にはじつにさまざまな民族がいる。この千年以上にわたる歴史においてヒンドゥー社会の外あるいは周辺に存在しており、なお今日存在している。それらの民族のなかにはヒンドゥー教徒でもなく仏教徒でもない人々がいるのである。

政治・文化の中心カトマンドゥ盆地

ネパールの中央部の北から南下するバグマティ川の流域にカトマンドゥ盆地がある。この盆地は、標高約一二〇〇メートル、東西二五キロ、南北約二〇キロの広さであり、ネパールの人口の約一割がここに住む。しかもその大半がカトマンドゥ、パタン、バクタプールの三都市に集中している。

ネパール、とくにカトマンドゥ盆地にはいわゆるバラモン正統派のヒンドゥー教が伝えられている。『マハーバーラタ』や『ラーマーヤナ』などの叙事詩、ヴェーダーンタ学派やヴァイシェーシカ学派などの哲学思想、法典、占星術、供養法などの文献も今日に伝えられている。さらには、ヴェーダの祭式の伝統も残っており、ヒンドゥー正統派の規定に従って儀礼もおこなわれている。ヒンドゥー教のパンテオンもインド亜大陸における神々のシステムをほぼそのままに継承している。つまり、カトマンドゥ盆地にはヒンドゥー教文化の辺境的形態が伝えられたのではなくて、いわゆる正統的な「大いなる伝統」が伝えられているといえるのである。

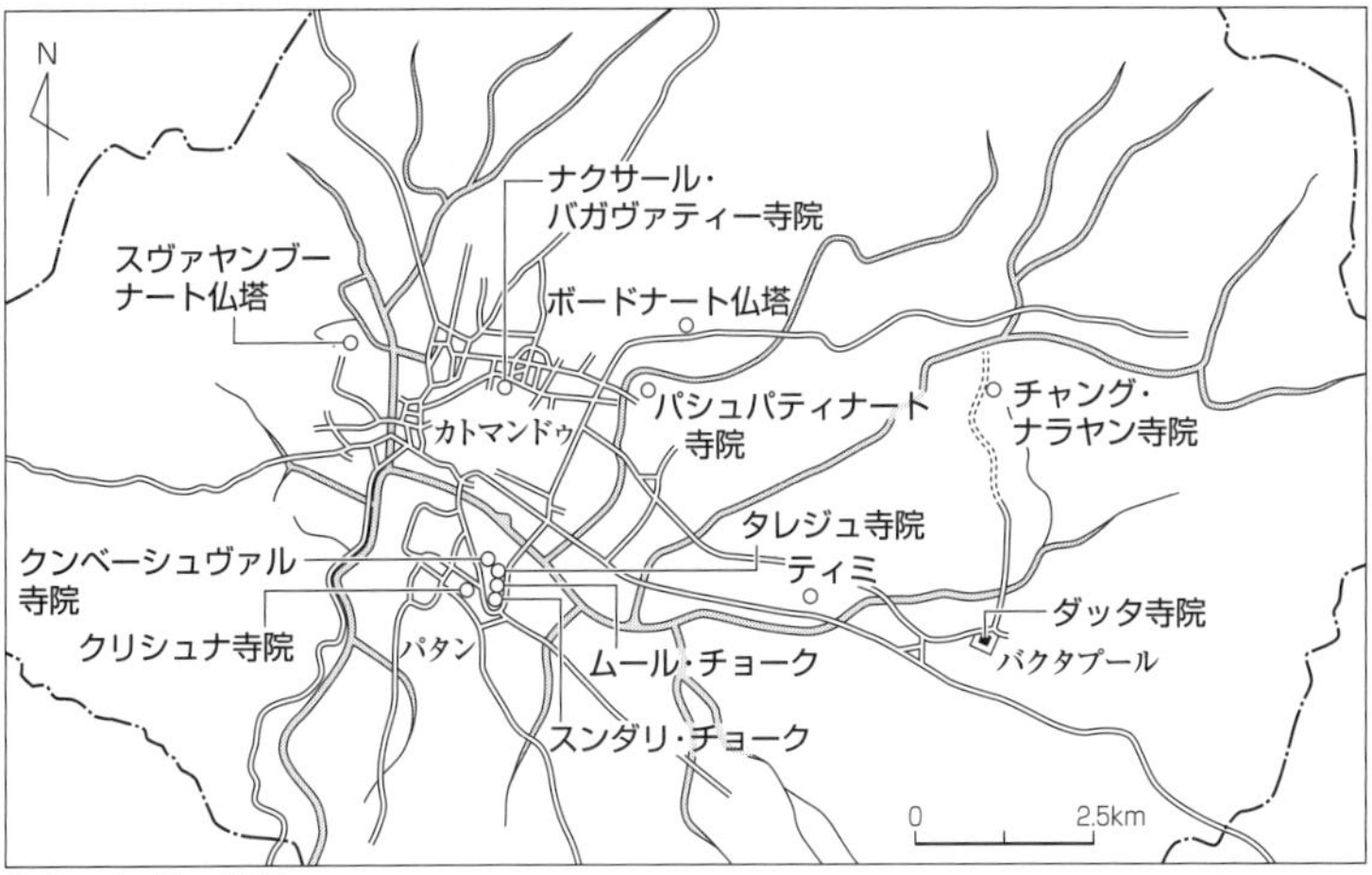

カトマンドゥ盆地

カトマンドゥ盆地は、この千数百年の歴史を通じてネパールの政治・文化の中心である。この盆地においてチベット・ビルマ語系のネワール語を話すネワール人がおそらくは紀元四〜五世紀頃から活動を始め、今日に至るまでネパールにおける文化の主導的役割を担ってきた。もっともネワール人が盆地の、すなわちネパールの政治的支配者となったことはない。

地理的にネパール中央部に位置するカトマンドゥ盆地には、ヒンドゥー教文化と並んで仏教文化が栄えた。カトマンドゥ盆地にはチベット・ビルマ語系の言語を話すネワール人たちのネワール大乗仏教が残っている。約四〇万人といわれるネワール人の三分の一が仏教徒であり、ほかはヒンドゥー教徒であるといわれる。カトマンドゥ盆地内およびその周辺に住むネワール人の仏教文化は、インドの文化圏にも中国のそれにも属さないネパール独自の文化の好例と考えられる。さらに、ネワール人たちの大半がヒンドゥー教徒である一方で、ネワール仏教徒がカトマンドゥ盆地のなかで共存していることはチベット・ビルマ文化圏の重要な特質でもある。

ネパールの歴史

カトマンドゥ盆地を中心に興亡した王朝とその時代はおよそ次のようであるが、ゴルカ朝まで、すなわち二〇〇八年に共和制が敷かれるまで、ネパールの王朝はすべてヒンドゥー王朝であった。

ネパールの歴史は次のように大きく五つの時代に区分できる。

(1)リッチャヴィ朝以前の時代
(2)リッチャヴィ朝時代　五～九世紀
(3)マッラ朝時代　九世紀～一七六九年
(4)ゴルカ(グルカ)朝時代　一七六九～二〇〇八年
(5)ネパール連邦民主共和国　二〇〇八年以降

リッチャヴィ朝初代の王マーナデーヴァ一世は、カトマンドゥ市東方一二キロの地点にあるヴィシュヌ寺院チャング・ナラヤンにサンスクリット碑文を残しているが、その年代は西暦四六四年と推定されている。このように五世紀中葉にはガンジス平原から移り住んだインド系民族が盆地にリッチャヴィ朝を建てていたのである。盆地の先住民がどのような民族であったのかは明らかではないが、非アーリヤ系であったらしい。というのは、リッチャヴィ朝のサンスクリット碑文に非アーリヤ系の地名・行政府名などが用いられており、リッチャヴィ王たちが先住民の言語を利用したと考えられるからである。この先住民の言語と、のちにカトマンドゥ盆地で活躍するネワール人の言語との類似性も指摘されている。リッチャヴィ朝以前の時代のカトマンドゥ盆地はキランティ族と総称される非アーリヤ系の民族によって支配されたという説があるが、はっきりしない。また、先程ふれたライ族はキランティ族の系統を引くといわれている。

リッチャヴィ朝の初期の王たちはヴィシュヌ派に属したが、この王朝の黄金時代を築いたアンシュヴァルマン王（在位六〇五～六二一）以後、王たちはシヴァ派に属した。この王朝の王たちはこのようにヒンドゥー教徒なのであったが、仏教も一方で普及していた。ラーマデーヴァ王（六世紀中葉）の時代には観自在菩薩が崇拝されていたことが知られている。さらにアンシュヴァルマン王の時代には阿閦如来《あしゅくにょらい》、阿弥陀如来、さらには蓮華手《れんげ》（観自在）、文殊、普賢《ふげん》、勢至《せいし》などの諸菩薩によって構成される仏教パンテオンのシステムが知られており、密教的な仏教の広まっていたことが推察できる。カトマンドゥ盆地のなかの諸寺院や街角にはリッチャヴィ期の仏像が多く残っており、造形活動も盛んであった。リッチャヴィ期にカトマンドゥ盆地における仏教文化の基礎が、ヒンドゥー系の王朝のもとにではあるが、築かれたと考えることができよう。

リッチャヴィ朝が衰退したのち、九～十世紀にかけてデーヴァ王族が盆地を支配し始め、続いてデーヴァ王族とマッラ王族の王位交替制の時代が訪れるが、スティティ・マッラ王（在位一三八〇～九九頃）はこの王位交替制を終結させ、マッラ朝を確立させた。マッラ族はインドのマハーラーシュトラ州とカルナータカ州の境近くにあるトゥルジャープールを中心として住んでいたと考えられるが、北インドのほうに移住を始め、やがて彼らのうちの何割かはカトマンドゥ盆地に定住したと思われる。この際、マッラ族はトゥルジャープールの町の守護神であった女神トゥルジャー・バヴァーニーへの崇拝をカトマンドゥ盆地においても続けた。「トゥルジャー」は盆地では「タレジュ」と呼ばれ、この女神をマッラ族の守護神とすることを徹底させたのである。このタレジュ崇拝は今日のカトマンドゥ盆地においても強く残っている。

マッラ王たちのもとで盆地の仏教を支えていたのはネワール人であった。ネワールの人々が当時のカトマンドゥ盆地の産業・交易の実質的担い手であったといっても過言ではない。一方、政治的にはスティティ・マッラ王の統治以降、ネワール社会はそれまで以上にヒンドゥー社会のなかに組み込まれることになった。スティティ・マッラ王はネワール人の社会にカースト制度(ヴァルナ制度)を法制化し、ヒンドゥー社会のなかにネワール社会を組み入れた。

スティティ・マッラ王ののち、ジョーティル・マッラ(在位一四〇九～二八)、ヤクシャ・マッラ(在位一四二八～八二)と優れた王が続いたあと、再び複王制が復活した。ヤクシャ・マッラの長男ラーヤ・マッラ(在位一四七四頃～一五〇七頃)のバドガオン(バクタプール)王国、次男ラトナ・マッラ(在位一四八四～一五二〇)のカトマンドゥ王国、カトマンドゥ王国の支配から独立したシッディナラシンハ・マッラ(在位一六一八頃～六〇頃)のパタン王国が出現し、マッラ朝はバドガオン、カトマンドゥ、パタンの三都王国に分裂したのである。これらの三王朝はそれぞれの都に彼らの王朝の守護神であるタレジュを祀る寺院を建立した。今日でもそれらの寺院の基本的部分は残されており、儀礼もある程度残っている。

カトマンドゥ市の旧王宮は「ハヌマン・ドカ」と呼ばれている。このなかには女神タレジュを祀る巨大な寺院が聳えているが、ヒンドゥー教徒に対しても一般公開はされていない。

直径二十数キロ余りのカトマンドゥ盆地のなかで三都王国は政治的には互いに抗争を続けたが、その間、盆地内の産業、交易、学芸、建築などは盛んになった。とくにチベットとの交易には三王国ともに力をそそいだ。カトマンドゥ市を旧王宮から北東に貫いている道路が残っているが、これはチベットとの交易路の残ったものである。サンスクリットの学習や写本の書写もさかんにおこなわれた。今日、盆地内に残っている有名な仏教やヒンドゥー教の寺院建築の多くがこの三国時代に建てられたものである。

スティティ・マッラ王の時代にカースト制度のなかに組み入れられたネワールの仏教徒たちは、その制度そのものの廃止をめざして立ち上がることこそしなかったが、マッラの王たちのヒンドゥー教政策のもとにあって機会あるごとに彼らのアイデンティティをかたちにして示そうとした。このようにして安定期のマッラ朝のもとでネワール文化は開花した。このあとに続くゴルカ朝の時代と比較するならば、マッラ朝下のほうがネワール人ははるかに自由に自らの仏教文化を築き上げることができたのである。

統一国家ネパールの歩み

十八世紀後半、ガンダキ地方のヒンドゥー系の小王国ゴルカのプリティヴィーナラヤン・シャー王(在位一七四二～五五)は国力を蓄え、一七六八年にカトマンドゥ、パタンを、翌六九年にバドガオンを占領した。ゴルカ朝の出現である。この王国は領土を拡張しつづけ、十八世紀末にはほぼ現ネパール王国

コラム　ヒンドゥー・タントリズム

インドでは人生に対して対照的な二つの道、つまり、「寂滅の道」と「促進の道」があると考えられてきた(二〇四頁参照)。前者は、われわれの心作用・行為、さらには現象世界の存在までを否定さるべき「俗なるもの」と規定し、その否定の結果として精神的な至福・悟りなどを得ようとする態度である。後者は、富や名声(世俗的繁栄)を得るために自らのエネルギーを積極的に駆り立てる道である。

タントリズムは寂滅の道を基本としながらも促進の道の要素も多分に取り入れる。したがって、インドの宗教にあっては一般に現世に対する拒否的態度が支配的であるが、タントリズムにあっては現世拒否的態度の緩和がみられる。また、儀礼の重視もタントリズムの特質である。儀礼はしばしば血縁的共同体・部族社会などにおける集団的宗教行為のかたちをとるが、儀礼の有する「外的な装置」を借りて、タントリズムは社会との結びつきを積極的に求めた。ヒンドゥー・タントリズムが台頭してきた十～十一世紀以降にあっては、そのような社会との結びつきを求めざるをえなかったのである。

寂滅の道にあっては、現象世界は否定さるべき「俗なるもの」であるか、あるいは悟りや魂の救済などの精神的至福の獲得にとっては「中立的なもの」であった。例えば、サーンキヤ哲学では現象世界(プラクリティ〈原質〉の展開したもの)は滅せられるべきものであり、ヴァイシェーシカ哲学では地・水・火・風などの実体、色彩・味・香などの世界の構成要素は恒常なものであり、それらの要素によって構成される現象世界は、精神的至福(ニヒシュレーヤサ)の獲得のためには無関係あるいは「中立的」である。

緩和された寂滅の道というべきタントリズムでは、現象世界は否定さるべき「俗なるもの」ではなく、肯定的な価値をもつ「聖なるもの」である。ヒンドゥー・タントリズムには、サンスクリットで書かれた経典を有する派と、タミル語など非サンスクリットで書かれた経典を有する派とがある。またヒンドゥー・タントリズムは、シヴァ派系、ヴィシュヌ派系、シャークタ派(女神崇拝派)系のそれぞれに分かれている。サンスクリット経典を有するシヴァ派系のタントリズムの一派がシャイヴァ・シッダーンタ派である。

この学派は三六の原理の存在を認める。始原の状態にある宇宙では、パラマ(最高の)・シヴァとパラー・シャクティ(最高の力)とが「太陽とその光線のように」存在しているが、一方では無形のマーヤー(幻)と原子の形をした霊魂も存在する。パラマ・シヴァとパラー・シャクティからは始原力が生まれる。マーヤーは「浄なるマーヤー」「不浄なるマーヤー」「浄にして不浄なるマーヤー」に分かれる。マーヤーは現象世界の成立の実質的基礎となる。この現象世界とはかの原子の形をした霊魂にとっての世界である。

霊魂が「浄なるマーヤー」の力のなかにあるときには、霊魂は原子の形をとる。シヴァの力によって「不浄なるマーヤー」が活性化されると、霊魂は身体、感覚器官、感官の対象などの現象世界を与えられる。このようなマーヤーの活動と並行して、かの始原力は活動を続けている。マーヤーの活動はシャクティ(力)の活動にほかならない。「浄にして不浄なるマーヤー」からは、時間・知・執着などの五つの制約が生まれ、これらによって規制されると霊魂は「プルシャ」となる。マーヤーによる世界の展開はまだ続くのであるが、この学派が求めたことは、男神シヴァ(本質)とその妃シャクティ(現象)との融合のなかにとけ入ることであった。またこの学派によれば、神シヴァと現象世界はともに実在であり、現象世界もまた「良き聖なるもの」としての救済論的価値を有しているのである。

の国土を獲得した。ネパールはこのようにして国家統一を成し遂げるとともに、いわゆる近代国家としての歩みを始めたのである。

国家統一の達成以降ネパールは次々と国際問題にかかわることになった。ゴルカ軍は一七八八年から九〇年にかけてチベットに侵入した。この結果、ネパール軍は清の乾隆《けんりゅう》帝の派遣した軍と戦うことになり、結局、ネパールは清国に対し五年に一回の朝貢を約束することになった。この朝貢は清が滅亡した一九一二年まで続いたのである。

ネパールは一方でガンジス平原にもその勢力を向けた。一八一四年から一六年にかけてネパール軍はイギリス軍とヒマーラヤの山麓で戦った。いわゆるゴルカ戦争である。その結果、ネパールはシッキムとガルワール地方をイギリスに渡し、今日のネパールの国土がほぼ定まることになった。これ以後、イギリスが勇敢なゴルカ兵に着目し、植民地の傭兵として使うことになったという。

一八四六年からラナ将軍家による専制政治がおこなわれていたが、一九五一年には王政が復古した。二〇〇七年一月に暫定憲法が成立し、〇八年五月に制憲議会が発足した。政治的体制のこのような大きな変化があったが、それ以降、カトマンドゥ盆地におけるヒンドゥー教が劇的に変化したというわけではなかった。もっとも近年は人々の宗教に対する関心も薄れつつあり、さらに二〇〇八年以降は宗教一般に対して「冷淡な」共産主義的な政府の方針がめだつようになっている。

それまでは盆地内の有名な寺院の年中行事にあっては、国王の「参加」や経済的な援助もあったが、近年ではそのような参加あるいは援助は困難になってきた。また、盆地においては初潮をみる前の女子を「生き神」(クマリ)として特定の寺院のなかで生活させる伝統があるが、このような伝統は人権侵害であるという理由によって裁判になっているという。

2　カトマンドゥ盆地のヒンドゥー教寺院

パシュパティナート寺院

カトマンドゥ盆地におけるもっとも有名であり、かつ重要なヒンドゥー教寺院はカトマンドゥ市東端にあるシヴァ派の寺院パシュパティナートである。この寺院の歴史は古く、「インド最大の哲学者シャンカラがここを訪れて寺院を建立した」という言伝えがあり、境内にはシャンカラの像が祀られている。「パシュパティナート」とは「パシュ」とは文字通りには家畜・獣のことであるが、ここでは人間や動物を含む生類を意味する。「パティ」とは主のことである。「ナート」とは尊称の印として名称の末尾につけられる語であって「様、尊師」を意味する。要するに、「パシュパティナート」とは、生類の主としてのシヴァを指している。この寺院の本尊は、リンガ・ヨーニつまり女性性器の上にそそり立つ男根であり、そのリンガにはシヴァ神四面が彫り込まれている。これはネパールのみならずインドにおけるリンガ・ヨーニの一般的なかたちである。

この寺院は、ガンジス川の支流であるバグマティ川の岸に建てられている。本堂の裏側の川岸には「沐浴のためにつくられた階段」(ガート)が設けられており、毎日、沐浴に訪れる人々で賑わっている。

ヒンドゥー教徒は本堂からこのガートにおりられるようになっており、ガートと本堂のあいだの出入りも頻繁である。しばしば、本堂のほうからヒンドゥー教の讃歌の合唱が川の対岸にいる者たちの耳にも届いてくる。

ヴィシュヌ神が眠りに入ると考えられている雨期入りの頃とか、雨期明けの目覚めの頃とか、あるいは秋の大祭ダサインの八日目などにはティージ（ティーズ）と呼ばれる精進潔斎（ヴラタ）の日が定められている。これはヒンドゥー教徒の女性が夫の長寿を願って飲食物を絶つ日である。このような日にはパシュパティナート寺院のガートは真紅のサリーを着た女性たちによって埋めつくされる。

本堂の対岸には一〇以上のシヴァ・リンガの祠堂が一直線に並んでおり、端の祠堂の内部からのぞくともう一方の端のリンガ・ヨーニまで並んでいるのが見える。このリンガ・ヨーニの列の南には行者たちの宿泊所がある。とはいえ、その宿泊所の大半は雨を防ぐための屋根があるにすぎないものだが、ここには常時何人かの行者たちが生活している。宿舎の前の広場では時折、地面を浅く掘って祭壇をつくり、そこでホーマ儀礼がおこなわれている。

ここでは祖霊崇拝の儀礼（シュラーッダ）もおこなわれている。親族を亡くした人が頭を剃り、上半身は裸、あるいは白い衣を着た男性が、設けられた小さな祭壇の前で僧侶の指示に従って儀礼を進める。祖霊に対する供物としては、「九つの砂団子」やテニスボール程の「小麦粉でつくられた団子」が用いられる。この「九つ」とは、人間の運命を司る九つの天体（九曜、すなわち太陽、月、火星、水星、木星、金星、土星、彗星、日月食を起こすといわれるラーフ星）を指しており、死者の霊が輪廻の流転のなかで不幸な状態（趣《しゅ》、道）に堕ちることのないようにこの九つの天体に祈るのである（九六頁参照）。

行者たちの宿舎の横にある階段を昇っていくと丘の上に出る。そこには数十を超えるリンガ・ヨーニの祠堂の並ぶ広場がある。この広場の北にはヒンドゥー教の女神グフイェーシュヴァリーの寺院がある。パシュパティナート寺院とグフイェーシュヴァリー寺院とはカトマンドゥ盆地さらにはネパールのヒンドゥー教のセンターであるといえよう。

ガンジス川の支流バグマティ川の岸で沐浴するヒンドゥー教徒　パシュパティナート寺院のガート（沐浴場），カトマンドゥ。

パシュパティナート寺院　これはネパール最大のヒンドゥー教寺院である。写真中央の二層の塔が本堂である。写真下部にはガートが小さく見える。

パタン旧王宮のヒンドゥー教寺院

クンベーシュヴァル寺院

カトマンドゥ市に南接するパタン市のヒンドゥー教寺院のうち、重要なものは、旧王宮のなかにあるタレジュ女神の寺院を別にすれば、シヴァを祀るクンベーシュヴァル寺院であろう。この寺院は旧王宮から北東に三〇〇メートル程離れている。この寺院には木造の大きな五重の塔を中心にして周囲に集会堂、祠堂、池などがあるが、この層塔にはリンガ・ヨーニが本尊として祀られている。「クンバ」とは水瓶を、「イーシュヴァル」(サンスクリット読みではイーシュヴァラ)とは神を意味する。本堂の横の祠堂には水瓶が埋められてあり、そこからはつねに地下水が湧き出ていた。最近でこそ水は出なくなってしまったが、人々はシヴァの住む宮殿があるヒマーラヤ山脈からくだってきた水であると信じていた。要するに、「クンバ」の「イーシュヴァル」、つまり「クンベーシュヴァル」はシヴァを意味する。

この寺院の境内の南端には恐ろしい形相の女神バグラームキーの寺院がある。パシュパティナート寺院と女神グフイェーシュヴァリーの寺院とが対をなしていたように、ここでもクンベーシュヴァルと女神バグラームキーとが一セットとなって祀られている。ここの境内は、毎木曜日、シヴァやかの女神に参拝する人々で賑わうのであるが、多くの僧侶たちもここに出張してくる。参拝にきた人々は、これらの僧侶から額に赤い印(ティカ)をつけてもらったり、生活の面でのさまざまなアドバイスを受けている。

クリシュナ寺院

パタン旧王宮前の広場(マンガラ・バジャール)にはヴィシュヌを祀る石積みの層塔寺院クリシュナ寺院

がある。クリシュナつまりヴィシュヌの誕生日祭の日にはこの寺院の前に赤いサリーを着た女性たちが捧げものを持って長い列をなすのである。この寺院の一階四方の軒にあたる部分の石材にはインドの叙事詩『マハーバーラタ』と『ラーマーヤナ』の有名なシーンが、それぞれのシーンの説明とともに彫り込まれている。この寺院の儀礼などは二階でおこなわれているが、ここもヒンドゥー教徒以外は入ることはできない。

ムール・チョークとタレジュ寺院

旧王宮には今日もいくつかのヒンドゥー教寺院が残っている。そのなかに、中庭を四方から囲む「ムール・チョーク」がある。「ムール」は根本を意味し、「チョーク」は区画、広場を意味するが、ここでは「境内・中庭を有する寺院」を意味する。この中庭にはレンガが敷きつめられ、あちこちに生贄《いけにえ》を縛る杭(ユーパ)が立てられている。ここはかつてのパタン王家の儀礼場であり、今日でも秋の大祭ダサインではこれらの杭に縛られた犠牲獣が屠《ほふ》られる。

この中庭を囲んで四方に建物があるが、その南側の建物(翼)の中央には「小さなタレジュ寺院」がある。「大きなタレジュ寺院」はこのチョークの北側に隣接して建てられている。「小さなタレジュ寺院」の入り口の上にはチャームンダー女神の小像が掲げられている。チャームンダーは七母神のなかの一柱である。この女神の身体は骨と皮ばかりであるが、ときとして人身御供を要求する、といわれる。カトマンドゥ盆地においてはタレジュ女神特有のイメージはないと思われる。盆地ではタレジュはチャームンダーと同一視されており、チャームンダーのイメージによって表現されているのであろう。

ムール・チョークの中庭を囲む建物（回廊）の屋根には数十本の方杖が内側を向いて並ぶ。東側のムール・チョーク正面にはシヴァの妃とも考えられるドゥルガーを中央にシヴァとこの「夫婦」の息子たちであるガネーシャとクマーラ（スカンダ、韋駄天《いだてん》）の像のついた方杖がみられる。つまり、シヴァ系のヒンドゥー・パンテオンの中心的メンバーの像が並ぶのである。

ムール・チョークの入り口がある西側正面には、八母神それぞれの方杖が一列に並ぶ。八母神は、向かって左から（つまり、彼女たちにとっては右端から）ブラフマーニー（ブラフマーの妃）、マーヘーシュヴァリー（シヴァの妃）、カウマーリー、ヴァイシュナヴィー（ヴィシュヌの妃）、ヴァーラーヒー、インドラーニー（インドラの妃）、チャームンダー（ヤマの妃）、マハーラクシュミーである。この並び方はヒンドゥー・パンテオンにおける神々のランキングに従っている（八母神に関しては、一四六頁参照）。カトマンドゥ盆地では八母神崇拝が盛んであるが、このムール・チョークの作例もその一端を示している。

獅子に乗るドゥルガー女神
カトマンドゥ盆地においてドゥルガーはタレジュ女神，元来はベンガル地方の女神であったカーリー，八母神（あるいは七母神）の１人チャームンダーなどと同一視される。ネパール国立博物館，チャウニー地区，カトマンドゥ。

スンダリ・チョーク

パタン旧王宮のムール・チョーク正面入り口に向かって右隣にスンダリ・チョークがある。近年では閉鎖されているが、ここも中庭を四方から囲む構造になっており、十七世紀中葉の建造である。この中庭にはかつて国王が儀礼をおこなった沐浴場が設けられている。深さ約二メートル半、直径五メートルのほぼ円形につくられており、かつては泉が湧き出るようになっていたと思われる。この沐浴場の周囲にはヴィシュヌ系の神々を中心とした数十の石のレリーフが二段にはめ込まれている。この沐浴場の端にはヴィシュヌの住処ヴリンダーヴァナをかたどった小さな宮殿が置かれている。このようにマッラ朝の王たちはタレジュ女神を尊崇するとともに、自分たちをヴィシュヌ神に譬えていたと思われる。

3 暦と祭り

暦

インドやネパールにあっては中世・近代ヨーロッパにおけるような明確な紀年法に基づいてできごとの日付が記録されたわけではない。その地域を統治する王の即位紀元によって日付が記されていることが多い。とはいえ、ヴィクラム(ヴィクラマ)暦、シャカ暦、グプタ暦などの暦法がよく知られていた。ヴィクラム暦はヴィクラマーディトヤ王が紀元前五八年に定めた太陰暦の一種であり、シャカ暦は一人のシャカ族の王によって紀元七八年に定められたものである。これらの暦法において一年は一二カ月に分けられる。各月は、新月（朔日）から満月に至る二週間（上弦、白分）と十六（既望《きぼう》）から新月に至る二週間（下弦、黒分）に分けられる（二八一頁参照）。

一年には通常一二の太陰月が含まれる。すなわち、サンスクリット読みに従うならば、チャイトラ月（三～四月）、ヴァイシャーカ月（四～五月）、ジュエーシュタ月（五～六月）、アーシャーダ月（六～七月）、シュラーヴァナ月（七～八月）、バードゥラパダ月（八～九月）、アシュヴィン月（九～十月）、カールティカー月（十～十一月）、マールガシールシャ月（十一～十二月）、パウシャ月（十二～一月）、マーガ月（一～二月）、そしてパールグナ月（二～三月）である。

月の呼び方はベンガル地方、タミール地方などの地域によって異なるが、一二カ月であることは同じである。ネパールではヴィクラム暦が用いられるが、その呼び方は、第一の月から順にバイサーク、ジャスタ、アシャーダ（アーシャーダ）、スラワン、バドゥラ、アスウィン、カルティク、マルガ、ポルシャ、マーガ、ファルグン、チャイトラである。ネパール暦では一年は四～五月のバイサーク（ヴァイシャーカ）から始まる。

ネパールの祭り

ネパール、とくにカトマンドゥ盆地では今日、じつにさまざまなヒンドゥー教の儀礼がおこなわれている。宗教儀礼は年中行事や人生儀礼などのように集団でおこなわれるタイプと個々人の精神的救済を求めて個人的におこなわれるタイプとの二種があるが、ここではネパールのヒンドゥー教における前者、

コラム　月の白分と黒分

今日のインドやネパールでは儀礼や行事の日取りを決めるためには太陽日ではなく太陰日を基本にした暦が用いられている。三〇太陰日（ティティ）は二九・五太陽日に相当する。

例えば、カトマンドゥ盆地で用いられている暦（「トーヤタート・パンチャーンガ」）によれば、西暦二〇一四年一月三十一日金曜日は、シャカ（サカ）暦一九三五年、ヴィクラム暦二〇七〇年、ネパール暦一一三四年であり、マーガ（マーグ）月白分（シュクラ・パクシャ）第一日（ティティ）である。一月三十日木曜日は、マーガ月黒分（クリシュナ・パクシャ）第十四日であり、新月（ダルシャ）である。二週間後の西暦二月十四日は、マーガ月白分第十五日（満月、プルニマ）である。

黒分とは満月から新月に至る約二週間をいい、白分とは新月から満月に至る二週間をいう。要するに、太陰暦の一カ月は満月から新月になり、また新月から満月に至る期間である。しかし、日本では一般に新月（朔日）から十五夜月（満月、望月）を経て、三十日（晦日）に至ると考えられる。このような「月」の考え方は、少なくとも先に述べたネパールで用いられている暦で考えられている「月」とは異なる。

一二の太陰月は三五四日となるが、六二太陰月はほぼ六〇太陽月に相当する。したがって、三〇月ごとに「余分の月」（アディカマーサ）を設ける。

インドでは二カ月が一季節となり、六つの季節（リトゥ）がある。すなわち、春（三〜五月、ヴァサンタ）、夏（五〜七月、グリーシュマ）、雨期（七〜九月、ヴァルシャー）、秋（九〜十一月、シャラド）、冬（十一〜一月、ヘーマンタ）、寒期（一〜三月、シシラ）である。

「生き神」クマリに供物を捧げるネワール人の農民たち　このクマリはカトマンドゥ市のクマリ・チョークに住む「王のクマリ」ではなく，カトマンドゥ市の南接するパタン市のハク（ハカ）寺院のクマリである。パタン市。

とくに年中行事としての祭りをみてみよう。

ネパール暦の第一月であるバイサーク月（四〜五月）の一日はネパールの新年元旦である。カトマンドゥ市ではとりわけ大きな行事はないが、近郊のティミ市では二日にこの市最大の年中行事であるバルクマーリー・ジャートラがおこなわれる。「ジャートラ」とは行列、巡行のことである。松明《たいまつ》行列のなか、人々は女神を崇めて黄土色の粉を互いにかけ合うのである。クマリ（クマーリー）は通常、七母神あるいは八母神の一柱と考えられるが、この女神は処女神であり、血をきらう。しかし、バルクマーリー（若いクマーリー）は生贄の血を要求する恐ろしい神である。この神の祭りのときには、憑依《ひょうい》状態になった者が太い鉢を自分の両頰を刺し通すという。シャマニズムの身体技法が受け継がれていると思われる（二二五頁参照）。

カトマンドゥ市の東方にある大晦日つまりバイサーク月一日の前日の夕方には綱引がおこなわれる。シヴァの畏怖相バイラブとその妃バドラカーリー（チャームンダー）の像を載せた山車《だし》についた綱を町の西部と東部の住民が引き合う。勝者は次の七日間、神々に仕える権限を得るのである。山車のパレードがすんだあと、川岸に建てられていたポールが次の日に倒されると新年である。

バイサーク月黒分三十日には、カトマンドゥ市東方約一三キロのチャング・ナラヤン寺院で女神チンナマスターの山車巡行がおこなわれる。スラワン月(七〜八月)黒分七日には鬼神ガンターカルナを祀る祭りがある。この鬼神は鈴(ガンター)を耳(カルナ)につけた顔面のみであらわされる。三本の生竹をテント状に組み、その竹を束ねたところからかの鬼神の絵をぶらさげるのである。竹と葉によって鬼神の姿をつくることもある。この祭りは害虫を追い払うためのいわゆる「虫送り」の儀礼と考えられる。

スラワン月白分一日にはカトマンドゥ盆地に住むネワール大乗仏教徒にとってもっとも重要な祭りであるグンラーダルマが始まり、一カ月間続く。この祭りは盆地の西北に位置するスヴァヤンブーナート仏塔への崇拝を中心とするものであり、毎日早朝人々は列をつくり太鼓を鳴らしながら仏塔に参拝する。この祭りには多くのヒンドゥー教徒も参列する。

同月白分五日(パンチャミー)には、蛇(ナーガ)への供養祭ナーガ・パンチャミーがおこなわれる。カトマンドゥ盆地の家々の軒先には蛇の絵の描かれた御札が貼られる。この祭りはネパールのみではなく、インド各地でもおこなわれる。例えば、一九七〇年代のプネーでは蛇使いが籠に入れたコブラを見せてまわりながら「賽銭《さいせん》」をもらっていた。

クンベーシュヴァル・メーラー

スラワン月白分十五日すなわち満月の日にはパタン市にあるシヴァ寺院であるクンベーシュヴァル寺院でメーラー(祭り)がおこなわれる。この寺院については前節においてすでに述べたが、祭りの前日この寺院の中尊であるシヴァ・リンガは一日間本堂の横の池の中央に設けられた社のなかに安置される。

満月である次の日の夜にシヴァ・リンガは本堂におさめられるのである。ネワール語の讃歌は一昼夜続き、かなり広い境内も人で埋めつくされる。

聖紐の取替え

またこの日はヒンドゥー教徒である証としての聖紐《せいちゅう》(ヤジュニャ・ウパヴィータ)を新しくする日でもある。木綿の糸をよった紐を左肩から脇へとヒンドゥー教徒の成人男子はかけているが、一年に一度、自分のグル(師)のもとで新調する。もっともこの聖紐が許されるのは上位三つのカースト(ヴァルナ)に属す者のみであって、第四以下の者たちには許されない。上位三つのカーストに属する者たちを「再生族」(ドゥヴィジャ)という。母からと儀礼によって二度生まれる者という意味である。第四以下のカーストに属する者たちはいわゆる「ヒンドゥー」の儀礼の功徳に与ることはできないと考えられているのである。

ガイ・ジャートラ

バドゥラ月(八~九月)黒分一日には「ガイ・ジャートラ」(牛の行列祭)がおこなわれる。これは、この祭礼までの一年間のうちに亡くなった親族の魂が天界に行くことができるようにと祈るためのものである。シヴァや牛に変装した大人や子どもが牛を連れて町中を楽隊とともに練り歩くのである。行列はカトマンドゥ旧王宮のあったハヌマン・ドカに赴くことが多いが、これはかつての旧王宮の正門を入ったところで死者の名前を報告し、記帳してもらったことの名残であろう。この記帳は一九八〇年頃にはまだおこなわれていた。

クリシュナ・ジャヤンティ

バドゥラ月黒分八日は「クリシュナ・ジャヤンティ」(クリシュナ誕生祭)である。この祭りはネパールのみではなく、全インドにおいておこなわれている。カトマンドゥ盆地ではこの日、赤いサリーを着た女性たちがパタン旧王宮にあるクリシュナ・マンディル(寺院)の前にクリシュナつまりヴィシュヌに供物を捧げるために集まり、長い行列をつくる。彼女たちはその日、クリシュナの妻となった印に赤いサリーを身にまとうのである。

グンラーダルマからクリシュナ・ジャヤンティまでの祭りは多くの場合、太陽暦の七〜八月頃におこなわれる。このとき、ネパールは雨期であり、秋の収穫期の前、すなわち農閑期でもある。バドゥラ月の白分に入ると雨もあがり、秋にはインドラ・ジャートラ、ダサイン、ディワリなどの大がかりな祭りがおこなわれるのである。

インドラ・ジャートラ

バドゥラ月の満月の頃、八日間、インドラ・ジャートラ祭がおこなわれる。「インドラ」とはドラゴン・ヴリトラを退治して水を取り戻した英雄神であるが、時代とともに雨をもたらす神となった。かつてインドラは地上に花を盗みにきて捕らえられてしまい、カトマンドゥの街角にさらされた。祭りではインドラの像が檻のなかに入れられる。釈放の代わりにインドラは雨を降らせることを承知させられたという。この祭りではバイラブ(バイラヴァ)すなわちシヴァ、クマーリー(シヴァの妃)およびガネーシャ(シヴァの息子)それぞれの山車三台の巡行がおこなわれ、以前は国王自らの参加もみられた。現在でもこの祭りは盆地の代表的な祭礼である。

ダサイン

これはネパールのヒンドゥー教徒にとって一年で最大の祭りである。盆地では官公庁や学校は休みとなり、地方から盆地に働きにきていた者たちは郷里に帰ってこの祭りを祝う。この時期に同じような祭りがネパールのみではなくインド全土でおこなわれる。例えば、インドのマハーラーシュトラ州では「ダサラー」(十日目祭)と呼ばれている。この祭りはコルカタ地方などでみられるように女神ドゥルガー供養祭(プージャー)と呼ばれることが多い。

ネパールではアスウィン月(九〜十月)の白分の第一日目に「壺の安置」(ガタ・スターパナ)がおこなわれるが、これがダサイン祭の始まりである。通常、土を入れた盆に大麦やトウモロコシの種を蒔き、その上に壺を置く。この壺は女神のシンボルと思われる。数日後に芽(ジャマラ、ナーラ・スワン)がでてくるが、これは祭りの最後の日つまり一〇日目に神に捧げられる献花となる。

二日目から九日目までは、例えばパタン市の旧王宮において動物犠牲を中心とする儀礼が大部分非公開でおこなわれる。九日目には公開で山羊や水牛が犠牲獣として捧げられる。一〇日目には動物犠牲はおこなわれることなく、関係者たちはヒンドゥー僧たちからティカ(額の赤い印)やモヤシ状に伸びた葉ジャマラをもらうのである。

マハーラーシュトラ州の「ダサラー」(十日目祭)では動物犠牲はおこなわれない。このようにこの祭りは地域によってさまざまなかたちをとるのであるが、基本的には秋の収穫感謝祭である。

ディワリ

カルティク月（十〜十一月）の黒分の最後の日にディワリが始まる。ディワリとは「ディーパー・アーヴァリー」（灯明の環）の訛ったかたちである。この祭りの最後の日には町のあちこちで女神ラクシュミー（吉祥天）を祀って無数の灯明が灯されるところからこのように呼ばれる。ラクシュミー供養祭、灯明祭などとも呼ばれる。

この祭りにはさまざまな要素がみられる。この祭りの初日にはカラスへの礼拝がおこなわれる。サール（沙羅《しゃら》）の樹の葉でつくった皿に食べ物を載せて死者の国の王ヤマ（閻魔《えんま》）の使いであるカラスに供養するのである。一説によれば、かつてカラスはイナゴなどの害虫を食べてくれた益鳥であったことに対する感謝のためであるという。第二日には犬を礼拝する。犬は死界に通じる門を守護するといわれている。『リグ・ヴェーダ』［一〇・一四・一一］にはヤマに四つ目の犬が二匹付き添っているという。三日目には牛に対して供養がおこなわれる。牛はシヴァ神の乗り物であるばかりではなく、古来、人々は牛乳を重要な糧としてきたのである。三日目の午後には、天から神を呼び寄せるために凧揚げをする。夜には家々や街角には無数の灯明が灯されるのである。

四日目には家族一同はすべての者たちが長生きできるように神ヤマに祈るのである。この日の夕方には街のなかの寺院では灯明が灯される。

最終日の五日目には、立ったままの長姉が坐ったたままの兄弟たちの額にティカをつけて祝福する。このことを「バイ・ティカ」（弟へのティカ）という。その後、長兄から妹たちへの返礼もある。このような兄弟姉妹の温かなやりとりがあって、夜になると再び町は途方もない数の灯明に照らされるのである。

シヴァ・ラートリ

ファルグン月（二〜三月）の黒分の十四日にはシヴァ・ラートリ（シヴァ神の夜）の祭りが始まる。この頃にはネパールのみならずインド各地からもヒンドゥー教の聖地パシュパティナートに大勢の人が押しかける。この寺院の一角につくられた僧たちの宿泊所は各地から集まったヨーガ行者たちで満ちあふれる。行者たちは参拝者たちの額にティカをつけたり、短い経典を読誦したりする。手風琴で歌を歌いつづける者たちもいる。この寺院を横断するバグマティ川の岸では祖霊崇拝の儀礼（シュラーッダ）をする者たちも多い。参道には

パシュパティナート寺院境内で説教を聞く信者たち

市も立ち、何万という人が押し寄せるのである。

カトマンドゥ盆地は現在でも大がかりな儀礼がじつに頻繁におこなわれている。ヒンドゥー教は元来、儀礼を重視する宗教ではあるが、これほど町がつねに宗教的な高揚に包まれる場所もないのではなかろうか。二〇〇八年以降、政治的体制の変化にともなって、ヒンドゥー教の儀礼の伝統は弱まっていかざるをえないであろう。しかし、カトマンドゥ盆地のもっている「聖なるもの」への関心の深さはこれ以後もこれまでと同じように続くと思われる。

第8章　東南アジアのヒンドゥー教

1　インドシナ半島のヒンドゥー教

ヒンドゥー教の広がり

今日の東南アジアは、インドシナ半島とインドネシアに大きく分けられるが、「インドシナ」とはインド的中国のことであり、「インドネシア」とは「インドの島々」を意味する。インドシナ半島にはミャンマー連邦、マレーシア、タイ王国、カンボジア王国、ラオス人民民主共和国、ベトナム社会主義共和国などがあり、「インドの島々」にはインドネシア共和国などがある。東南アジアは、インドと中国(シナ)という二つの大陸あるいは文明圏の「あいだ」に位置すると考えることができる。しかし、だからといって、東南アジアの諸国の文化的伝統が、インド文化と中国文化という両者の接触でできた産物にすぎないということはできない。東南アジア諸国の文化はそれぞれの国に特有な状況を踏まえて展開してきたからである。

ヒンドゥー教は、インド亜大陸のみに流布したのではない。この宗教は今日のミャンマー、タイ、ラオス南部、ベトナム中部および南部、カンボジア、ジャワ、バリなどに伝播した。ベトナム南部には二世紀末から十五世紀頃までヒンドゥー教文化を有するチャンパー王国がある程度の勢力を保持しており、カンボジアでは九世紀頃から十五世紀頃までヒンドゥー文化を基礎にしたクメール文化が栄えていた。またジャワ島の中部には、ヒンドゥー教系のマジャパヒト王国（一二九三～一五二七頃）が存在した。さらに、今日のバリ島には、インドから伝えられたヒンドゥー教文化と土着的な崇拝とが混交した形態が残っている。

しかし、今日の東南アジア諸国には、バリ島を別にすれば、ヒンドゥー教文化圏はほとんど残っていない。十六世紀初期までヒンドゥー教文化が残っていたジャワも、その後はイスラーム教文化圏となった。今日のバリ島においても、イスラーム化は急速に進んでいる。

ヒンドゥー教文化のインドシナ半島への伝播は、かなり早い時期に海上交易を介しておこなわれた。インドシナ半島には北から南に向かって三つの大きな川が流れている。すなわち、ラオスとタイの国境にそって流れたあと、カンボジアさらにベトナムのなかを流れるメコン川、タイを流れるチャオプラヤ川（メナム川）、ミャンマーを流れるイラワジ川である。インドシナ半島においてヒンドゥー教の影響を強く受けた地域の多くは、この三河川のデルタ地帯に位置していた。例えば、メコン川河口部にはすでに紀元二世紀頃にはヒンドゥー文化を有する都市がみられたのである。

今日のインドシナではテーラヴァーダ仏教（上座仏教）が流布している。「テーラ」とは仏教教団の長老つまり上座の師を、「ヴァーダ」は論、立場を意味する。つまり、テーラヴァーダ仏教とは「長老たちの立場を中心とする仏教」のことであるが、インド初期仏教(仏教誕生から紀元前後までの仏教)の伝統を守る仏教である。しかし、インド初期仏教が当時も「テーラヴァーダ仏教」の名称で呼ばれていたとは思えない。

ベトナム、カンボジア、ラオス北部などでは、十三〜十四世紀頃までヒンドゥー教および大乗仏教が勢力を保っていた。大乗仏教はベトナムやカンボジアのみではなく、ジャワやバリにも広がっていた。ほんのわずかであるが、今日もバリには大乗仏教が残っている。十三世紀といえば、インド平原がイスラーム教徒による政治的支配を受けてまもない頃であった。インド亜大陸が十三世紀以降イスラーム教徒の政治的支配を受けるようになって、インドの大乗仏教が急速に力を失うとともに、インドシナにおけるヒンドゥー教および大乗仏教も急速に衰退していった。それ以後、ベトナム、カンボジア、ラオス北部などではヒンドゥー教や大乗仏教に変わる宗教としてテーラヴァーダ仏教が勢力を得たのである。

ベトナムの歴史とヒンドゥー文化

ベトナムは早くから中国文化およびヒンドゥー文化の影響を受けた地域である。秦の始皇帝が前二二一年に中国を統一したが、彼はベトナム北部まで勢力を拡大した。すでに紀元前からベトナム北部に中国の勢力がおよんでいたのである。唐の太宗《たいそう》(李世民《りせいみん》、在位六二六〜六四九)は、ベトナム北部を制圧し、安南都護符《あんなんとごふ》を建てた。しかし、十世紀、その安南都護符は中国の支配から脱するに至った。このように、十世紀頃までの北ベトナムでは中国の影響が強かった。

紀元二世紀には、ベトナム中部のチャム人がチャンパー王国を建てた。チャム人は、印欧語でもなく、チベット・ビルマ語系民族でもないオーストロ・アジア系言語を話したが、この言語はカンボジアのクメール語と同じ語族に属する。チャンパー王国は文化的にはヒンドゥー教文化圏に属した。この王国は中国の歴史書において林巴《りんゆう》あるいは占城《せんじょう》と呼ばれる。十一世紀には李朝の李公蘊《りこううん》により大越国《だいえつこく》が北ベトナムの紅河（ソンコイ）デルタ地帯において成立した。このようにベトナムでは、中国文明の影響を受けた北の勢力と、インド文明の影響を受けた南の勢力とが長い期間、併存していたのである。

十三世紀には大越国において李朝に続く長期安定王朝として陳朝が成立する。李朝から陳朝初期までの十一世紀から十三世紀にかけてベトナム北部において大乗仏教は大きな勢力を保った。十五世紀初頭には黎朝《れいちょう》が成立し、チャンパー王国を実質的に亡ぼすことになった。今日、チャンパー王国の王家の子孫がわずかに残っているといわれるが、政治的・経済的な力はほとんどない。

十六世紀には黎朝が衰え始め、十六世紀末には北部の鄭《てい》氏と南部の阮《げん》（ブエン）氏が国土を二分した。十八世紀末、西山《せいざん》（タイソン）朝が黎朝を亡ぼした。十九世紀初頭には阮朝の越南《えつなん》国が成立するが、このときにフランスに助力を依頼した。これがフランスによるベトナム介入のきっかけとなり、一八六二年にはサイゴン条約によってコーチシナ（ベトナム南部）が植民地となり、六七年、西部もフランスの支配下におかれることになった。

一八七七年、インドは正式にイギリスの植民地となった。カンボジアもベトナムと同じようにフランスの勢力下に入っていったが、その後、東南アジアには、東アジアも含めて、反ヨーロッパ勢力が増大する。一九三〇年にはホーチミン共産党（のちのインドシナ共産党）が結成された。一九四五年九月二日にベトナム民主共和国の独立宣言がなされたが、こののち、ベトナムは悲惨な状態に陥った。一九五四年七月のジュネーヴ協定によって、ベトナムは南と北に二分された。一九六〇年十二月、南ベトナム解放民族戦線（ベトコン）が結成された。そして、ベトナム戦争を経て、一九七三年一月、ベトナム和平協定が結ばれたのである。

以上、ベトナム史を概観したが、ベトナムの歴史は次の五期に分けることができよう。

第一期　十世紀まで。中国による支配の影響の強い時代
第二期　十世紀から十五世紀まで。チャンパー王国、李朝および陳朝の時代
第三期　十五世紀から十九世紀まで。中国文化の影響下にある黎朝と越南国の時代
第四期　十九世紀初頭以降。阮朝の越南国が成立したあとのフランスによる支配の時代
第五期　ベトナム和平協定以後の時代

ベトナムの歴史においてヒンドゥー教が実質的な勢力を有するのは第一と第二の時期であり、その地域は中部ベトナム以南である。南および中部ベトナムには数十にのぼるチャンパー王国の遺跡が残っているが、その代表はダナン近郊のミソン遺跡である。ここに残る彫像と浮彫り、ダナン歴史国立博物館、さらにはホーチミン博物館の所蔵品などを見る限り、ベトナムにおけるヒンドゥー教の神々がインドの「大いなる伝統」に属するものであったことがわかる。少なくとも「大いなる伝統」に属する神々の彫

鎌首を広げたコブラ(ナーガ)を光背として坐るヴィシュヌ　ベトナム歴史国立博物館，ダナン。

リンガ・ヨーニ　ミソン，ベトナム。

像が数多く残されてきたということはできよう。

いまあげた遺跡および博物館においてシヴァのシンボルであるリンガの作例はすこぶる多い。ミソン遺跡においてもリンガあるいはリンガ・ヨーニのシンボルはヴィシュヌ像などよりもはるかに多く残っている。アーモンドの実型の枠に多臂《たひ》を扇状に開いて踊るシヴァの浮彫りもしばしばみられるが、これは寺院正面の入り口の上の装飾として置かれたものと考えられる。このようなシヴァの姿はカンボジアのクメール遺跡にもしばしばみられるものである。カトマンドゥ盆地にみられるトーラナと同種のものである。

とぐろを巻いた蛇アナンタ（無限なるもの）の上に眠るヴィシュヌ（六三頁参照）の姿は、インドではよく知られたものである。四面のブラフマー、シヴァの妃ウマー（パールヴァティー）やシヴァとウマーの二人の息子（孔雀に乗るスカンダと象面神ガネーシャ）、ヴェーダの宗教に起源を有する二人の女神サラスヴァティー（弁財天）およびラクシュミー（吉祥天）などのヒンドゥー教の主要な神々のイメージが伝えられていたことがダナンの歴史国立博物館の所蔵品からわかる。

十七世紀以降ベトナムにおいてヒンドゥー教の勢力がほとんどなくなると、ヒンドゥー教と土着崇拝との混交がしばしばみられるようになった。例えば、ダナンとホーチミンの中間の沿岸部にあるニチャンのボー・ナガル寺院ではヒンドゥー教の大女神ドゥルガーと土地の地母神とが一体のものとして尊崇されたのである。

チャム人は今日、数万人程南部のほうに残っており、その半数は、ヒンドゥー教あるいは仏教の影響を、それほど強くではないが、受けて暮らしている。あとの半数はイスラーム教の影響下にある。ヒンドゥー教および仏教の影響下にあるチャム人の葬儀の場合、バリ島におけると同じように死体を埋めておき、掘り出して荼毘《だび》に付す。もっとも経済的能力があれば死の直後に荼毘に付す。その際、頭蓋骨を取り出して割り、骨をとっておき、軒下にほかの穀物と一緒に吊るし、その数が集まると、今度は畑に返すという。これは、バリの遺灰を海に撒く儀礼であるムムクルを思わせるが、このような遺骨に対する関わり・執着は今日のインドのヒンドゥー教徒にはみられない。

カンボジアの歴史

カンボジアの歴史は、以下のように、前期カンボジア、中期カンボジア、後期カンボジアの三期に分けることができる。

前期カンボジア　一世紀頃から九世紀初頭までの扶南《ふなん》と真臘《しんろう》を中心とした時代

中期カンボジア　九世紀初頭、アンコール朝が興ったときから十五世紀中葉に同王朝が亡ぶまで

後期カンボジア　十五世紀中葉以降、今日まで

紀元一世紀頃、メコン川の下流流域において王国扶南（フナン）が建てられた。「フナン」という語は、オーストロ・アジア語族に属するモン・クメール語「プノム」（山）と関係するといわれている。扶南南部のメコン河口にはオケオ港があり、二世紀頃には、外国船が来航していたと推定される。六一年にイーシャーナ・ヴァルマン一世が残したとされる碑文があるが、これはわれわれが知りうるこの地域の最古の碑文である。当時のカンボジアにはインド的な王国体制、すなわちマハーラージャ大王による統治がおこなわれていたと推定される。「イーシャーナ・ヴァルマン」というように、アンコール朝のほとんどの王たちはサンスクリット名を有し、その名前の第二要素は「ヴァルマン」である。「ヴァルマン」というサンスクリット単語は、鎧《よろい》あるいは保護者を意味する。

六世紀後半に興ったクメール（真臘）が七〇七年に分裂し、水の真臘と陸の真臘、つまり南方の真臘と北方の真臘に分かれた。ここに扶南の歴史は終わり、かつての扶南の領土をカンボジア王国が占拠したのである。クメール人は、七世紀頃にカンボジア中部に住みついた民族であり、オーストロ・アジア語

族に属する。現在、カンボジアの総人口の九割を占める。

『インドシナ文明史』(辛島昇・内田晶子・桜井由躬雄訳、みすず書房)の著者J・セデスによれば、六世紀末から七世紀初頭の真臘の美術をプノンダ様式と呼ぶが、この様式のなかには、すでにヒンドゥー美術および仏教美術の要素がみられる。しかし、前期カンボジアのなかでも終期である六世紀から八世紀まで続く美術は、全体としてみると、中期カンボジアのアンコール朝の美術とははっきり違った要素を有している。つまり、クメール人たちは、九世紀以降、ヒンドゥー教や仏教の文化の影響を受けながらではあるが、独自の美術・建築を創造していったのである。

中期カンボジアは、ジャヤ・ヴァルマン二世(在位八〇二~八三四)が登位してアンコール朝が起きたときに始まる。九世紀の終りにはヤショー・ヴァルマン一世(在位八八九~九一〇)が登位するが、この王はアンコール朝のはじめの都城としてヤショーダラプラを造営した。カンボジアではほとんどの国土が平地であって山地がないために、いかにして水を蓄えるかということが王たちの重要課題であった。そのため歴代の王はそれぞれ巨大な貯水池をつくったが、ヤショー・ヴァルマン一世も「ヤショーダラ・タターカ」(名声を保つ池)という巨大な貯水池をつくった。

カンボジアのヒンドゥー教

インドではシヴァのシンボルとしてリンガが崇拝されている。東南アジアにおいてもシヴァ・リンガへの崇拝はさかんにおこなわれた。また、アンコール朝におけるのみならず、ベトナムのチャンパー王国など東南アジア諸地域では、しばしばリンガの最上部に王の顔が彫られた。つまり、王はシヴァ神にほかならないと宣言されたのである。さらに、「人間の姿をとる」シヴァの姿なのだが、顔部のみは王の顔を刻んだシヴァ像も造られた。このような「王のリンガ」あるいは「王の顔を刻んだシヴァ像」の造営はインドではまず考えられない。というのは、インドでは第一の階層であるバラモンたちが権威を有しており、第二の階層に属する王たちが「自分は神だ」と宣言することを第一の階層のバラモンたちが許すはずもなかったからである。

一方、東南アジアでは、バラモンたちの数も少なく、その勢力は弱かった。したがって、王が「自分は神だ」と宣言し、さらに王の顔を写した神像を造ることをバラモン僧たちは禁ずることはできなかった。むしろ王が神であることを宣言する儀礼を執行する役目を負わされた。このように、東南アジアでは王が自分はシヴァあるいはヴィシュヌであると主張できたのである。

九五二年、ラージェーンドラ・ヴァルマン一世はかつてヤショー・ヴァルマン一世がつくった池（タターカ）の中央に「王のリンガ」（ラージェーンドラ・イーシュヴァラ）をおさめた。この寺院が東メボンである。「ラージェーンドラ」とは王の名前であり、「イーシュヴァラ」とはシヴァを意味する。ラージェーンドラであるイーシュヴァラ、つまり王とシヴァとの一体性を象徴したものが「王のリンガ」であった。また、ここにはラージェーンドラ・ヴァルマンの両親の遺像が祀られた。九六七年、ラージェーンドラ・ヴァルマン一世とその王子ジャヤ・ヴァルマン五世によってバンテアイ・スレイ寺院の建設が開始された。これは摂政《せっしょう》ヤジュニャヴァラーハの菩提寺、すなわち、死者の魂を祀る寺院ともいわれる。

ここで二つのことに注目しよう。すなわち、一つは王が自らをシヴァ神であると宣言して儀礼行為をおこなっていたことである。もう一つは、自分の父親や母親などの霊に対する崇拝つまり祖霊崇拝、さらには師などの霊に対する崇拝を重視したことである。このどちらもインド亜大陸ではほとんど考えられないことであった。少なくとも主流とはならなかった。

十二世紀はカンボジアのクメール文化の最盛期であった。十二世紀前半にスールヤ・ヴァルマン二世がアンコール・ワットを造営した。それまでの王たちの多くは自分がシヴァ神であると宣言したが、スールヤ・ヴァルマン二世は、自らをヴィシュヌであると宣言した。アンコール・ワットの中心の建物の回廊にはヴィシュヌを描いた浮彫りが多い。

アンコール・ワットは神殿なのか墳墓であるのかについてかつては議論がなされたが、今日では廟《びょう》であると考えられている。広大な敷地の中央に建てられた五つの尖塔を有するかの建造物はそこに登ることを拒絶しているようである。急な斜面を登って頂上にたどり着いても、そこには集会を開くような広い空間はない。またこの巨大な建造物はスールヤ・ヴァルマン二世一人の廟であって、歴代の王がここに葬られる場でもなく、あるいは歴代の王の霊をここで祀るための場でもなかった。

カンボジアではそれぞれの王のために、別個の巨大な廟が王の生前につくられた。王たちの遺体は茶毘に付されたと推定されている。おそらく、茶毘のあとの遺灰は廟のどこかにおさめられたのであろう。いくつかの寺院においては棺が見つかっている。しかし、今日、ほとんどの寺院あるいは廟は盗掘にあっており、王の遺灰あるいは遺骨がどのように葬られたのかは不明である。近年までは、寺院の敷地内に遺灰をもってきて寺院内に埋めるという風習があったが、この風習は最近、政府が禁止をするまでおこなわれていた。

周囲が約五・五キロもある堀に囲まれた広大なアンコール・ワットの「境内」のなかに多くの僧侶や官吏たちが住んだ形跡は見当たらない。当時の人々は、竹や木造の住宅に住んでいたようであり、王自身も木造の住宅に住んでいたと伝えられる。したがって、今日、当時の王たちあるいは国民が住んだ跡

アンコール・ワットの中央部　５つの尖塔を有している。

アンコール・ワット中央部の最上部から見下ろした回廊の一部

はほとんど残っていない。

少なくともアンコール・ワットという外廟によって囲まれた巨大な建造物は人々が住んで敵がくれば門を閉めて籠城するような、城や町ではなかった。そのような廟あるいは菩提寺を各王たちは造りつづけ、今日のカンボジアのかなりの地域にわたって一〇〇近い遺跡が残されているのである。

十二世紀末、ジャヤ・ヴァルマン七世は、アンコール・ワットのすぐ北にアンコール・トムを造営した。アンコール・トムの中央に本殿（バイヨン）がある。バイヨンの寺院の塔には巨大な人間の顔が一〇〇近く彫られている。これは観音菩薩の顔ではないかという説があるが、そうではないと思われる。観音菩薩は、阿弥陀仏の小さな姿（化仏《けぶつ》）を額につけることが多いが、バイヨンの「観音」の額にあるのは、格子のはまった窓である。おそらくバイヨンにみられる数多くの面はジャヤ・ヴァルマン七世自身の顔であろう。

ジャヤ・ヴァルマン七世には死後、「マハー・パラマ・サウガタ」という諱《いみな》が贈られた。「マハー」とは「偉大な」、「パラマ」は「最高の」、「サウガタ」とは、「スガタ」（完全に悟った者、仏）に帰依する人、つまり、仏教徒を意味する。彼は「偉大な最高の仏教徒」という称号を与えられていたのである。一般にアンコール・トムは仏教の寺といわれている。

それぞれの廟あるいは寺が仏教のものかヒンドゥー教のものであるのかという問題は、クメール文化にあっては微妙な問題である。アンコール・ワットから東北約六キロのところにジャヤ・ヴァルマン七世は十二世紀末に仏教寺院バンテアイ・クディを建立したのであったが、二〇〇一年にはこの寺院の境内において二七四体の破壊された仏像が地中に埋められていたのが発見された。それらの仏像は明らかに破棄されと思われる状態で折り重なって埋められていた。仏像の首を切り落とし、胴体部分を地中に埋めるほどであるから、クメール文化において仏教とヒンドゥー教のあいだに確執あるいは抗争がたしかにあったといえよう。

しかし、当時の仏教はヒンドゥー教のベースのうえに成り立っていた。アンコール・トムの場合も、仏教の建造物であったからといって、この廟全体が仏教の諸尊の像に満ちていたわけではない。八割方以上はヒンドゥー教の神の彫像や浮彫りで埋められており、残りの一割、二割は仏教の彫像であったと考えられる。それでも十分仏教の建物と考えられたのである。後世、仏教徒の王が亡くなり、ヒンドゥー王が登位すると、仏教徒の王の廟にあった仏像やその浮彫りは、壊されたり、入れ替えられたり、削り取られたりしたのである。

ラージェーンドラ・ヴァルマン一世と同様、ジャヤ・ヴァルマン七世は、一一八六年に母の冥福のためにタ・プロムを建て、九一年に父の冥福のために菩提寺としてプリヤ・カーンを建てている。タ・プロムはアンコール・トムのすぐ東側に、プリヤ・カーンは、アンコール・トムのすぐ北側に位置する。このようにして、王は菩提寺を国家的な事業として建てたのである。

ジャヤ・ヴァルマン七世は、治世中にラオスまで勢力を延ばしていた。ラオスの首都ヴィエンチャンにあるラオス最大の仏塔タートルアンにはジャヤ・ヴァルマン七世の顔を映したと思われる阿弥陀像が残っており、今日もラオスでは阿弥陀の仏陀像として尊崇されている。「仏教徒」ジャヤ・ヴァルマン七世は、自分は阿弥陀だ、と宣言したわけであるから、自分はシヴァやヴィシュヌであると宣言した前の王たちと同様のことをしたのである。

十二世紀にはシャム軍、すなわち今日のタイの軍隊は捕虜としてカンボジア軍に捕らえられ、軍隊として働かされていた。シャム軍の軍隊がカンボジア軍の一部として戦っている場面がアンコール・トムの壁に残されている。十二世紀、シャム軍はカンボジア軍の支配下にあったが、しかし一三五三年、シャム軍は第一回アンコール都城攻略をおこない、九四年には第二回アンコール都城攻略を敢行した。一四三一年、アンコール朝は陥落した。

十五世紀以降、カンボジアにおけるヒンドゥー教の勢力は衰えていった。もっともクメール文化再興の動きがないわけではなかった。例えば、一五二八年にはアンチャン一世がロヴェック都城を造営したのち、五〇年頃には旧都アンコールを発見し、六六年にはアンコール・ワットの壁の浮彫りを完成させている。そして、住民を移住させてアンコール朝を復興させようとした。しかし、十六世紀の終りにはロヴェック都城は陥落してしまった。十九世紀の中頃には、ベトナムのフエがカンボジアを併合する。一八八七年には仏領インドシナ連邦が成立したのである。このように十五世紀以降の後期においてカンボジアにとってヒンドゥー教はほとんど影響力をもたなかった。

タイのヒンドゥー教文化

前述のように十四世紀以降、カンボジアに大きな影響を与えたタイの歴史は、四期に分けられる。

第一期　紀元前後から十二世紀まで
第二期　スコータイ朝の時代　一二三八頃～一四三八年
第三期　アユタヤ朝の時代　一三五一～一七六七年
第四期　現在のタイの王朝ラタナコーシン朝（バンコク朝）　一七八二年～

第一期は、紀元前後にモン・クメール、タイなどの部族が漢民族の進出によって南下したことに始まる。すでに述べたように、秦の始皇帝は今日のベトナムの北部まで勢力を伸ばした。漢の時代に中国は、少なくとも北ベトナムに大きな影響を与えていたが、タイも中国の南下の影響を受けていた。七～八世紀に興った南詔《なんしょう》国が九〇二年頃に亡んだのち、九三七年、タイ族に属する段《だん》氏が大理《だいり》国を建てた。大理国は、今の雲南省の昆明《こんめい》のあたりに存在した王国であったが、一二五三年、フビライ・ハンによって併合された。また九世紀中頃には、タイ族出身のプロム侯がミュアン・ファンを建設したといわれる。一〇四四年、タイ族はミャンマー（ビルマ）にあらわれたアノウラタ（アノーヤター）王に征服され、一時、パガン朝の占領下におかれたが、九六年には、プロム侯の末孫にあたるクン・チョームタムがパーヤオ市を建設し、独立したタイ国が生まれた。これがタイの国の実質的な建設である。

第二期の十三世紀の初めまでタイ族はカンボジアの勢力のもとにあった。戦時にはタイ族が傭兵として働かされていたのである。アンコール・トムを建てたクメール朝のジャヤ・ヴァルマン七世の勢力は今のタイ領、あるいはラオス領にもおよんでいたが、このカンボジア王が亡くなると、一二三八年にタイ族はバンコクから北北西にあるスコータイを攻略し、その地を中心にスコータイ朝を建設した。

スコータイ朝は第三代ラームカムヘン王の時代（一二七九頃〜九八年頃）に黄金期を迎えた。この王はタイ文字を定め、中国との貿易にも力をそそいだ。この王朝の台頭にともない、カンボジアのクメール朝が急速に力を失った。スコータイ朝はマレー半島、東インドのベンガル半島まで力を伸ばしていった。

クメール朝のチャム人たちの場合のように、王は神であると崇める神王崇拝は東南アジアにおいてよくみられたが、タイにおいても、仏教を保護したスコータイ朝の王たちはダルマの化身であると考えられた。王たちは「ダルマ・ラージャ」（法の王）と呼ばれ、仏教の真理を具現する者が王であると信じられていた。インド本土においては十三世紀の初頭から急速に大乗仏教が亡び、ヒンドゥー教徒の力も減少していったが、タイにおいては、それまで押さえられ気味であった初期テーラヴァーダ仏教が勢力を強めた。

一三五一年、ラーマーティボーディ一世によりアユタヤ朝が築かれた。アユタヤ朝が築かれると、スコータイは国を分離させられて、国力は衰えていった。スコータイ王家の親戚であったアユタヤ朝のナレースエン王子が後をとるかたちとなってアユタヤ朝に吸収された。その後、現王朝のラタナコーシン朝（バンコク朝）がバンコクの郊外にあるトンプリに都を移し、さらに一七八二年に現在のバンコクを首都として今日に至っている。「ラーマーティボーディ一世」という名称と同様、バンコク朝の王たちも「ラーマ」というヒンドゥー教の一主要神の名前で呼ばれてきた。二〇一四年現在のプーミポン国王はラーマ九世である。歴代のタイの王が「ラーマ」というヒンドゥー教の一主要神の名前で呼ばれてきたことからもうかがうことができるように、ヒンドゥー教の伝統がタイからまったくなくなってしまったわけではない。タイ王室には王室付きのヒンドゥー教僧(プローヒタ)が存在するといわれている。

　今日のタイにおいて仏教が主要な宗教であることはよく知られているが、ヒンドゥー教三主要神の一人であるブラフマー神への崇拝も盛んである。インドでは仏教が誕生する紀元前五～前四世紀頃までには、ブラフマー神の力は衰え、ヒンドゥー教はヴィシュヌ神とシヴァ神、二つの神に二分されていた。勢力が弱くなったバラモン系の神は非バラモン系の仏教に取り入れやすい。釈迦《しゃか》が生まれたとき、その赤子を取り上げたのはブラフマーであるという伝説はアジア諸国において今日でも語り伝えられている。このように、かつて力があった由緒正しき神々を仏教は取り込んだのである。仏教のなかのブラフマー神は、中国、日本では梵天《ぼんてん》と呼ばれる。

　現在のタイ、とくにバンコクにおいてブラフマー信仰は盛んである。この理由としては、初期仏教の

ブラフマー神の社　バンコクではおびただしい数のブラフマー神の社が建てられている。

顔の彫り込まれたシヴァ・リンガ　このリンガは仏教寺院ワット・ポーの境内にある。カトマンドゥ盆地と同様，バンコクではシヴァ・リンガが仏教寺院の境内にあることは珍しくない。

時代からブッダとブラフマー（梵天）の関係は深かったということに留まらず、タイにおいては仏教の力が大きいゆえに、ヴィシュヌやシヴァを崇拝するよりブラフマーを崇拝するほうが仏教の基本的な態度を崩さなくてすむということが考えられる。

仏教寺院においても原初の蛇アナンタの上で眠るヴィシュヌの臍《へそ》からブラフマーが生まれてくるというたインドでもよく知られた場面が壁などに描かれているのを見ることができる。また、シーター姫を助けるために猿王ハヌマーンが活躍する『ラーマーヤナ』のエピソードを描いた浮彫りや、シヴァのリンガも町のあちこちに見られる。このようにして、ヒンドゥー的なエレメントはタイのなかでまだ生きているが、仏教のほうが優勢であることはいうまでもない。バンコクにはインド人街もあり、彼らが建立したヒンドゥー教寺院もいくつか活動を続けている。

2　インドネシアのヒンドゥー教文化

スマトラとジャワのヒンドゥー教

インドネシアにおいては十四〜十五世紀まではヒンドゥー教が流布していたが、今日では、イスラーム教の勢力が強い。スマトラ、ジャワ、バリの三つの島がヒンドゥー教の舞台としては重要であった。ボルネオ島にもヒンドゥー教が伝えられたのではあるが、この島ではヒンドゥー教はそれほどの勢力を得ることはなかった。一方、今日残っているボロブドゥールなどをみるとスマトラやジャワでは、大乗仏教の遺跡が残っており、大乗仏教もある程度の勢力をもっていたことがわかる。

スマトラにはおそらく四世紀の初め頃からインド人たちが移住していたと考えられる。四一一年、東晋の法顕《ほっけん》がインドネシアの耶婆（ヤヴァ）を訪れている。この耶婆はジャワではなくスマトラであったかもしれないが、確証はない。

南スマトラのパレムバンの河口にシュリーヴィジャヤ王国が建てられた。「シュリー」とは、サンスクリットで「栄えある」ということであり、「ヴィジャヤ」とは勝利を意味する。スマトラ島部のタラン・トゥオ出土の六八四年の銘のある碑文からはこの国の王が仏教徒であったことがうかがわれる。

シュリーヴィジャヤ王国は、スマトラの商業、政治の中心勢力であり、中国やインドとの交易をさかんにおこなった。五世紀中葉の中国の文書にある「千陀利」はシュリーヴィジャヤのことであろう。唐の巡礼僧義浄《ぎじょう》が七世紀後半にこの王国を訪ねている。彼は、六七一年、インドに行く途中でこの国に立ち寄り、六カ月間滞在しサンスクリットを学んだ。インドからの帰途、六八七年から三年間、彼は再びシュリーヴィジャヤに滞在した。その国では千人以上の仏教僧がいた、と彼は記している。そこには、当然ヒンドゥー教徒もいたと思われるが、義浄の記録には記されていない。この王国は九世紀の初め頃から、衰えていった。

北スマトラのバルモン川とパネイ川の上流には、パネイ王国があった。この王国は、十一世紀には南インドのチョーラ朝に隷属し、十四世紀頃にはジャワのマジャパヒト王国の覇権を認めていたといわれる。この地においてヒンドゥー教のはっきりした遺跡はほとんど残っていない。

スマトラには、今日、塔形の建築物チャンディーが残っているが、これは墳墓と考えられる。王が亡くなったときに、その遺灰を祀って、その王の霊位を保つための装置だったのであろう。この墳墓とヒンドゥー教との関係の有無ははっきりしない。少なくともヒンドゥー教文化の影響を多分に受けたクメールの王たちの廟とは異なるものであったと思われる。

インド文化の影響がスマトラをとおしてジャワの中部におよぶと、この地では独特のインド的文化が開花した。その後、イスラーム教の進出に影響されて文化の中心はジャワの東部に移った。さらに、東部に行ったインド文化の影響を受けた人々もイスラーム教の影響を逃れて、次にはバリへと移った。今日に至るまで、ジャワ島の文化の中心は西部のジャカルタと、中部のジョグジャカルタである。

ジャワの時代区分は三つに分けることができる。第一期が、八世紀から十世紀、第二期は、十世紀から十五世紀、第三期は、十五世紀から今日、二十一世紀までである。第一期は中部ジャワの時代、第二期は東部ジャワの時代、第三期は現代である。インドネシアにおけるヒンドゥー教文化を考える場合、第一期と第二期が重要である。中部ジャワの時代には美術や工芸をみても、インド文化の影響を多大に受けて発展してきた。第二期の東部ジャワの文化は、インド文化の模倣から、インドネシア独自のものをインド的な文化のうえに乗せて進んでいった時代である。

バリのヒンドゥー教

インドネシアのジャワ島の東端から数キロ離れてバリ島がある。この島の面積は五五六〇平方キロ、

中部バリのタマン・アユン寺　中部バリのメングウィ王国（17～19世紀）の国寺として1634年に建てられた。須弥山（スメール，メール）を象徴する多くの層（つねに奇数）を有する塔が多数みられる。

人口は二〇〇五年現在、約三五〇万と推定される。全人口の八割強はヒンドゥー教徒であるが、インドネシアにおいてこのようにヒンドゥー教が強く残っているのは、バリ島のみである。紀元八～九世紀にはジャワ島からバリにヒンドゥー教が導入されたと考えられる。もっともバリの初期ヒンドゥー文化はインドから直接伝えられたという説もある。一二九三年、東ジャワにヒンドゥー王国マジャパヒトが興ると、バリにもヒンドゥー教文化が導入された。一五二七年頃、マジャパヒト王国が亡ぶと、その王国の王族や僧侶たちがバリに逃れた。そして、彼らがバリにおけるヒンドゥー教の教義、儀礼、寺院建築、さらには行政組織などの整備に貢献したのである。ジャワからヒンドゥー教文化が導入されて以来、バリの土着的文化と結びついてインドのヒンドゥー教とはかなり異なったかたちの崇拝形態が生まれた。もっとも今日、とくにバリ島の北部はイスラーム教徒の数が急速に増加しており、島の東端部にはいわゆる自然宗教の形態を守っている人々もいる。

　バリのヒンドゥー教はしばしば「アーガマ・ティールタ」というサンスクリットに由来するインドネシア語で呼ばれる。「アーガマ」は「伝えられたもの」すなわち教えであり、「ティールタ」とは、この場合は河岸あるいは泉からとられた聖なる水のことである。インドネシア語では修飾語は被修飾語のあとにくる。したがって、「アーガマ・ティールタ」は「聖なる水の教え」を意味する。たしかにバリのヒンドゥー教の儀礼では聖水による浄化が重要な役割をはたしている。僧たちは草の葉を棒状にまとめて糸で縛ったものの先を壺に入った聖水につけ、そこからしたたる水を浄化すべき人や道具に振りかけるのである。

バリのヒンドゥー教は、インド亜大陸のヒンドゥー教とかなり異なっているが、やはり「ヒンドゥー教」と呼ぶべきであろうと思われる。ヒンドゥー教はヴァルナ制度を「畑」としており、「畑」のない地域には一般的には育たない。バリにあっては、葬儀のための寺院(プラ・ダラム)はヴァルナ別に建てられることがあるという例からもうかがうことができるように、バリ・ヒンドゥー教の場合にもヴァルナ制度は実質的に機能している。また、バリ島におけるもっとも聖なる山アグンの中腹にはバリのヒンドゥー教の「総合センター」ともいうべきベサキ寺院があるが、ここにはバリのヒンドゥー教を統括するようないわゆる本山があるわけではなく、さまざまなヴァルナあるいはジャーティに属する人々がそれぞれ別個に寺院を建てている。このようにバリのヒンドゥー教がヴァルナ制度に基づいているという意味では、バリ島のヒンドゥー教は「ヒンドゥー教」の主要な特徴を有しているといえよう。

ヒンドゥー教の中心思想である輪廻思想はバリの人々のなかで生きている。ダルマつまり「正義、義務」の実践が来世におけるよりよき状態(趣《しゅ》)に至るための条件と考えられている。したがって、業(カルマ)の理論も人々に一般に受け入れられている。しかし、輪廻や業の思想はバリではインドにおけるそれとはかなり異なる。というのは、バリにおいては祖霊崇拝が勢力を有しており、バリにおける輪廻思想は祖霊崇拝と組み合わさったものだからである。例えば、死者の霊は荼毘(ガベン)や散灰(ムムクル)などの儀礼を経て浄化されたのち、聖なるアグン山やほかの霊場をめぐり、生前の家に戻り「生前の行いがよければ、元の家族の一員として生まれる」という。一方、インドのヒンドゥー教では、死後四九日(中有の期間)を経たならば、死者の魂は六道(天、阿修羅《あしゅら》、人間、動物、餓鬼《がき》、地獄)のいずれかのあり方(趣)において新しい身体を得ると信じられており、それぞれの魂が生前の家に戻ってくると考えられているわけではない。

バリ州は八県に分かれ、それぞれの県は五二の郡に、さらにはデサ(デサ・アダート)と呼ばれる慣習区に分かれている。デサとはサンスクリットの「デーシャ」(地域、国)に由来する語であるが、バリでは「村」を意味する。一つのデサは、通常、数百から千の所帯を有する。

それぞれのデサには三つのヒンドゥー教寺院(プラ)がある。すなわち、プラ・デサ(地域の寺)、プラ・プサ(村の中心の寺)、およびプラ・ダラム(死者儀礼のための寺)である。「プラ」とはサンスクリットでは「城壁などに囲まれた町」あるいは町一般を意味するが、バリでは寺院のことである。

デンパサールから北東に約一〇キロの地点に、バトゥワンと呼ばれるデサがある。このデサにはプラ・デサとプラ・プサが隣接してあり、少し離れたところに異なったヴァルナに対処するため二つのプラ・ダラムがある。

バリの寺院の場合、通常「チャンディー・ブンタール」と呼ばれる「門」が入り口として用いられる。

これは山が縦に割れたような形をしている。この割れ目を通って異界すなわち「聖なる」世界に入るのである。この形式の門あるいは入り口は今日ジャワにもみられるが、インド・ネパールにはみられないゆえに、ジャワから伝えられたのであろう。一般にバリ島のヒンドゥー文化は、インドからジャワに伝えられたものが、ジャワにおいて変化し、それがバリに伝えられたものと考えられる。

バトゥワンのチャンディー・ブンタールの入り口より入ると、プラ・プサの「前の境内」に出る。「前の境内」の奥に「中の境内」があり、さらに奥には「奥の境内」がある。三つの領域に区切られたこの寺院全体が身体と相同関係におかれている。すなわち、「前の境内」をはじめとする三つの領域はそれぞれ「神」の脚、胴、頭と考えられている。

バリのヒンドゥー教寺院においておこなわれる儀礼の典型は、神を迎え、衣服を改めてもらい、供物を捧げたあと、帰ってもらうというものである。これは、神を迎え入れ、供物を捧げてもてなし、神が帰るのを見送るというヒンドゥー教のプージャーと基本的構造は似ている。

バリの儀礼の一つの典型は次のようである。まず神々はプラサンと呼ばれる建物へと呼び集められ、次に神々は本殿パンギアス・アグンへと導かれる。この本殿において神々は「御召替えをする」。その後、神々はこの神殿の東隣にある社プンガルマンに導かれ、そこで供物を受け取り「それぞれやってきたところに帰る」のである。もっとも儀礼によって招かれた神々が案内される社は異なる。このような儀礼のシステムはジャワから十二〜十三世紀に伝えられたといわれるが、今日のジャワにはそのシステムは残っていないと思われる。「プンガルマン」とは、よい香りをつけられたところを意味し、神々が供物を受け取る社をいう。バリのヒンドゥー教では、神のおりる場所は香りのよいところであるべきだと信じられている。このような香りに対するこだわりは、インドやネパールのヒンドゥー教寺院にはみられない。

儀礼において神がプサランなどの神殿におりてきたことは、バトゥワン地区に住むある僧侶は「眉間のあたりで感じることができる」と答えていた。「神がおりてきたときにはしゃっくりに似た声がでる」とも述べていた。プラ・プサにはしばしば「タクス」と呼ばれる神の社がある。「タクス」は、才能、天分、能力を意味する。儀礼においては、タクスは人が神憑《がか》りになるときの資質および能力を意味すると思われる。神がおりる器となるためには資質に恵まれていなければならないのである。このような資質を神格化して「タクス」と呼び、その神の宿る社を設けていると考えられる。

このような精神生理学的変化は、シャマニズム的身体技法の残っているところであれば普通に観察できることがあるが、バリ島では今日も憑依《ひょうい》状態になる人々はすこぶる多く、そのような人々による病気治療、占いなどがさかんにおこなわれている。憑依や脱魂などの神憑り状態になった者たちを中心とする宗教形態を「広義のシャマニズム」と呼ぶとすれば、バリには広義のシャマニズムが強く生き残り、バリのヒンドゥー教と混淆していると考えられる。

バリ・ヒンドゥー教の一年は六カ月であり、一カ月は三五日である。この暦によってほとんどの宗教儀礼がおこなわれる。バリの正月、つまり一月の中旬には、ガルンガン祭がある。この祭りでは先祖の魂をそれぞれの家に迎え入れ、もてなし、下旬には祖霊たちを見送るクニンガン祭がおこなわれる。こ

バリ島でおこなわれたサラスヴァティー女神への供養祭(プージャー，ウパチャラ)**の供物**　バリでは儀礼は一般にウパチャラと呼ばれる。この儀礼は毎年太陽暦の9月におこなわれる。バトゥワン寺のプラ・プサにて。

の祭りはそれぞれの家が家庭内でおこなうものではあるが、ガルンガンの日にはプラ・プサに人々は供物を持って集まり、僧侶が祖霊を迎える儀礼をしたあと、人々は僧侶たちから聖なる水(ティールタ)を頭に振りかけてもらうのである。

プラ・デサ、プラ・プサでは、その寺院建立記念のための祭り(オダラン)、太陽暦の九月中旬におこなわれるサラスヴァティー・プージャー(弁財天の供養祭)などがおこなわれている。このバトゥワン村の場合には、「中心の寺」(プラ・プサ)に隣接してプラ・デサ(地域の寺)がある。

バリのヒンドゥー教にとって神々に捧げられる供物を無視することはできない。社の内部は通常は空であるが、儀礼があるときには、「チャナン」と呼ばれる供物が置かれる。「チャナン」とは、ヤシの葉でつくられた底の浅い箱のなかに葉や花などが盛られたものであり、この種の供物は自動車の運転席の前、家の前、四辻、寺院にある数多くの社など、要するにほとんどあらゆるところに置かれる。神はどこにでもいる、と考えられているからである。

バトゥワン村にはプラ・プサとプラ・デサのほかに、プラ・ダラムがあるが、この寺院は主として死者儀礼のための寺である。バトゥワン村には、異なるカーストの人々に対応するため二つのプラ・ダラムがある。プラ・デサとプラ・プサが隣接して建てられることはしばしばあるが、プラ・ダラムは通常、プラ・プサから離れた町はずれにある。この寺院の隣には巨大なバニヤン樹（榕樹）が植えてあり、その根元には布でくるまれた遺体が荼毘に付されるまでのあいだ埋められていることが多い。もっとも遺体がプラ・ダラムの建物のなかに持ち込まれるとは限らない。遺体が安置される建物はプラ・ダラムの近くに建てられている。

プラ・デサ、プラ・プサ、プラ・ダラムの三つの寺院はそれぞれブラフマー、ヴィシュヌ、シヴァを祀る寺院と考えられている。またバリのヒンドゥー教においては、インドにおけると同様、これらの三主要神は三位一体なのである。三つの寺院が「神の三つの身体」であるとともに、三つにして一つである「神の部位」である。このような意味で三つの寺院それぞれ「神の三つの身体の部位」（トリ・カーヤ・アンガム）と呼ばれている。

たしかに、プラ・デサの中心の社はブラフマー神の絵が描かれており、プラ・プサにはヴィシュヌ神や彼の乗り物であるガルダ鳥の絵がみられる。また、シヴァは破壊の神であり、死体を火によって破壊するという意味で、プラ・ダラムはシヴァを祀る寺院といわれる。しかしながら、これら三つの寺院とヒンドゥー教三主要神とは実質的な呼応関係はない。元来はヒンドゥー教とは異なる「ジャワ・バリの宗教的伝統」のうえにインドから伝えられたヒンドゥー教という巨大な「文化の蓋」がかざされたのである。

ヒンドゥー教の聖地と遺跡

中国
太平洋
ミャンマー
ハノイ
ラオス
ヴィエンチャン
ベトナム
ミソン p.293
タイ
バンコク
アンコール・ワット p.300
カンボジア
プノンペン
南シナ海
フィリピン
マレーシア
クアラルンプール
スマトラ島
シンガポール
ボルネオ島
スラウェシ島
インドネシア
パレムバン p.308
ジャカルタ
ジャワ島
バリ島
タマン・アユン寺 p.310
バトゥワン寺 p.312

ヒンドゥー教の歴史

宗教《しゅうきょう》の世界史《せかいし》 2　ヒンドゥー教《きょう》の歴史《れきし》
2014年 7 月20日　1 版 1 刷 印刷　　2014年 7 月30日　1 版 1 刷 発行
著者　立川武蔵《たちかわむさし》　　発行者　野澤伸平
発行所　株式会社 山川出版社　〒 101–0047 東京都千代田区内神田 1–13–13
電話 03–3293–8131(営業) 8134(編集)　振替 00120–9–43993　http://www.yamakawa.co.jp/
印刷所　明和印刷株式会社　　製本所　株式会社 ブロケード　　装幀　菊地信義
©Musashi Tachikawa 2014　Printed in Japan
ISBN 978–4–634–43132–4
・造本には十分注意しておりますが，万一，落丁本などがございましたら，小社営業部宛にお送りください。
送料小社負担にてお取り替えいたします。　　・定価はカバーに表示してあります。

立川武蔵　たちかわ むさし
1942年生まれ。名古屋大学文学部卒業
国立民族博物館名誉教授
主要著書：『中論の思想』(法蔵館 1994)，『ブッディスト・セオロジー』I-V(講談社 2006-08)，『ヒンドゥー神話の神々』(せりか書房 2008)，『ヒンドゥーの聖地』(山川出版社 2009)，『ブッダから，ほとけへ——原点から読み解く日本仏教思想』(岩波書店 2013)

カバー表　ヤントラ。ユニフォトプレス提供
カバー裏　ヒンドゥー教の神々。大村次郷氏撮影

付録

用語解説

ア

アグニ Agni
火の神。印欧語族は古来，火の崇拝を有していたが，印欧語族に属するインド・アーリヤ人の最古の文献『リグ・ヴェーダ』においても，火の神アグニに対する讃歌はすこぶる多い。太陽の有する性質の神格化であるアグニは，火に存する神であるとともに，炎そのものでもある。アグニは天界に住む神々の使者として火のなかに捧げられた供物を天界の神々に届ける。『リグ・ヴェーダ』においてアグニに捧げられる讃歌は，全体の約 5 分の 1 を占め，1 人の神に捧げられた讃歌の数としてはインドラに次いで第 2 位である。アグニは，後世，その力を失い，ヒンドゥー教のパンテオンでは一守護神の位置に転落した。後世，図像に表現されたアグニ（右）は髭をはやし，杓を持ち，三角（火のシンボル）を持ち，山羊に乗ることが多い。

『アタルヴァ・ヴェーダ』*Atharva-veda* → ヴェーダ

アートマン ātman
個我《こが》。霊魂。インド人の本格的な哲学的思索は，紀元前 8 〜前 7 世紀のウパニシャッド聖典群に始まる。ウパニシャッドは，個々の人間に宿るアートマン（個我）と世界（宇宙）の根本原理ブラフマン（梵《ぼん》）とが究極的には同じものだと主張した。世界原理は宇宙を超越したものではなく，世界に内在するものである，とウパニシャッドの哲人たちは考えたのである。ときとしては，世界原理と現象世界との区別はないとも考えられた。神と世界と人に関する「世界原理と個我は同じものだ」というような考え方はインド精神を貫く柱となった。さまざまな川の水が大洋へと流れ込んだあとはどの川の水であったのかはわからなくなるように，個我が世界原理ブラフマンと合一すると両者の区別はなくなる，と初期ウパニシャッドはいう。

アビウダヤ abhyudaya
世俗的繁栄。現世利益《りやく》。古代インドにおいて人々が求めたものはアビウダヤとニヒシュレーヤサ（精神的至福）であった。ダルマ（名誉），アルタ（財），カーマ（愛欲の対象）およびモークシャ（解脱）はインド人にとっての人生の 4 目的といわれるが，前者 3 つがアビウダヤであり，第 4 がニヒシュレーヤサである。ヒンドゥー哲学の一派ヴァイシェーシカ学派の『ヴァイシェーシカ経』[1.1]（2 世紀頃の編纂）はダルマに基づいて現世利益（アビウダヤ）と精神的至福（ニヒシュレーヤサ）があると述べている。

アーラニヤカ āraṇyaka
森林書。各ヴェーダに属し儀礼の手順細目や神話の解釈を述べる一連の書。「アーラニヤカ」とは，「アラニヤ」（araṇya）の派生語である。「アラニヤ」とは森林のことであり，人気のない森林のなかでひそかに伝授されるべき内容の書という意味で「森林書《アーラニヤカ》」と呼ばれてきた。『リグ・ヴェーダ』や『ヤジュル・ヴェーダ』などのそれぞれのヴェーダ本集（サンヒター）に付属するアーラニヤカが定められている（本文30〜31頁の表参照）。

アルジュナ Arjuna
「五王子」と「百王子」との戦いを描く叙事詩『マハーバーラタ』の主人公の 1 人。五王子軍の総指揮官であるアルジュナ王子に向かって彼の御者であった神クリシュナ（ヴィシュヌ）が「戦争をして武士としての義務行為をなせ」と説くくだりが『バガヴァッド・ギーター』として叙事詩『マハーバーラタ』のなかに挿入されている。その戦いで両軍のほとんどの兵士が死んでしまうのだが，アルジュナ(左)もまた戦死する。

アルタ artha
財。人生の４つの目的のうちの１つ。→ ダルマ(1)

インドラ Indra
ヴェーダの宗教において勢力のあった神。仏教に取り入れられて帝釈天となった。インドラへの讃歌は『リグ・ヴェーダ』の約４分の１を占めており，『リグ・ヴェーダ』が編纂された時代には，インドラはもっとも人気のある神であった。彼が生まれるや，母は胎から出た彼を捨て，インドラは父を殺した，という。世界(宇宙)の法則を司り自分自身姿を見せないヴァルナ神などとは異なって，インドラの生涯はほかの者たちとの闘争に満ちている。全身茶褐色，頭髪もまた茶褐色である。風神マルトの群を従え，象アイラーヴァタに乗っている(中央)。彼のために工巧神トゥヴァシュトリがつくった武器ヴァジュラ(vajra, 雷，のちに金剛杵となる)を持って敵を殺す。英雄神インドラの幾多の武勇伝のなかで有名なものは，龍の姿をした敵ヴリトラを殺戮《さつりく》してそれまでヴリトラが占有していた水を解放した話である。

ヴァイシェーシカ学派 Vaiśeṣika
自然哲学を研究するインド哲学学派。この学派によれば，この世界は，地，水，火，風などの「実体」，色彩，味，香りなどの「属性」，上昇，下降などの「運動」，「普遍」，「特殊」，実体と属性の関係(あるいは実体と運動の関係)などである「和合」，「欠如」という７種の原理(カテゴリー)の組合せによってできあがっている。この７種の構成要素の組合せによって世界の構造を示すことがこの学派の主要関心事である。この学派によれば，精神的至福(ニヒシュレーヤサ)はアートマン(我《が》)という実体に苦しみという属性が存在しないことである。

ヴァルナ Varuṇa
宇宙の理法を司る神。ヴェーダの宗教にあってヴァルナは宇宙の理法を司り，神々の主であった。とくに水を支配する神として知られていた。ヒンドゥー教の時代には，その力を失い，水の神に留まる。彼は海の怪物マカラにまたがって，手に縄索を持った姿であらわされる。後世，例えばインドの西海岸では，ヴァルナは海，井戸，川に住むと考えられ，水夫や海の仕事に携わる者たちがこの神の機嫌をとるため供物を捧げた。北インドにおいては，彼は天候と河川を支配するとされ，舟を進水させるときには，舟乗りはヴァルナの名を唱えながら供物を流れのなかに投げ入れる。

ヴァルナ(制度) varṇa
バラモン教およびヒンドゥー教における身分制度。インド・アーリヤ人は，五河地方(パンジャーブ地方)に侵入した際，先住民を征服した。この支配された先住民を第４番目の奴隷階級(シュードラ, śūdra)として，その上に最高位の僧侶階級（ブラーフマナ，brāhmaṇa），第２番目の武士階級（クシャトリヤ，kṣatriya）および第３番目の商人階級（ヴァイシュヤ，vaiśya）を合わせて４つの階級（ヴァルナ）を定めた。この社会制度は以前「カースト制度」と呼ばれることが多かったが，今日では「ヴァルナ」の呼び方のほうが一般的である。「ヴァルナ」とは色彩を意味するが，おそらく肌の色を指していたのであろう。４つの階級の名称はすでに『リグ・ヴェーダ』にあらわれるが，社会の実質的な枠組として機能し始めたのは紀元600年頃と推定される。戸籍制度のもとで法制化されるのはイギリス帝国支配のときである。ヒンドゥー教はカースト（ヴァルナ）制度のある社会にしか存続できない。

ヴィシュヌ Viṣṇu

ヒンドゥー教における３主要神の１人。世界の維持を司る。人々を救うためにヴィシュヌは時代の状況に合わせて自らの姿を変えて化身（アヴァターラ，世に降り立ったもの）としてあらわれるという。ヴィシュヌの化身思想は10世紀頃までには整備されて，一般に10種の化身が数えられるようになった。世界は，４周期をかけて良き時代から末世へのサイクルを繰り返す。その周期ごとにヴィシュヌは異なった化身の姿をとる。第１の良き時代（クリタ・ユガ期）には魚，亀，野猪，人獅子，第２期（トレーター・ユガ期）には倭人《わいじん》，武人パラシュ・ラーマ，ラーマ，第３期（ドゥヴァーパラ・ユガ期）にはクリシュナ，第４期（カリ・ユガ期）にはブッダおよびカルキという化身としてあらわれると考えられた。ヴィシュヌは人間に似た姿でもあらわされるが，この場合は，両脚をそろえ，胴もひねることなく直立し，チャクラ（輪），ホラ貝，棍棒を持ち物として持つのが一般的である。この場合のチャクラとは，外側に刃のついた輪であり，的に投げつけて殺傷するための武器である。

ヴェーダ veda

「ヴェーダ」は元来，知識を意味するが，一般にはヴェーダ文献を指す。『リグ・ヴェーダ』は10巻からなり，補遺歌１篇を加えて1028篇の讃歌よりなる。『リグ・ヴェーダ』*Ṛg-veda* に加えて『ヤジュル・ヴェーダ』*Yajur-veda*，『サーマ・ヴェーダ』*Sāma-veda*，『アタルヴァ・ヴェーダ』*Atharva-veda* をヴェーダ本集（サンヒター）という。これらのうち最古のものであり，現在伝えられるヴェーダの神々に関するエピソードの原型はおおむね『リグ・ヴェーダ』に由来している。ヴェーダ本集のうちに数えられてはいるが，『アタルヴァ・ヴェーダ』はほかの３つとは性質を異にしている。ほかの３つのヴェーダは「三部作」と呼ばれ，元来性質を共通にしているヴェーダであったが，『アタルヴァ・ヴェーダ』は当初からヴェーダと呼ばれていたのではなかった。このヴェーダが主として，アーリヤ系以外の伝統をも含んでいることもしばしば指摘されている。ヴェーダ本集（サンヒター）が編纂されたのち，そこに簡単に述べられたにすぎない儀礼のやり方に対する詳細な規定，儀礼行為の解釈などを述べるブラーフマナ文献群（梵《ぼん》書）およびアーラニヤカ文献群（師が弟子にアラニヤ〈森林〉のなかで伝える森林書）が出現した。これらの文献を広義の「ヴェーダ」と呼ぶ。狭義のヴェーダは『リグ・ヴェーダ』などのヴェーダ本集（サンヒター）をいう。

ヴェーダーンタ学派 Vedānta

インド最大の哲学学派。「ヴェーダーンタ」とは「ヴェーダの最終部分」を意味するが，ブラーフマナ文献やアーラニヤカ文献のようにヴェーダ本集（サンヒター）に付随するもの

ではない。この学派は，ウパニシャッド聖典群の再解釈によってヴェーダの伝統（バラモン教）を再生させようとした。バーダラーヤナの『ブラフマ・スートラ』（紀元400〜450年）がこの学派の根本経典となり，ほかの諸学派の場合と同様に，後世のヴェーダーンタ学派の歴史はこのスートラに対する註釈の歴史といえよう。8世紀前半のシャンカラは，『チャーンドーギヤ・ウパニシャッド』の有名な文章「汝はそれである」[6.10.3]に基づき，「汝」すなわちアートマン（個我《こが》）は「それ」すなわちブラフマン（世界原理）と同一である，と考え，この考え方を基本にして『ブラフマ・スートラ』に註を施した。11〜12世紀のラーマーヌジャは，個我（アートマン）と世界（ジャガット）は神イーシュヴァラ（すなわちブラフマン）が，シャンカラが考えたように同一というわけではなく，個我と世界とは神に対してある程度の独立性があると主張した。13世紀のマドゥヴァによれば，アートマンとブラフマンとはほとんど同じ度合において存在すると考えた。このように，ヴェーダーンタ学派は，神の実在性を疑うことはないが，アートマンとの関係に関してはさまざまに考えてきた。

ウダヤナ Udayana
11世紀のインドの実在論哲学者。論理学を主として研究するニヤーヤ学派と自然哲学を研究するヴァイシェーシカ学派の統合の立場に立った。神の存在を認めており，彼の立場は一種の理神論といえよう。解脱のためには身体や儀礼も必要であると主張した。彼によればすべての人が解脱することができる。『アートマンの本質の解明』（アートマタットヴァ・ヴィヴェーカ）を著して仏教哲学を批判した。

ウパニシャッド upaniṣad
ヴェーダ本集以後，仏教の誕生前後に編纂された主知主義的立場に立った聖典群。「ウパニシャッド」とは，元来は「近くの」（ウパ）「座」（ニシャッド）あるいは侍坐の意味であったが，転じて「秘密の教え」をいうようになり，さらにはその秘密の教えを述べる文献を意味するようになった。インドでは宗教的知識や儀礼執行の方法は父から子へ，祖父から孫へ，あるいは師から少数の「内弟子」へと伝えられたが，ウパニシャッドもまたそのようなバラモン的伝授によって伝えられたものと考えられる。ウパニシャッドの思想は，ヴェーダおよびブラーフマナにみられる儀礼主義に対する反動と考えられるが，これは，世界（宇宙）原理としてのブラフマンと個我《こが》としてのアートマンの本来的自己同一性を直証《ちょくしょう》する形而上学的知を求めるものであった。

カ

ガネーシャ Gaṇeśa
象面神。「ガネーシャ」（ガナ・イーシャ）とは，「ガナ」（眷属《けんぞく》，取巻き）の「イーシャ」（長，主）つまり，シヴァを取り巻く眷属たちの長を意味する。「ガナ・パティ」（眷属の主）ともいう。象面人身のこの神がシヴァの息子としての地位を確立するのはそれほど古いことではない。ガネーシャという神格そのものがむしろ新しい。南アジアおよび東南アジアにおいてこの神ほど人々に親しまれている神はないであろう。図像に表現された場合には，大根，斧，鉤，団子（モーダカ）を持つことが多い。シヴァ，パールヴァティー（あるいはドゥルガー）と彼らの2人の息子スカンダとガネーシャが「家族」としてしばしば表現される。

カーマ kāma（愛欲の対象） → ダルマ(1)

カーマ Kāma

愛の神。『リグ・ヴェーダ』において「カーマ」という語は喉の渇きを癒そうとする心，幸福を望むことの意味で用いられているが，後世，人格化されるとともに，性的な意味が加えられていった。カーマ(左)が放った矢に射られた者は彼によってあらかじめ意図された相手に恋心をいだくという。つまり，キューピッドなのである。カーマの矢に射られたシヴァは，しかし，ヒマーラヤの山の王の娘パールヴァティーに対して恋心をいだかず，額の第３の目から熱線を出してカーマを焼いてしまう。灰になってしまった「体なき者」(アナンガ)の夫を見て，妻のラティ(性愛の喜び)が嘆く場面は，カーリダーサの美文体詩『王子の誕生』のなかで有名である。

カーリー Kālī

とくにベンガル地方で有名な女神。犠牲の生き血を好むといわれる。女神崇拝の聖典『デーヴィー・マーハートミヤ』(女神の偉大さ)においてカーリー女神はヒンドゥー教の「大いなる伝統」のなかに公然と姿をあらわす。かの聖典は３つのエピソードからなっている。はじめの２つのエピソードにおいて，大女神ドゥルガーは魔神カイタバとマドゥ，さらには水牛の姿をした魔神マヒシャースラを殺す。第３のエピソードでは，ドゥルガーは魔神シュムバとニシュムバの兄弟を打ち負かすが，この最後のエピソードにおいてカーリーがあらわれる。ヒンドゥー教パンテオンの重要な一員カーリーは，怒りから生まれ，恐ろしい形相をしており，血を好み，破壊・殺戮《さつりく》に喜びを見出す女神である。今日ではカーリーはドゥルガーに仕えるものではなく，ドゥルガーから独立し，ドゥルガー以上の力を得ている。

カーリダーサ Kālidāsa

グプタ朝チャンドラ・グプタ２世の宮廷詩人。バラモン階級出身。400年頃活躍と推定されている。シヴァ教徒であるが，ヴィシュヌへの尊崇も表明している。彼の代表作である美文体詩(カーヴヤ)『王子の誕生』は，パールヴァティーがどのようにしてシヴァの愛を得るに至ったかを描いた詩であり，軍神スカンダ(カールッティケーヤ，韋駄天《いだてん》)が生まれるまでのいきさつを描いている。そのほかに彼の真作と考えられているものに美文体詩『ラグ家の系譜』(ラグ・ヴァンシャ)や戯曲『シャクンタラー』などがある。

カルマ karma

儀礼。行為。「カルマ」は，「カルマン」(karman)の中性，単数，主格のかたち。ヴェーダ期には「カルマ」は儀礼行為を意味したが，時代とともに人間の営み一般という意味の行為さらにはその結果を意味するようになった。『バガヴァッド・ギーター』では，近代的な意味での労働などの行為は視野に入ってはいない。しかし，後世，この聖典の註釈家たちは，たんに日常的な行為とか儀礼行為といった意味に加えて，生産，労働，社会奉仕，独立運動といった意味のカルマをも考慮に入れるようになった。例えば，ラーマクリシュナ・ミッションの創設者ヴィヴェーカーナンダは『バガヴァッド・ギーター』の「カルマ・ヨーガ」を労働と解釈し，インド独立運動の闘士ティラクはそれを独立運動と解釈した。

カルマ・ヨーガ karma-yoga

行為の道。『バガヴァッド・ギーター』は

「行為の道」と「知識の道」という2つの相反する道を統合しようと試みた。『バガヴァッド・ギーター』の編者たちがこの両者の統合のために打ち出した方法は，結果を考えずに行為をなせ，というものであった。これを『バガヴァッド・ギーター』は「カルマ・ヨーガ」（行為の修練〈道〉）と呼ぶ。この修練では行為の目的を放棄せねばならない。つまり，自己の目的あるいは願望を放棄あるいは抑制するという意味での自己否定がみられる。『バガヴァッド・ギーター』は自己否定的契機を含んだ「カルマ・ヨーガ」を一種の否定的倫理として提唱しているが，この行為の修練こそ，『バガヴァッド・ギーター』が今日までヒンドゥー教の重要な聖典として用いられていることの大きな原因となった。

クシャトリヤ kṣatriya

ヒンドゥー教の身分制度における第2階級である武士階級。 → ヴァルナ（制度）

クマーラ Kumāra

王子。「王子」（クマーラ）とは，シヴァとその妃パールヴァティーのあいだに生まれた息子カールッティケーヤのことであり，彼は魔神ターラカを打ち負かす軍神となった。この軍神は別名「スカンダ」といい，中国，日本では韋駄天《いだてん》として知られている。「スカンダ」は，かたまり，この場合はシヴァ神から放出された精液のかたまりをいう。かつてシヴァは火神アグニの口のなかに精液をこぼしてしまった。それを保つことのできなくなったアグニは，ガンガー（ガンジス川）女神に渡した。乳飲み子に育ったスカンダをガンガー女神は藺草《いぐさ》の繁みに隠したが，6人のクリッティカー（昴《すばる》）がその子を見つけ，乳母となって育てたという。昴は一般に6つの星によってあらわされるが，クマーラはそれぞれの母から乳を飲むので6面を有するといわれる。

グラーマ・デーヴァター（村の神）
grāma-devatā

グプタ朝（4〜6世紀）が亡びると，貴族たちは南インドの諸地域に「都落ち」した結果，北方のシヴァ崇拝の伝統を保っていた彼らは，南インドの「村の神」（グラーマ・デーヴァター）の伝統と接することになった。「村の神」はほとんどの場合女神であった。彼女たちはそれぞれシヴァの妃パールヴァティーの生れ変りと考えられ，シヴァとパールヴァティー女神の生れ変りの女神たちとの結婚式が各所でおこなわれた。マドゥライのミーナークシー女神やカーンチープラムのエーカーンバレーシュヴァル寺院のカーマークシー女神のケースはその例である。

クリシュナ Kṛṣṇa

叙事詩『マハーバーラタ』は五王子たちの軍と百王子たちの軍との戦いの様子を伝えているが，その戦いがまさに始まろうとするとき，五王子の軍の大将アルジュナ王子は，親族たちと戦争をしなければならない運命に意気消沈してしまう。アルジュナの御者は親族の1人であるクリシュナであったが，クリシュナはじつはヴィシュヌの化身であった。ヴィシュヌはアルジュナに戦いに赴くよう説得したが，このときのアルジュナとクリシュナ（ヴィシュヌ）との対話がヒンドゥー教の聖典『バガヴァッド・ギーター』である。このように，元来はヤーダヴァ族の長であったと伝えられるクリシュナとヴィシュヌとの同一視は『バガヴァッド・ギ

ーター』(現在形は紀元2世紀頃)にはすでに認められる。後世，クリシュナはヴィシュヌの1化身とみなされ，彼の「一生」は『バーガヴァタ・プラーナ』などにまとめられた。

行為の道　→　カルマ・ヨーガ

サ

サプタ・マートリカー **Sapta-mātṛkā**
七母神。古代インドの地母神のグループに対する崇拝はインダス文明に遡ると思われる。サプタ・マートリカー(七母神)に対する崇拝は紀元後早い時期にあらわれた。クシャーナ朝からグプタ朝にかけて，これらの女神は当時有名だったシヴァやヴィシュヌなどの男神の「妃」と考えられた。一般に，ブラフマーの妻ブラフマーニーは白鳥に乗り，身体は黄色である。マーヘーシュヴァリー(シヴァの妃)は，シヴァと同様牛に乗り頭に三日月を戴く。処女神カウマーリー(童子クマーラのパートナー)は，孔雀に乗る。ヴァイシュナヴィー(ヴィシュヌの妃)は，身体は青く，ガルダ鳥に乗る。ヴァーラーヒー(ヴァラーハの妃)は，野猪の顔をし，腹を突き出し，身体の色は黒く，水牛に乗る(図)。インドラーニー(インドラの妃)は，金色の身体を有し，象に乗り，手にはヴァジュラ(金剛)を持つ。チャームンダー(ヤマの妃)は歯をむき，髪を逆立て，身体はやせて骨ばかりである。このように七母神は，それぞれの夫あるいはパートナーと身体の色，持ち物，乗物などを同じくする。後世，とくにカトマンドゥ盆地においては七母神に1母神，例えばマハーラクシュミーが加えられて，八母神(アシュタ・マートリカー)となった。

『サーマ・ヴェーダ』 ***Sāma-veda***　**→　ヴェーダ**

サマーディ **samādhi**
三昧《さんまい》。この語は精神集中一般の意味でも用いられるが，精神集中をおこなう者とその対象との区別がないように感じられる段階をいう。『ヨーガ・スートラ』に述べられる「八支ヨーガ」のなかの第8支の意味でのサマーディに関しては，「ヨーガ」の項参照。聖者の入《にゅう》定《じょう》後につくられた塔状の印をサマーディ(あるいはサマーディー)と呼ぶことがある。

サンサーラ **saṃsāra**
輪廻。サンサーラとは，「動く」を意味する動詞根 sṛ からつくられた名詞「サーラ」(動くこと)にプレフィックス「サン」(sam-，丸く，完全に)を付した名詞で，元来は丸く動くことを意味する。霊魂(アートマン)がさまざまな身体を取り換えていくさまをいう。ヒンドゥー教では一般にアートマンは永遠不滅であり，身体(デーハ)を有する者(デーヒン)といわれる。人が古くなった衣服を取り換えるように，永遠不滅なるアートマンが身体を取り換えると考えられた。さまざまな身体をまといながらアートマンがめぐる「場」は「趣《しゅ》，道」と呼ばれ，通常，地獄・餓鬼・獣・人・阿修羅《あしゅら》(アスラ)・天の6つを数える。もっともヴェーダ期においては以上に述べたような輪廻説よりも原初的な説が説かれており，このような輪廻説は後世のものである。

サンスカーラ **saṃskāra**
人生儀礼。人生の節目節目におこなわれる儀礼。通過儀礼ともいう。古代の法典『マヌ法典』(紀元前2～紀元2世紀)は「再生族(二生者)」(ドゥヴィジャ)に対して人生の節目ごとにおこなわれる人生儀礼を定めている。「再生族」とは，2度生まれる者，すなわち一度は母から生まれ，儀礼によって再度生まれる者のことであり，上位3階級の者をいう。第

４の階級に属する者はヴェーダの儀礼に与ることができないのである。後世，誕生祝い，成人式，結婚式を含む16の人生儀礼が定められた。

シヴァ　Śiva
ヒンドゥー教３主要神の１人。世界の破壊を司る神。シヴァがルドラと呼ばれていたヴェーダ後期には，ルドラは正統派バラモンたちの神プラジャーパティ（生類の主）の娘サティー（貞淑な女）の夫であると考えられていた。この新興の娘婿ルドラ（シヴァ）に対して舅のプラジャーパティは快く思っていなかったので，ある宴会に婿を招待しなかった。それを憤った娘サティーは火のなかに身を投げて抗議の死を遂げた。グプタ朝崩壊後，バラモン文化が南インドに広がるにつれて，北インドに勢力を有していたシヴァ崇拝も南下した。南インドにおいて，土着の「村の神」たちはサティーの生れ変りと考えられ，彼女たちはシヴァと結婚していったのである。ヴィシュヌが数多くの化身（アヴァターラ）を有する一方で，シヴァ（中央左）は相（姿，ムールティ）を有するといわれる。「相」とは，「シヴァが妃と戯れる場面」「シヴァが魔神ラーヴァナに恵みを垂れる場面」といったシヴァにまつわる神話における有名なシーンを意味する。

七母神　→　サプタ・マートリカー

実体　→　ヴァイシェーシカ学派

シャンカラ　Śaṅkara
８世紀前半のヴェーダーンタ学派の哲学者。南インドに生まれ，各地方を遍歴しながらシュリンゲーリなどに寺院を建立し，多くの著作を著した。彼は『ブラフマ・スートラ』に対する註釈書のなかで，ブラフマンと世界と解脱に関する統一的理論を打ち出そうとした。彼は最高のブラフマンと低次のブラフマンの二種の存在を認める一方で，ウパニシャッド以来の伝統に従いつつ，ブラフマンがアートマン（個我《こが》）と同一であると考えた。そのうえで，現実の経験世界にあっては，低次のブラフマンが無数の個我となって仮に出現する（仮現する）が，これは無明（アヴィドヤー）によるものだと主張する。無明にはそれぞれの個体を個体たらしめる機能が存在する。シャンカラの学説は「アドヴァイタ」（第二のものは存在しないという説）と呼ばれる。第二のものとは世界であり，第一のものはブラフマンである。

シュードラ　śūdra
ヴァルナ制度における第４階級。　→　ヴァルナ（制度）

ジュニャーナ・ヨーガ　jñāna-yoga
知の道。ヴェーダの宗教の時代以来，インドでは２種の道（「行為の道」と「知識の道」〈主知主義〉）があると考えられてきた。前者はヴェーダ聖典に基づく儀礼行為（カルマ）を中心とした「道」であるが，今日に至るまでこの儀礼中心主義はヒンドゥー教の特徴の１つである。後者はヴェーダ本集から少し遅れて編纂されたウパニシャッド群において顕著になった態度である。この「知識の道」にあっては，宇宙の根本原理ブラフマンと個我《こが》アートマンとが本来は同一のものであることを直《ちょく》証《しょう》する知が追求された。後世，基本的には今日でも，ヒンドゥー教徒たちはこの２つの道を歩んでいる。

シュラーッダ　śrāddha
葬儀のあとに続く死者儀礼。古代インドでは，男子の相続者がいない場合には，祭祀が断絶

し，死者は餓鬼になると信じられ，この世における在り方は前世の業(行為)によって決定されると考えられた。それゆえ，次の世でよりよい状態にあるためにはこの世で浄い行為をおこなわねばならない。その浄い行為とは死者を祀る儀礼シュラーッダであった。近・現代のヒンドゥー教にあっては，古代におけるほどシュラーッダは重要なものではない。それは人々のあいだに輪廻説が強固に信じられるようになったからであろう。

シンドゥ sindhu
「ヒンドゥー」という語は，川，とくにインダス川を意味した「シンドゥ」(sindhu) という語がペルシアに伝えられてインドを意味する語となり，さらに英語の「ヒンドゥー」(Hindu) となってインド教徒すなわちヒンドゥー教徒を意味することになったと考えられる。このように「ヒンドゥー教」という語をインド主義というような広義に用いるほかに狭義で用いることがある。ヴェーダの宗教を「バラモン教」と呼び，ひとたび衰退した「ヴェーダの宗教」が後世，仏教などの非アーリヤ的諸要素を吸収して新しく生まれ変わった形態を狭義の「ヒンドゥー教」(ヒンドゥイズム) と呼ぶ。今日では，後者つまり狭義の用い方が一般的である。

森林書 → アーラニヤカ

スカンダ → クマーラ

スールヤ Sūrya
太陽神。『リグ・ヴェーダ』の神々は，天界，空界，地界のどこに住むかによって3つに分けられた。天界神格のグループは，(1)ディヤウス，(2)ヴァルナ，(3)スールヤ，(4)ミトラ，(5)サヴィトリ，(6)プーシャン，(7)ヴィシュヌ，(8)ヴィワスヴァット，(9)アーディトヤ神群，(10)ウシャス，(11)アシュヴィン双神であるが，これらはすべて太陽の諸側面の神格化である。これらのうちの1神であるスールヤは，ヴァルナとミトラの目であり，またアグニの目でもある。太陽の円盤の神格化であり，暁紅《ぎょうこう》の女神ウシャスの夫と考えられた。ヴェーダの宗教の時代においてスールヤは彫像につくられなかったが，後世のヒンドゥー教の時代におけるこの神の彫像はすこぶる多い。馬車に乗り，両手に蓮華《れんげ》を持った姿で表現されるのが一般的である。

精神的至福 → ニヒシュレーヤサ

世俗的繁栄 → アビウダヤ

タ

ダルシャナ darśana
哲学。「見る」を意味する動詞根 dṛś から派生した語で，見ること，転じて見解・哲学の意味に用いられる。インドでは，文法(ヴィヤーカラナ)，修辞学(アランカーラ)，ヴェーダ祭式学(シュラウタ)などと並んでダルシャナ(哲学)という語が用いられる。紀元4～5世紀にはヒンドゥー教の哲学(ダルシャナ)学派として六学派が成立していた。六学派とは，(1)個我《こが》と宇宙原理の同一性をスローガンとしたヴェーダーンタ学派，(2)ヴェーダの儀礼の細目とその文章の文法的解釈を主要テーマとしたミーマーンサー学派，(3)霊我(プルシャ)と原質(プラクリティ)の二元論を唱えたサーンキヤ学派，(4)ヨーガの実践と理論の解明に努めたヨーガ学派，(5)論理学，認識論のニヤーヤ学派，(6)自然哲学のヴァイシェーシカ学派である。これらのうち，ヴェーダーンタ学派はインド哲学最大の学派として今日に至っている。ニヤーヤ学派とヴァイシェー

シカ学派は10世紀頃に統合された。ヨーガ学派は当初その理論的基礎をサーンキヤ学派においたが，11〜12世紀以降はヴェーダーンタ学派においた。

ダルマ(1) dharma

法，義務。「保つ」を意味する動詞根 dhṛ からの派生語で，保つもの，法，正義，義務，教説などを意味する。古代インドでは，人生の目的としてダルマ（名声，名誉），アルタ（財），カーマ（愛欲の対象）およびモークシャ（解脱）の４つが考えられた。「ダルマ」は法則，教え，義務などを意味するが，人々が実際，人生の目的として追求するダルマは名声，名誉であったと考えられる。「カーマ」は愛とも訳されるが，古代インドで「人生の目的」という場合，男性の人生の目的が考えられており，対象，要するに女性である。これらの３つは一般の人々の目的であり，モークシャは出家，修行者の追求する目的である。

ダルマ(2) dharma

法，属性。インドの人々が世界の構造について考える場合，彼らは属性とその基体という対概念によって考察する傾向が強い。地・水・火などの実体の基体の上に堅さ，湿り気，熱などの属性が「載っている」というように考える。例えば，目の前に赤い花があり，「この花は赤い」という命題を提示された場合，この命題は「この花は赤いものの集合（クラス）の１つの要素（メンバー）である」と読み換えることができる。しかし，インドの哲学的な議論においてはかの命題を「この花には赤色という属性がある」と読むほうが好まれる。ある基体（*y*）にあるもの（*x*）が存すると考えられる場合，*x* をダルマ（法）と呼び，その基体 *y* をダルミン（有法）と呼ぶ。この場合「法」とはものあるいは存在を意味する。ヴァイシェーシカ学派などの実在論哲学によれば，基体としての実体（ドラヴヤ）に属性（グナ），運動（カルマ），普遍（サーマーニヤ），特殊（ヴィシェーシャ）が存在すると考えられる。この場合，ダルマ（法）は，基体に存在すると考えられているものであり，ダルミン（有法，法を有するもの）は基体である。

ダルミン（有法） dharmin → ダルマ(2)

タントラ tantra

タントラ主義（タントリズム）の経典。「スートラ」（経）に対する「タントラ」文献の意味で用いられる。「延びる」「伸ばす」を意味する動詞根 tan からの派生語であるという説があるが，その原義ははっきりしない。「タントラ主義（タントリズム）において重要な真言（マントラ）はヴェーダのマントラを継承したものである」という視点からタントリズムの始まりが『アタルヴァ・ヴェーダ』に存在すると主張する研究者もいる。しかし，狭義のタントリズムが有力な思想・宗教形態として全インドに勢力を得るのは，紀元７〜８世紀以降であり，またタントリズムのすべての要素をヴェーダのなかに見出すことはできない。タントリズムは，土着的要素など，非アーリヤ的要素を有しているが，かといってタントリズムがつねに正統派バラモンの勢力と反目したわけではない。バラモン階級に属するタントリストたちが非タントラ系の哲学の体系に劣らぬほどの体系をつくりあげ，その体系を正統派バラモンたちが認めたこともある。

『デーヴィー・マーハートミヤ』

Devīmāhātmya

６〜７世紀に編纂されたと考えられる『デーヴィー・マーハートミヤ』（女神の偉大さ）は女神崇拝の歴史にとってとりわけ，大母神誕生の過程を明らかに示すものとして重要である。これは大著『マールカンデーヤ・プラーナ』の一部[Chap. 81–93]ではあるが，独立した内容を有するものであって，大女神の名前の１つに因んで「チャンディー」とも呼ば

れる。この書において大女神はヒンドゥー教の「大いなる伝統」のなかに公然とその姿をあらわす。そしてこの書は，今日に至るまで女神崇拝の根本聖典の1つである。

ドゥルガー **Durgā**
ヒンドゥー教において汎インド的な知名度を得た唯一の女神。「ドゥルガー」は「近づきがたき者」を意味すると解釈されることもあるが，はっきりしない。この女神は「水牛の魔神を殺す女神」(マヒシャ・アスラ・マルディニー)とも呼ばれるが，この神の彫像はすでにクシャーナ朝，1〜2世紀につくられていた。5世紀にはこの女神は，シヴァの妃を意味する「バヴァーニー」とも呼ばれ，カートヤーヤナ仙より出た光輝と怒りから生まれた女神という意味で「カートヤーヤニー」とも呼ばれている。この女神に関する神話を語るものとしては『女神の偉大さ』(デーヴィー・マーハートミヤ)が重要である。エローラ石窟においては，この女神が左手で水牛の口と鼻をふさぎ，つまり窒息させ，右手に持った三叉戟《さんさげき》で水牛の背中を貫くという構図のレリーフが何例もみられる。オリッサでは頭が水牛，身体が人間の魔人を殺すこの女神像がつくられた。

ナ

ニヒシュレーヤサ **niḥśreyasa**
個々の人の精神的至福あるいは救済は，ウパニシャッドにも認められるが，その後の仏教がインド思想史においてはじめて明確に提示した宗教的「財」であった。ドイツの哲学者K・ヤスパースは，ブッダ，ソクラテス，孔子，イエスが生きた時代を枢軸の時代と名づけたが，この枢軸の時代をそれ以前の時代と区別するものは個体の精神的至福であった。この宗教的財を仏教は紀元前後まではいわば専有していたが，紀元後には状況が異なってきた。つまり，仏教の誕生以前にヴェーダの宗教は勢力を弱めていたが，仏教や土着文化を吸収して新しく台頭してきたヒンドゥー教もまた個体の精神的至福に焦点を当て始めたからである。

ハ

『バガヴァッド・ギーター』 ***Bhagavad-gītā***
ヒンドゥー教の聖典『神の歌』。この聖典は，18巻よりなる叙事詩『マハーバーラタ』第6巻[プネー版6・23〜40]の挿入部分である。アルジュナ王子を総大将とする五王子の軍と長兄ドゥルヨーダナの百王子の軍との戦いが始まろうとするとき，意気消沈してしまったアルジュナ王子に「勝ち負けを度外視して戦いに赴け」と王子の戦車の御者であったクリシュナがいう。この御者はじつはヴィシュヌ神であった。確かに『バガヴァッド・ギーター』(ギーター)では，武士階級の義務行為としての戦争が問題になっているが，『ギーター』の主眼は「行為(儀礼)の道」と「知識の道」との統合のうえに立って「帰依(バクティ)の道」の最重要性を説くことにあった。『ギーター』の主張する修練は，以下のように3つの「道」を歩む。(1)感覚器官を制御し，知を確立する(知の修練〈道〉〈ジュニャーナ・ヨーガ〉)，(2)行為の結果を放棄して，行為する(行為の修練〈道〉〈カルマ・ヨーガ〉)，(3)ヴィシュヌへの帰依(献信，バクティ)を保ちながら，自らの行為を供物としてヴィシュヌに捧げる(帰依の修練〈道〉〈バクティ・ヨーガ〉)。『ギーター』の編者は，クリシュナ神，すなわちヴィシュヌ神へ己の心身を捧げるというバクティ思想へと読者を導いていく。『ギーター』第11章において，ヴィシュヌが己の姿(ヴィシュヴァ・ルーパ，宇宙的な姿)をアルジュナ王子に示すことはよく知られている。

バガヴァーン bhagavān

恵みを与える者，神，パトロン(施主)。ヴェーダの宗教にあって「バガ」とは，分けられたものを意味し，祭式の際に差し出された供物の「分け前」，さらには祭式をおこなうことによって与えられる恵み・報酬をいう。「ヴァーン」とは，有するものを意味する。したがって，「バガヴァーン」は祭式の執行によって僧および祭式の依頼者である施主が得る恵み・報酬を有する者(与える者)のことである。『リグ・ヴェーダ』および後世のヒンドゥー教では，「バガヴァーン」は恵みを与えるもの（神）の意味で用いられる。「バガヴァーン」は「バガヴァト」(バガヴァッド)の単数，主格，男性である。仏教では「バガヴァト」は煩悩を「分けた」すなわち絶ち切った者と解釈された。

バクティ bhakti

帰依，献信，献愛。『バガヴァッド・ギーター』は，「ヴィシュヌを念じつつ，身体を捨てて死に赴くものは最高の帰着点に至る」[8.14]ともいう。ここにはヴェーダの宗教において重要ではなかったが，ヒンドゥー教においては極めて重要になった崇拝形態が語られている。それは，バクティ，すなわち人格神に対する信仰あるいは帰依である。その人格神は信仰を有するそれぞれの人の精神的至福あるいは救済を約束する者でなくてはならない。ヒンドゥー教の歴史においてバクティが明確なかたちであらわれるのは『バガヴァッド・ギーター』においてである。それ以前，精神的至福(ニヒシュレーヤサ)はヨーガによって得られると考えられたが，この聖典以後はバクティもまた精神的至福を得る方法となった。仏教においても同様の動きがみられた。すなわち，初期仏教（仏教誕生から大乗仏教台頭まで）において精神的至福（悟り）を得る方法はヨーガ(禅定)であったが，浄土教をはじめとする大乗仏教では阿弥陀仏などへの帰依(バクティ)もまた「魂の救い」という精神的至福が得られると考えられた。

パールヴァティー Pārvatī

パールヴァティーとは山(パルヴァタ)の娘のことであるが，この山はヒマーラヤ山を意味する。古代のインド人にとって北の方角は聖なる方角であり，高く聳えるヒマーラヤ山脈は神々の住みかと考えられていた。パールヴァティーはヒマーラヤ地方にあるカイラーサ山にあるシヴァの宮殿にシヴァとともに住むといわれる。シヴァには幾多の妃がいるが，この女神は清楚で柔和な妃として知られている。カイラーサの宮殿でシヴァと賭け事をしている浮彫りがエローラ石窟には多くみられる。

ヒンドゥー教 → シンドゥ

プージャー(供養　供養祭) pūjā

供物を供えて神を崇拝する儀礼。プージャーという儀礼は，客を迎えて，もてなし，帰ってもらうように，神を迎えてもてなしたあと，帰ってもらうという手順を踏む。まず神の名が唱えられて神が呼び出される。ほとんどの場合，彫像あるいは浮彫りに表現された神像の前でプージャーがおこなわれる。したがって，神像は神がおりてきた姿と考えられる。神に座，足を洗う水，口をすすぐ水，線香，花などが供えられる。次に水やミルクがかけられる。つまり，「客」に沐浴してもらうのである。その後，衣服が神像に着せられ，その前にご馳走(ナイヴェードヤ)が置かれる。そして神像に向かって花が投げられる。この仕草によって神を見送るのである。以上がプージャーの一般的パターンである。

プラーナ purāṇa

「プラーナ」という語は，元来は古いものを意味するが，文化史的な観点からは，ヴェーダ文献ののちにあらわれ，後世のタントラ（密教）文献があらわれるまでの文献群をまとめていう。すなわち，紀元前数世紀から紀元数世紀までのあいだに編纂された叙事詩『マハーバーラタ』や『ラーマーヤナ』，さらには紀元数世紀からその後の数世紀をかけて編纂された神々の「生涯」や世界創造に関する神話の集成をもまとめて「プラーナ」と呼ぶことがある。これは広義のプラーナであるが，狭義には叙事詩あるいは神々の神話の集成をいう。この意味の神話の集成には『シヴァ・プラーナ』『ヴィシュヌ・プラーナ』『スカンダ・プラーナ』などがある。

ブラーフマナ brāhmaṇa

⑴ブラーフマナ聖典群。ヴェーダは韻文で著されていたが，祭式の規則（ヴィディ，儀軌《ぎき》）と解釈，さらには神話を主内容とした一連の書が生まれ，「ブラーフマナ」と呼ばれる。

⑵バラモン僧。ブラフマン（呪力ある言葉，マントラ，真言）を有する者つまりバラモン僧を意味する。マントラを占有する階層がバラモン階級となる過程が，ヴェーダの宗教がアーリヤ人の社会のなかで確立していく過程となった。

ブラフマン brahman

『リグ・ヴェーダ』では中性名詞として約230回あらわれる。精神の高揚，崇高な気分，詠われた祈り（讃歌）を意味する。祭式において神への讃歌を詠うことは特定の祭官にのみ許された権利であった。神への讃歌は同時に神を祭官たちの意のままに働かせる力を備えた呪文でもあった。力ある呪文は「ブラフマン」と呼ばれた。「ブラフマン」という中性名詞は，やがて世界の根本原理（梵《ぼん》）を意味するようになった。男性名詞として約50回あらわれ，神への讃歌を詠う祭官（僧），祭官となされた神などを意味する。後世，男性名詞「ブラフマン」はヒンドゥー教の主要神（主格のかたちブラフマーが一般に用いられる）を意味するようになった。紀元前後までの初期ヒンドゥー教では，シヴァ崇拝とヴィシュヌ崇拝がそれぞれ独立して存在したが，その後，ブラフマー神を仲介者としてシヴァ崇拝とヴィシュヌ崇拝とが統合された。その結果，シヴァ，ブラフマー，およびヴィシュヌの3神は職能を分けもつようになった。ブラフマーは世界を創造し，ヴィシュヌがそれを維持し，シヴァがそれを破壊するというのである。世界の創造・維持・破壊という1つの宇宙周期が終わると，また次の宇宙周期が始まり，3神はそれぞれの仕事を分担すると考えられた。これらの3神はそれぞれ異なった姿をとって世界にあらわれてくるが，元来は一体のものである（三位一体），と信じられるようになった。この三位一体説は今日のインド，ネパールなどのヒンドゥー教のみならず，バリのヒンドゥー教においてもみられる。

ホーマ homa

火への奉献。火神アグニに供物を捧げ，アグニを使者として天界の神々へと供物を届けさせようとする儀礼。ヴェーダの宗教においてバラモンたちはホーマ儀礼を正統のものと考え，火を用いずに供物を神に捧げるプージャー（供養）は正統のものではないと考えた。印欧語族の社会においては古来，火に対する儀礼が盛んであったが，ホーマもその流れの一環であると考えられよう。今日のバリ島のヒンドゥー教においてもホーマがおこなわれている。また後世，ホーマは仏教タントリズムの儀礼のなかに組み入れられ，現在，チベット仏教，カトマンドゥ盆地のネワール仏教，

日本の密教にみられる。

マ

『マハーバーラタ』 ***Mahābhārata***
インド最大の叙事詩。この叙事詩の主内容は，親族同士である２組の王子たち，すなわち五王子（ユディシュトラ，ビーマ，アルジュナ，ナクラ，サハデーヴァ）とドゥルヨーダナを長兄とする「百王子」のあいだの戦いである。この戦いは仏教の誕生以前，北インドのクル地方で実際にあった戦いをモデルにしているといわれる。五王子には共通の妃ドラウパディーがいるが，このような一婦多夫制はヒマーラヤ地方の風習であるといわれる。この叙事詩の原型および最古層のエピソードは紀元前数世紀に遡ると考えられ，大枠ができあがったのは紀元１世紀頃と推定される。もっとも今日のかたちが完成したのは，グプタ期の半ば（５世紀頃）のことであろう。インド以外の地においてもこの叙事詩は有名である。例えば，今日，インドネシアのバリ島でもこの叙事詩はよく知られている。

モークシャ **mokṣa** → **ダルマ(1)**

ヤ

『ヤジュル・ヴェーダ』 ***Yajur-veda*** → **ヴェーダ**

ヤマ **Yama**

死者たちの王。日本や中国で知られる地獄の王閻魔《えんま》は，ヴェーダの宗教における神々の１人であり，天界に住んでいた。『リグ・ヴェーダ』の時代には火葬が一般的であったが，『リグ・ヴェーダ』「葬送の歌」[10・16]では，火神アグニは不浄なる屍を調理しながら，すなわち焼きながら，ヤマを王となす者たちのもとへと死者を運ぶと詠われている。ヤマは人々の祖先の霊が安楽に住む楽園の主なのであった。後世，ヤマは，ドクロ棒，索などを持ち，水牛に乗った姿で表現された。仏教に取り入れられたヤマはシャマニズムの影響もあって，地下の地獄に住む姿で表象されるようになった。

ヨーガ **yoga**
ヨーガの行者はひたすら自らのあらゆる種類の行為を止滅させておこなって，その最終の場面において何ものかがあらわれるのを待つ。その待つ心をすら止滅させねばならない。このような「心の作用を止滅させる」型のヨーガが，われわれには馴染みの深いものである。パタンジャリ編の『ヨーガ・スートラ』（２～４世紀の編纂）において述べられる古典ヨーガ学派のヨーガは，このような型を有するものであった。「八支ヨーガ」（八階梯のヨーガ）はこの型の１例である。だが，のちには古典ヨーガ学派に述べられているヨーガとは異なった種類のヨーガが生まれた。この２種のヨーガ，つまり，ヨーガにおける精神集中の２種の方向を歴史的におおまかに位置づけるならば，「止滅型のヨーガ」がまず発展し，その後次第に心の作用を活性化させる「産出型のヨーガ」が広がっていった，といえよう。後者のヨーガは，ヒンドゥー教における神々へのプージャー（供養祭）と密接に関係している。

ラ

ラーマーヌジャ **Rāmānuja**
南インドのカーンチープラムの近くで生まれた，紀元11～12世紀の思想家。『ブラフマ・スートラ』に対する彼の註釈『聖註』と『バガヴァッド・ギーター』に対する彼の註とがこの哲学者の思想の２本の軸である。彼はヴ

ェーダーンタ哲学とヒンドゥー教信仰（とくにヴィシュヌ神崇拝）との本格的統合をインド思想史のなかではじめて成し遂げた。それはブラフマンと人格神ヴィシュヌとを同一視することによっておこなわれた。そうすることによってブラフマンに基づいて世界と個々のアートマン（霊魂）の存在が説明される一方で，神ブラフマンつまりヴィシュヌとのあいだの人格的な交わりが約束される。彼の学説は「制限不二論」（〔属性などによって〕限定〔された〕第二のものなきもの〔神〕に関する理論）と呼ばれる。つまり，世界と霊魂（第二のもの）によって制限された神（第一のもの）に関する理論である。

『ラーマーヤナ』*Rāmāyaṇa*
初期ヒンドゥー教の成立の時代は，２つの大きな叙事詩，『マハーバーラタ』と『ラーマーヤナ』の編纂の時代と重なる。『ラーマーヤナ』の成立は『マハーバーラタ』のそれよりも少し遅れたが，それでもその大枠は３～４世紀にはできあがっていたと思われる。『ラーマーヤナ』はラーマ王子の行状（アーヤナ）を描いた物語である。王位継承権を奪われたラーマ王子は，シーター妃と異母弟ラクシュマナとともに森をさまよううちに，魔神ラーヴァナにシーターを奪われてしまう。猿王ハヌマーンの助力によって妃を奪い返し，自分の王国に戻って王となるというストーリーである。後世，ラーマはヴィシュヌの１化身となった。

『リグ・ヴェーダ』*Ṛg-veda*
アーリヤ人たちの宗教儀礼に関する文献が数多く残されている。それらの文献のうち，もっとも古く重要なものは『リグ・ヴェーダ』である。これはアーリヤ人の祭官たちが祭式をおこなった際に用いた神への讃歌あるいは祭詞を集めたものである。現在残っているものは紀元前1200年から前1000年頃までに編纂されたと推定されるが，当時は文字に書かれることなく職業的に訓練された祭官たちが暗記しており，口承で次の世代に引き継がれていた。

リンガ liṅga
「リンガ」は元来，目印という意味である。シヴァの姿としてもっとも重要なものはリンガ，男根が直立した格好のシンボルである。シヴァはしばしば円筒形あるいは卵形のリンガ（男根）の姿をとる。これは化身とは呼ばれない。ヒンドゥー教徒たちは，リンガをシヴァのシンボルであるというよりは，シヴァそのものであるという。インドではシンボルとそれが意味するものとの距離は極めて近く，しばしばその距離はほとんどなくなるが，このような考え方はとくにヒンドゥー教の特徴である。インドに古来存した非アーリヤ起源の男根崇拝をシヴァ教が吸い上げた結果として，シヴァが男根（リンガ）で表現されるようになったと考えられる。リンガはヒンドゥー教におけるもっとも重要かつよく知られたシンボルとなった。シヴァ・リンガは決して猥雑な気分を人々に起こさせるものではない。古代の男根崇拝をヒンドゥー教が昇華した結果であるといえよう。

リンガ・ヨーニ liṅga-yoni
リンガとは元来は目印，男性の目印つまり男根を意味したが，この場合にはシヴァ神あるいは男性原理のシンボルである。ヨーニとは女性性器のことであるが，ここではシヴァの妃あるいは女性原理を意味する。ヨーニを貫くリンガを表現したシンボルであるリンガ・ヨーニは，シヴァとその妃，あるいは男性原理と女性原理との本来的一体性をあらわしている。

輪廻　→　サンサーラ

霊魂　→　アートマン

年表

年代	
前2500-前1500頃	インダス文明
前15-前11C	前期ヴェーダ時代
前1300頃	アーリヤ人，パンジャーブ地方に侵入
前1200-前1000頃	『リグ・ヴェーダ』成立
前900-前800頃	『ヤジュル・ヴェーダ』『サーマ・ヴェーダ』成立
前10-前7C	後期ヴェーダ時代
前800頃	初期ブラーフマナ文献成立。　アーリヤ人，ガンジス川流域に進出
前7-前6C	『チャーンドーギヤ・ウパニシャッド』などの初期ウパニシャッド成立
前600頃	クリシュナ，ヤーダヴァ族のあいだに新宗教を説く
前518	アケメネス朝ペルシアがインダス川流域を属州とする
前6C頃	コーサラ国，マガダ国などの十六大国が割拠。文字・貨幣の使用始まる
前500頃	ゴータマ・ブッダ（釈迦）入滅（前544/3 スリランカ伝統説，前383頃 中村元説）
前5C頃	ジャイナ教開祖マハーヴィーラ生誕（-前372頃）
前390頃	マガダ国王アジャータシャトル即位
前350頃	文法学者パーニニ『パーニニ文典』（アシュターディヤーイー）を著す
前4C中頃	マガダ国ナンダ朝，ガンジス川流域をほぼ統一
前327	マケドニアのアレクサンドロス大王，西北インドに侵入（-前325）
前317	チャンドラグプタ，マウリヤ朝創始（在位前321-前297頃）
前304頃	メガステネース，パータリプトラに滞在し，シヴァ・クリシュナ信仰について記す
前4C末	カウティリヤ『実利論』（アルタ・シャーストラ）を著し，シヴァ神殿について記す
前293頃	マウリヤ朝第２代ビンドゥサーラ王即位（-前268頃）
前268	マウリヤ朝第３代アショーカ王即位（-前232頃）
前261	アショーカ王，カリンガ征服
前260	アショーカ王，仏教に帰依
前250頃	ディオドトス，バクトリア王国を建てる（前200頃よりインドに侵入）。　パルティア自立
前247/前238頃	パルティア国アルサケス王即位（-前210頃）
前203	南越国建国
前189頃	バクトリア第４代デーメートリオス即位，インドに侵入
前180頃	プシュヤミトラ，マウリヤ朝を亡ぼしてシュンガ朝創始。プシュヤミトラ王，仏教を迫害
前175頃	エウクラティデス，バクトリアを奪う
前171頃	パルティア，ミトラダテス１世即位（-前138頃）
前167-前163頃	アポロドトス王，西部インドを支配
前155	メナンドロス（ミリンダ）王即位（-前130頃），仏教を信仰。パンジャーブ地方に拠るインド・ギリシア王国の最盛期
前150頃	『バガヴァッド・ギーター』原型成立。　パタンジャリ『パーニニ文典』の註釈書『マーハーバーシヤ』を著し，シヴァ・スカンダ，シヴァ・バーガヴァタの信仰について記す
前2C中頃	スリランカでドゥッタガーマニ王の統治。アヌラーダプラに仏塔建立

前139頃	トカラ(トハラ)，バクトリアを滅ぼす
前2-前1C	サーンチー仏塔，バールフートの仏塔建造
前2C頃	古典サーンキヤ学派成立。　ミーマーンサー学派開祖ジャイミニ生誕(-前100頃)
前2C頃-後2C頃	『マヌ法典』(マヌスムリティ)成立。　『マハーバーラタ』『ラーマーヤナ』原型(後400頃現在形確定)
前100	バーダラーヤナ(ヴェーダーンタ学派の開祖とされている)生誕(-前1頃)
前100頃	仏教の部派分裂ほぼ終結
前90-前80	サカ族のマウエース王，ガンダーラに侵入
前68	カーンヴァ朝興る
前58	ヴィクラム(ヴィクラマ)暦始まる
前23頃	カーンヴァ朝亡ぶ
紀元前後頃	大乗仏教興起
1C前半	クシャーナ族のクジューラ・カドフィセース(在位30頃-91頃)，バクトリア統一，インド・ガンダーラ地方に侵入，クシャーナ朝興す
50-150頃	ガウタマ(ニヤーヤ学派開祖)『ニヤーヤ・スートラ』を編纂。　カナーダ(ヴァイシェーシカ学派開祖)『ヴァイシェーシカ・スートラ』を編纂
1C中頃	クシャーナ族，パフラヴァ族に代わり北西インドを支配
78	ウェーマ・ガドフィセース，クシャーナ朝確立，シャカ(サカ)暦始まる
1-3C	『阿弥陀経』『法華経』『華厳経』などの初期大乗仏教成立
100頃	ミーマーンサー学派『ミーマーンサー・スートラ』成立。　半島南部でチョーラ，チューラ，パーンディヤ朝の初期形態興る
144	クシャーナ朝カニシカ王即位(-171頃)
150頃	アマラーヴァティー仏塔建立始まる。　大乗仏教思想家ナーガールジュナ(龍樹)生誕(-250頃)，『中論』『十二門論』
2C中葉	『バガヴァッド・ギーター』現在形成立
2C頃	詩人アシュヴァゴーシャ，仏伝『仏所行讃』を著す
2C末	中部ベトナムでチャム族自立
225-250頃	クシャーナ朝衰える
3C前半	チャーンタムーラ王，イクシュヴァーク朝創始
3C中頃	クシャーナ朝滅亡
3C	ヴァーシプタ・シリ王在位(サータヴァーハナ朝)
3-4C頃	『ヤージュニャヴァルキヤ法典』成立
320頃	チャンドラグプタ1世即位(-350頃)，グプタ朝始まる
330	大乗仏教思想家アサンガ生誕(-390頃)，『摂大乗論』
350	グプタ朝第2代サムドラグプタ即位(-375頃)
380	グプタ朝第3代チャンドラグプタ2世即位(-415頃)，ヴィシュヌ教に帰依し，自らパラマ・バーガヴァタと称す
4C	イーシュヴァラクリシュナ『サーンキヤ・カーリカー』を著す
4-6C	インド六派哲学の成立
400頃	大乗仏教思想家ヴァスバンドゥ(世親)生誕(-480頃)，『唯識《ゆいしき》三十頌』『倶舎論』。詩人カーリダーサ活躍『シャクンタラー』
400-450頃	『ブラフマ・スートラ』成立
405-411	法顕のインド巡礼
415頃	グプタ朝第4代クマーラグプタ1世即位(-455頃)

5C前半	ボルネオのクタイ・サンスクリット碑文
5C中葉	『マハーバーラタ』現在形成立。　ネパール・リッチャヴィ朝成立
450	プラシャスタパーダ（ヴァイシェーシカ学派）生誕（-500），『パダールタ・ダルマサングラハ』
455	グプタ朝第５代スカンダグプタ即位（-470頃）
480頃	大乗仏教論理学者ディグナーガ生誕（-540頃）
5C後半	文法学者・哲学者バルトリハリ『ヴァーキヤ・パディーヤ』
5C後半-6C中頃	デカン北部にヴァーカータカ朝栄える
5C末	アジャンタ石窟の開掘始まる（第２期，-7C）。　バタールカ，北インドにマイトラカ朝創始
5C	仏教僧院ナーランダー建立。　ヴィシュヌ信仰広がる。　ウダヤギリ石窟造営
500	大乗仏教思想家スティマラティ（安慧）生誕（-570頃）
500頃	ヴィヤーサ（ヨーガ学派）『ヨーガ・スートラ註』。　神話集プラーナ群，かたちを整える。　アジャンタ第16・17・19窟完成
6C初め	エフタル王トーラマーナ，中央インドを占領
530	マールワー「帝王」ヤショーヴァルマン，匈奴（フーナ）を破る
543	プラケーシン１世，デカン西部にチャールキヤ朝（都はバーダーミ）を興す
550頃	シャバラスヴァーミン『ミーマーンサー・スートラ註解』。　グプタ朝亡ぶ
550-576頃	イーシャーナ・ヴァルマン王のもとで，マウカリ朝（都はカナウジ）隆盛
560頃	グハセーナ王のもとで，マイトラカ朝（都はヴァラビー）隆盛
574-600頃	シンハヴィシュヌ王のもとで，パッラヴァ朝隆盛
6C後半	ウッディヨータカラ（ニヤーヤ学派）『ニヤーヤヴァールッティカ』。　真臘（クメール族）勃興
6C	バーグ窟院，アイホーリのドゥルガ堂建立
600	パッラヴァ朝マヘーンドラヴァルマン即位（-625頃）
600頃	仏教論理学者ダルマキールティ生誕（-660頃），『量評釈』
605	ネパール・リッチャヴィ朝アンシュヴァルマン即位（-621）
606	ハルシャ・ヴァルダナ，統治開始（-647）
610頃	前期チャールキヤ朝プラケーシン２世即位（-643頃）
624	ヴィシュヌヴァルダナ，東チャールキヤ朝を興す
625	パッラヴァ朝ナラシンハヴァルマン１世即位（-645）
634	玄奘，ナーランダー僧院滞在（-643）
640	ガウダパーダ（ヴェーダーンタ学派）生誕（-690）
650	クマーリラ（ミーマーンサー学派）生誕（-700），『シュローカ・ヴァールティカ』
650-850頃	南インド，アールワールのバクティ運動
654頃	ヴィクラマーディトヤ１世，前期チャールキヤ朝再興
671	義浄，インドに滞在後，シュリーヴィジャヤを訪れて帰国（695）
672頃	アーディトヤセーナ，後期グプタ朝を隆盛に導く
7C後半	アジャンタ第１・２窟完成。　エレファンタ石窟造営。　マラッカ海峡ルート繁栄
700頃	南インド・マハーバリプラム，港として栄える。　プラバーカラ（ミーマーンサー学派グル派の祖）生誕
707	真臘，水・陸に分離
712	ウマイヤ朝ムハンマド・カーシムの軍隊，インダス川下流域に達する
720頃	シャンカラの直弟子スレーシュヴァラ生誕（-770頃）

725	シュリープルシャ(西ガンガ朝)生誕(-788頃)
730頃	プラティーハーラ朝成立(-1019)
740頃	ヴィクラマーディトヤ2世(チャールキヤ朝),パッラヴァ朝の首都カーンチーに侵入
8C前半	シャンカラ,『ブラフマ・スートラ』『ギーター』,ウパニシャッドに註釈し,「アドヴァイタ説」(第一のものがあり,第二のものはないという説,純粋不二論)を唱える
750	バースカラ(ヴェーダーンタ学派)生誕(-800)
750頃	パーラ朝ゴーパーラ即位(-770頃)
8C中頃	カシミール,ムクターピータ・アーディトヤ,インド北西部を支配。　前期チャールキヤ朝,ラーシュトラクータ朝により亡ぶ
8C中頃-9C前半	中部ジャワにシャイレーンドラ朝栄える。ボロブドゥール中心部建設,チャンパを攻撃
754	ダンティドゥルガ,チャールキヤ朝を倒し,ラーシュトラクータ朝を興す
756	ラーシュトラクータ朝クリシュナ1世即位(-774)
770頃	パーラ朝ダルマパーラ即位(-810頃)
771-787/8	仏教思想家シャーンタラクシタ,第2回チベット滞在
794	仏教僧カマラシーラ,チベット入国
8C後半	雲南の南詔国,勢力を伸ばす。　エローラ第16窟カイラーサナータ寺院建立
8C頃	パッラヴァ朝,石積寺院建て始める
802	アンコール朝ジャヤ・ヴァルマン2世即位(-834)
9C初め	カシミールのシヴァ派興る
810頃	パーラ朝デーヴァパーラ即位(-850頃),パーラ朝の勢力拡大
814	ラーシュトラクータ朝アモーガヴァルシャ1世即位(-880)
825	ヴァスグプタ(カシミールのシヴァ派)『シヴァ・スートラ』
836	プラティーハーラ朝ボージャー1世即位(-890頃)
846	ヴィジャヤーラヤ即位(-871頃),チョーラ朝再興
880	シュリー・プラムビヤムの戦い,パッラヴァ朝・チョーラ朝・ガンガ朝の連合軍,パーンディヤ朝を破る
890	プラティーハーラ朝マヘーンドラパーラ即位(-910頃)
9C末	アーディトヤ1世(チョーラ朝),パッラヴァ朝を倒す
9C	ヴァーチャスパティミシュラ(841-850頃活躍)。　ネパール・マッラ朝興る(-1769)
907	チョーラ朝パラーンタカ1世即位(-955)
939	ゴ・クエン(呉権),ベトナムを独立させる
10C中葉	東部ジャワにおいてヒンドゥー文化発展
960頃	哲学者・美学者アビナヴァグプタ(カシミールのシヴァ派)生誕
962	アルプタギーン,ガズナ朝を興す
963頃	クリシュナ3世(ラーシュトラクータ朝),北インド侵入
973	タイラ2世,ラーシュトラクータ朝を倒し,後期チャールキヤ朝再興(カリヤーニのチャールキヤ朝)
985	チョーラ朝ラージャラージャ1世即位(-1012)
10C頃	デーヴァナーガリー文字の形成。　タミル語シヴァ派聖典『デーヴァーラム』編纂。　『バーガヴァタ・プラーナ』成立
1000?	ゴール朝興る(-1215)

1000頃	アフガニスタンのイスラーム系ガズナ朝マフムード，インド進出開始
1008	ガズナ朝マフムード，ヒンドゥー・シャーヒー朝を亡ぼす
1012	チョーラ朝ラージェーンドラ１世即位(-44)
1017頃	ラーマーヌジャ(シュリーヴァイシュナヴァ派)生誕(-1137？)，『バガヴァッド・ギーター』『ブラフマ・スートラ』などに註
1018	ラージャラージェーンドラ１世，シュリーヴィジャヤと交戦，バレンバン占領
1019	プラティーハーラ朝滅亡
1030	マフムード死去。その後ガズナ朝はセルジューク朝に圧迫され弱体化
1042	チャールキヤ朝ソーメーシュヴァラ１世即位(-68)
1047	パガン朝アノーターヤー即位(-77)，タトンを征服(57)
1050頃	ヤムナーアーチャーリヤ(シュリーヴァイシュナヴァ派)生誕。　ジャイナ教のハリバドラ『六派哲学集』
1096-1158	ヴィジャヤセーナ，セーナ朝(ベンガル)を隆盛に導く
11C	ウダヤナ(ニヤーヤ・ヴァイシェーシカ学派)活躍。　チャンデッラ朝の全盛期，都カジュラーホーのヒンドゥー寺院群建立
1113	スールヤ・ヴァルマン２世即位(-50頃)，アンコール・ワット建設
1137頃	シュリーヴァイシュナヴァ派，北方のヴァダカライ派と南方のテンカライ派に分裂
12C中葉	カルハナ『ラージャ・タランギニー』
1162頃	セーナ朝，ベンガル地方に対する覇権確立
1178	セーナ朝ラクシュマセーナ即位(-1205頃)
1181頃	ジャヤ・ヴァルマン７世即位(-1220頃)，アンコール・トムを完成
1186	ゴール朝，ガズナ朝を倒す
1190	ホイサラ朝バッラーラ２世，チャールキヤ朝を破る
1193	ムハンマド・ゴーリー，ジャヤチャンドラ(ガーハダヴァーラ朝)を破る
1197	マドゥヴァ(ヴェーダーンタ学派)生誕(-1276)
12C	詩人ジャヤデーヴァ『ギータ・ゴーヴィンダ』
1202	ゴール朝ムハンマド即位(-06)
1206	奴隷王朝アイバク即位(-10)
1211	奴隷王朝イルトゥトゥミシュ即位(-36)
1221	『ラーマーヤナ』のタミル語訳，テルグ語訳成立
1223頃	チンギス・ハン，北インド侵入
13C中頃	マハーラーシュトラでヴィトーバー信仰が隆盛し始める。　メーイカンダデーヴァ(タミルのシャイヴァ・シッダーンタ派)活躍
1265	スーフィズムのファリード・ヴッディーン没
1266	奴隷王朝バルバン即位(-87)
1271	マハーラーシュトラの聖者ナーマデーヴ生誕(-96)
1277	元(モンゴル)の世祖クビライ即位(-94)，チャンパ(1282-84)，ベトナム(1284-88)を攻撃，失敗。パガン朝を侵略(1287)
1288	マルコ・ポーロ，カーヤルを訪れる
1290	ジャラールッディーン・ハルジー，ハルジー朝を興す(-1320)
1290頃	マハーラーシュトラの聖者ジュニャーネーシュヴァル，マラーティー語で『ギーター』に註を書く
1292	モンゴルの周達観，真臘を訪れる
1293	ジャワにマジャパヒト王国興る(-1527頃)

1297	ハルジー朝アラーウッディーン・ハルジー，グジャラートを征服
13C後半	セーナ朝滅亡
13C後半頃	ラクシュミーラダ・ヴィディヤーナータ（右道シャクティ派）活躍
13C	コナーラクのスーリヤ祠堂。　ゴーラクシャナート派形成
13-14C	『アディヤートマ・ラーマーヤナ』成立
1320	トゥグルク朝興る（-1413）
1325	ムハンマド・ビン・トゥグルク即位（-51）
1330	ガジャ・マダ，マジャパヒト王国の宰相に就き（-64），ヒンドゥー・ジャワ勢力の黄金時代を築く
1333	イブン・バットゥータ，デリーに滞在（-42）
1336	ハリハラ１世，ヴィジャヤナガル王国第１王朝始める
1343	マジャパヒト王国，バリを勢力下におく
1347	アラーウッディーン・ハサン，バフマニー朝（バフマン朝）を興す
1351	アユタヤ朝成立
1380	ネパール・マッラ朝スティティ・マッラ即位（-99頃）
1398頃	マジャパヒト王国内乱，こののち衰退
14C後半	ヴィジャヤナガル王国興る（-17C中葉）
14C頃	ヴェーダーンタ学派ニンバールカ，不一不異説を説く。　ガンゲーシャ（新論理学派）活躍
1400頃	インドの宗教家ラーマーナンダ生誕（-70頃）。　ベンガル詩人チャンディー・ダース，クリシュナ信仰を説く。　シュリーカンタ・シヴァーチャーリヤ（シャイヴァ・シッダーンタ派）活躍
1401	ティムール，インドに侵入（-06）
1409	ネパール・マッラ朝ジョーティル・マッラ即位（-28）
1414	サイイド朝興る（-51）
1428	ネパール・マッラ朝ヤクシャ・マッラ即位（-82）
1432	カンボジアがシャム（アユタヤ朝）に攻められアンコール放棄
1440	デーヴァラーヤ２世（ヴィジャヤナガル第１王朝）即位（-46）。　宗教改革者カビール生誕（-1518頃）
1451	ローディー朝興る（-1526）
1469	シク教開祖ナーナク誕生（-1538/39）
1473	ヴァッラバ（ヴェーダーンタ学派）生誕（-1531），純粋一元論，『アヌ・バーシュヤ』。ヴァッラバ派形成
1485	チャイタニヤ生誕（-1533）。彼のバクティ運動，チャイタニヤ派形成
1486	サールヴァ・ナーラシンハ，ヴィジャヤナガル第２王朝を建てる
1498	ヴァスコ・ダ・ガマ，カルカッタ（コルカタ）にくる。　女流詩人ミーラ・バーイ生誕（-1563）
15C後半	ベトナムの黎朝，黄金時代
1505	マドゥスーダナサラスヴァティー（ヴェーダーンタ学派）生誕（-69）。　ヴィジャナヤガル第３王朝（トゥルヴァ朝）成立
1510	ポルトガル，ゴアを占領
1526	バーブル，デリー入城，ムガル朝を建てる
1528?	マハーラーシュトラの聖者エークナート生誕（-1609？）
1530	フマーユーン（ムガル朝）即位（-40，55-56）。　ポルトガル，インド総督をゴアに移動
1532	トゥルシーダース生誕（-1623）

1534	シク教第４代グル・ラームダース生誕(-81)
1538	ササラームのシェール・シャー廟建立
1556	アクバル(ムガル朝)統治開始(-1605)
1563	シク教第５代グル・アルジャン生誕(-1606)
1565	デリーのフマーユーン廟完成
1569	ティルマラ，ヴィジャヤナガル第４王朝を建てる
1575	アクバル，「礼拝の家」(イバーダト・ハーナ)を建てる
1579	アクバル，「宣言書」(マフザル)公布
1580	第１次イエズス会使節，アグラのアクバルのもとに派遣される
1598	マハーラーシュトラの聖者トゥカーラーム生誕(-48)
16C末	アユタヤ朝，ナレースエン大王下に復興
1600	イギリス軍，東インド会社設立
1602	シク教聖典『アーディ・グラント』成立。　オランダ東インド会社設立
1605	ムガル朝ジャハーンギール即位(-27)
1608	ラームダース生誕(-81)。　エークナート，『バーガヴァダ・プラーナ』のマラーティー語訳
1613	シカンダラのアクバル廟完成
1618	ムガル朝アウラングゼーブ生誕(-1707)
1619	オランダ，ジャカトラを占領し，バタヴィア市建設
1622	王子シャー・ジャハーンの反乱
1628	ムガル朝シャー・ジャハーン即位(-58)
1633	タージ・マハル廟起工(43完成)
1641	オランダ，マラッカ占領。　イギリス東インド会社，マドラス(チェンナイ)にセント・ジョージ要塞を建設
1648	シヴァージー，北コンカン地方を獲得
1649	ヴィジャヤナガル王国，事実上滅亡
17C中頃	ウルドゥー文学隆盛に向かう
1653	アグラのモーティー・マスジット完成
1658	ムガル朝アウラングゼーブ即位(-1707)
1661	ボンベイ島，ポルトガル王よりイギリス王に譲渡
1664	シヴァージー，スーラトを略奪。　フランス東インド会社再建
1669	ジャート族の反乱
1674	シヴァージー，マラーター王国建設。　フランス東インド会社，ポンディシェリを獲得
1680	シヴァージー死去。サンバージー，マラーター王国第２代王に即位(-89)
1685	イギリス東インド会社，ボンベイ管区を編成
1686	ムガル朝，ビージャプル王国を併合。　イギリス，ムガル朝と戦う
1687	ムガル朝，ゴールコンダ王国を併合
1689	フランス，シャンデルナゴル占領
1692頃	デカンのマラーター勢力再興
1693	オランダ，ポンディシェリを占領
1698	イギリス，新東インド会社結成
17C末	ベトナムのグエン氏，華僑勢力を用いてメコン・デルタ進出(-18C)
1700頃	バラデーヴァ(チャイタニヤ派)，不可思議不一不異説を説く
1702	イギリス，新旧東インド会社合併，カルカッタ(コルカタ)のウィリアム要塞完成

1712	バーラタ・チャンドラ・ラーイ(シャクティ派)生誕(-60)
1718	ラーム・プラサド・セーン(シャクティ派)生誕(-75)
1719	ムハンマド・シャー(ムガル朝)即位(-48)
1744	第1次カーナティック戦争開始(-48)
1750	第2次カーナティック戦争開始(-54)
1757	プラッシーの戦い
1758	第3次カーナティック戦争開始(-61)
1767	第1次マイソール戦争開始(-69)
1769	ネパール・ゴルカ朝興る(-2008)
1772	ヘースティングズ，ベンガル知事となる。74年に初代ベンガル総督
1772/74	ラーム・モーハン・ローイ生誕(-1833)
1775	第1次マラーター戦争開始(-82)
1777	オランダ，ジャワ全土征服
1780	第2次マイソール戦争開始(-84)
1781	カルカッタにヒンドゥー・カレッジ設立
1784	ジョーンズ，ベンガル・アジア協会設立
1786	イギリス，ペナン島獲得
1791	サンスクリット・カレッジ設立
1795	イギリス，マラッカ占領。　オランダ，バタヴィア共和国建国(-1806。1799年オランダ東インド会社解散)
1798	ウェルズリ，ベンガル総督
1799	ランジート・シング，シク王国形成
18C	『マールカンデーヤ・プラーナ』のテルグ語訳完成。　『デーヴィー・ヴィディヤーナータ』(シャクティ派)のマラーヤム語訳完成
1802	グエン(阮)朝成立，国号を越南とする(04)
1803	第2次マラーター戦争開始(-05)
1814	*11* タライ地方をめぐり，イギリス東インド会社軍とゴルカ王国が衝突(ゴルカ戦争開始)
1815	*3-2* イギリス，キャンディ王を廃しその領地を英領に。キャンディ王国滅亡
1816	*3-3* イギリス，ゴルカ朝ネパール王とサガウリ条約を締結(ゴルカ戦争終結)
1817	*11-5* 第3次マラーター戦争開始(-18)。　デーヴェーンドラナート・タゴール生誕(-1905)
1824	ダヤーナンダ・サラスヴァティー生誕(-83)
1828	*8-20* ラーム・モーハン・ローイ，ブラフマ・サマージ設立。　ベンティング，ベンガル総督(-35)
1829	*12-4* サティー(寡《か》婦《ふ》焚死《ふんし》)禁止令
1831	*10-3* イギリス，マイソール藩王国の内政権を接収
1832	セイロン全土，イギリス政府直接統治下に
1833	ベンティング，最初のインド総督
1835	*2-2* マコーレーの教育覚書
1836	近代ヒンドゥー教の祖ラーマクリシュナ生誕(-86)
1838	第1次アフガン戦争開始(-42)
1843	ケーシャブ・チャンドラ・セーン生誕(-84)
1845	シク戦争開始(-46，48-49)
1851	ゾロアスター教徒指導協会設立

1854	*2-27* ジャーンシー藩王国廃絶。*3-13* ナーグプル藩王国廃絶。*7-7* ボンベイ(ムンバイ)に最初のインド人経営の綿紡績工場創業
1856	『タイムス・オブ・インディア』刊行。　ローカマニヤ・ティラク生誕(-1920)
1857	*1-24* カルカッタ大学，*7-18* ボンベイ大学，*9* マドラス大学創設。　インド人傭兵(セポイ)の反乱始まる(-58)
1858	インド人傭兵の反乱ほぼ鎮圧，ヴィクトリア女王，インドのイギリス直轄植民地化を宣言(ムガル帝国滅亡)
1861	ラビーンドラナート・タゴール生誕(-1941)
1863	ヴィヴェーカーナンダ生誕(-1902)。　フランス，カンボジアを保護国とする
1866	*5-6* 英領インド協会設立。ブラフマ・サマージ分裂
1867	*3-31* プラールタナー・サマージ結成
1869	モーハンダース・カラムチャンド・ガンディー(マハートマー・ガンディー)生誕(-1948)
1872	オーロビンド・ゴーシュ生誕(-1950)
1874	*6-1* イギリス東インド会社解散
1875	*4-10* ダヤーナンダ，アーリヤ・サマージ結成。　ブラヴァツキー夫人とオルコット大佐，新智協会を設立
1876	スレーンドラナート・バネルジー，カルカッタにインド人協会設立
1877	*1-1* ヴィクトリア女王，インド皇帝即位(インド帝国成立)
1878	*9-20* マドラスで『ザ・ヒンドゥー』紙創刊。　第2次アフガン戦争開始(-80)
1881	*1* ティラク，マラーティー語紙『ケーサリー』，英字紙『マラーター』を発刊。　ヴィヴェーカーナンダ，ラーマクリシュナと会う
1882	*12* 神智学協会，マドラス近郊アドヤルに本部を移転
1883	*12-28* 全インド国民会議発足。　フランス，ベトナムを保護国とする
1885	*12-28* 第1回インド国民会議開催
1886	*8-16* ラーマクリシュナ没。　マドラスでサーダーラナ・ダルマ結成(1909，ウェーディック・ミッションと合体)
1887	フランス領インドシナ連邦発足
1889	パンディト・ジャワハルラル・ネルー生誕(-1964)
1891	ビムラオ・アンベードカル生誕(-1956)
1892	アーリヤ・サマージ，カレッジ派とマハートマ派に分裂
1893	フランス，ラオスを保護領とする。　ヴィヴェーカーナンダ，シカゴの世界宗教会議に出席
1895	*4-15* ティラク，シヴァージー祭を開始
1896	ヴィヴェーカーナンダ，ニューヨークにヴェーダーンタ協会設立
1897	*5-1* ラーマクリシュナ・ミッション設立
1899	ヴィヴェーカーナンダ，再度渡米，サンフランシスコにヴェーダーンタ協会設立
1904	*3-21* インド大学法成立
1905	*10-16* ベンガル分割法成立。インドの民族運動高まる。　国民会議派，スワデーシー(自国商品の生産・愛用を奨励する運動)に賛同
1906	*12-30* ダッカで全インドムスリム連盟結成
1907	*12-17* ブータンに世襲王朝(ワンチュック朝)成立(～現在)
1908	政党ヒンドゥー・マハーサバー設立
1910	*2-9* インド出版法成立
1912	*4-1* 英領インド，カルカッタからデリーに遷都

1913	*11-13* タゴール，詩集『ギーターンジャリ』でノーベル文学賞を受ける
1914	*7-28* 第一次世界大戦始まる。　オーロビンド，『アールア』発刊
1915	*1-9* ガンディー，南アフリカからボンベイに到着
1916	*2-3* ヴァーラーナシーにヒンドゥー大学設立。*8-1* ティラク，インド自治連盟結成。インド奉仕教団設立。　国民会議派，ムスリムとの統一行動を決定
1919	*4-6* ガンディー，サティヤ・アーグラハ(真実の護持)運動開始
1920	*1-1* 1919年インド統治法発効。　国民会議派，スワラージ運動を決定
1921	*1-1* ネルーら，独立(スワラージ)党結成
1923	*12-21* イギリス，ネパールと友好条約を結び，ネパールを独立国と認める。　モヘンジョ・ダーロ遺跡の発掘開始
1925	ホー・チ・ミン，ベトナム青年革命同志会結成
1930	*3-12* ガンディー,「塩の行進」。　ベトナム共産党結成(同年,インドシナ共産党と改称)
1931	*11-7* 第3回イギリス・インド円卓会議開催
1932	*11-17* ガンディー，国民会議派からの引退を表明
1935	*8-2* インド統治法。　プレーム・チャンド『牛供養』
1939	*3-22* ムスリム連盟，パキスタン分離決議。*9-1* 第二次世界大戦勃発。*9-14* インド国民会議派，イギリスに対する戦争協力拒否方針を決定。　ビルマ共産党結成
1940	*8-8* 国民会議派，イギリスの撤退を決議。　日本軍，東南アジア各地を占領
1941	ボンベイ，ダッカ，ビハールでヒンドゥーとムスリムの衝突起こる(-**42**)
1945	*8-15* 第二次世界大戦終結
1947	*7-18* インド独立法成立。*8-14* インド・パキスタン分離独立。*8-15* イギリス連邦自治領インド連邦成立。*10-2* インド軍，カシミール地方で軍事作戦を開始
1948	*1-30* ガンディー，ヒンドゥー・マハーサバーの青年に暗殺される
1950	*1-26* インド憲法制定，インド共和国として完全に独立。カーストによる差別，不可触賤民制，法的に廃止される
1951	*2-18* ネパール王(ゴルカ朝)，トリブバンの王政復古。　対日講和条約に不参加決定
1952	*6-9* 日本・インド平和条約調印
1954	*6-25* 周恩来・ネルー会談，平和五原則声明(*6-28*)
1955	ヒンドゥー家族法改革
1956	アンベードカル，仏教帰依
1960	*12-20* 南ベトナム解放民族戦線結成
1961	*12-18* インド，ポルトガル領ゴア・ダマン・ディウを併合
1964	*5-27* ネルー没
1971	*4-17* バングラデシュ民主共和国独立宣言
1975	*5-16* シッキム王国，インドに吸収・併合(シッキム州成立)。　カンボジア・ベトナム全土解放，ラオス人民民主共和国成立(*12-2*)
1984	*6-5* インド政府軍，アムリトサルのシク教黄金寺院を制圧。*10-31* インディラ・ガンディー首相暗殺。*11-1* インドでニューデリーを中心に反シク教徒暴動発生
2001	*6-1* ネパール王宮銃乱射事件により，ビレンドラ国王死亡
2008	ネパール連邦民主共和国成立

参考文献

◆邦語文献

荒松雄『ヒンドゥー教とイスラム教』岩波書店　1977
石井溥『ネワール村落の社会構造とその変化』東京外国語大学アジア・アフリカ言語文化研究所　1980
石井溥編『もっと知りたいネパール』弘文堂　1986
石澤良昭，大村次郷写真『アンコールからのメッセージ』山川出版社　2002
伊藤和洋『ネパール――自然・人間・宗教』平河出版社　1979
イブン・バットゥータ（前嶋信次訳）『三大陸周遊記』（世界探検全集 2）河出書房新社　1977
岩村昇・岩村文子『ネパール通信』1～3　新教出版社　1968・70・73
宇井伯寿『インド哲学史』岩波書店　1932
M・ウィーラー（曽野寿彦訳）『インダス文明』みすず書店　1966
M・ウィーラー（小谷仲男訳）『インダス文明の流れ』創元社　1971
M・ヴィンテルニッツ（中野義照訳）『ヴェーダの文学』（インド文献史 1）高野山大学内日本印度学会　1964
M・ヴィンテルニッツ（中野義照訳）『叙事詩とプラーナ』（インド文献史 2）高野山大学内日本印度学会　1965
上野照夫編『インド』（世界美術全集 19）角川書店　1960
上野照夫『インドの美術』中央公論美術出版　1964
上野照夫『インド美術論考』平凡社　1973
上村勝彦『インド神話』東京書籍　1981
上村勝彦『カウティリヤ実利論』上・下　岩波書店　1984
上村勝彦『マハーバーラタ』筑摩書房　1～6：2002　7：2003　8：2005
臼田雅之・押川文子・小谷汪之編『もっと知りたいインド』Ⅱ　弘文堂　1989
宇野精一・中村元・玉城康四郎『インド思想』（講座東洋思想 1）東京大学出版会　1967
M・ウルセル（美田稔訳）『インドの神話』みすず書房　1959
M・エリアーデ（立川武蔵訳）『ヨーガ』1・2（エリアーデ著作集 9・10）せりか書房　1975
押川文子編『インド社会の発展とカースト』アジア経済研究所　1990
R・オットー（立川武蔵・立川希代子訳）『インドの神と人』人文書院　1998
加賀谷寛・浜口恒夫『南アジア現代史』Ⅱ（世界現代史 10）山川出版社　1977
金倉円照『インドの自然哲学』平楽寺書店　1971
金倉円照『インド哲学史』平楽寺書店　1973
K・M・カパディア（山折哲雄訳）『インドの婚姻と家族』未來社　1969
辛島昇編『インド史における村落共同体の研究』東京大学出版会　1976
辛島昇編『インド世界の歴史像』（民族の世界史 7）山川出版社　1985
辛島昇編『インド』（読んで旅する世界の歴史と文化）新潮社　1992
辛島昇編『南アジア史』（新版世界各国史）山川出版社　2004
辛島昇・桑山正進・小西正捷・山崎元一『インダス文明――インド文化の源流をなすも

の』日本放送出版協会　1980
辛島昇・坂田貞二編，大村次郷写真『北インド』（世界歴史の旅）山川出版社　1999
辛島昇・坂田貞二編，大村次郷写真『南インド』（世界歴史の旅）山川出版社　1999
辛島昇ほか監修『南アジアを知る辞典』（新訂増補版）平凡社　2002
カーリダーサ（辻直四郎訳）『シャクンタラー姫』岩波書店　1978
川喜多二郎編『ネパールの人と文化』古今書院　1970
川喜多二郎編『ヒマラヤ』（朝日小辞典）朝日新聞社　1977
M・ガンジー（蠟山芳郎訳）『ガンジー自伝』中央公論社　1983
木村雅昭『インド史の社会構造――カースト制をめぐる歴史社会学』創文社　1981
K・クリパラーニ（森本達雄訳）『ガンディーの生涯』上・下　第三文明社　1983
桑山正進「インダス文明に関する最近の理解」『ミュージアム』293号　1975
小泉文夫『民族音楽――アジアの音楽を中心に』旺文社　1982
肥塚隆編『インド美術』Ⅰ・Ⅱ（世界の美術 83・84）朝日新聞社　1979
肥塚隆監修『大英博物館所蔵「インドの仏像とヒンドゥーの神々」展図録』朝日新聞社　1994
肥塚隆・田枝幹宏『美術に見る釈尊の生涯』平凡社　1979
D・D・コーサンビー（山崎利男訳）『インド古代史』岩波書店　1966
小谷汪之『共同体と近代』青木書店　1982
小谷汪之『大地の子――インド近代における抵抗と背理』（あたらしい世界史 1）東京大学出版会　1986
小西正捷『多様のインド世界』（人間の世界史 8）三省堂　1981
M・コバルビアス（関本紀美子訳）『バリ島』平凡社　1991
近藤治編『インド世界　その歴史と文化』世界思想社　1984
斎藤吉史『インドの現代政治』朝日新聞社　1988
坂井尚夫『インドの宗教』山喜書林　1956
坂田貞二ほか編『都市の顔・インドの旅』春秋社　1991
定方晟『インド宇宙誌――宇宙の形状・宇宙の発生』春秋社　1985
佐藤宗太郎『エローラ石窟寺院』木耳社　1977
佐藤宏編『南アジア――経済』（地域研究シリーズ 7）アジア経済研究所　1991
佐藤宏編『南アジア――政治・社会』（地域研究シリーズ 8）アジア経済研究所　1991
佐藤宏・内藤雅雄・柳沢悠編『もっと知りたいインド』Ⅰ　弘文堂　1988
佐藤正哲『ムガル期インドの国家と社会』春秋社　1982
佐保田鶴治『ウパニシャッド』平河出版社　1979
佐和隆研編『仏教図典』吉川弘文館　1962
佐和隆研編『インドの美術』美術出版社　1978
重枝豊・桃木至朗編『チャンパ王国の遺跡と文化』トヨタ財団　1984
R・S・シャルマ（山崎元一・山崎利男訳）『古代インドの歴史』　山川出版社　1985
O・シュトラウス（湯田豊訳）『インド哲学』大東出版社　1979
菅沼晃『ヒンドゥー教――その現象と思想』（東洋人の行動と思想 4）評論社　1976
菅沼晃『インド神話伝説辞典』東京堂出版　1985
杉本良男編『もっと知りたいスリランカ』弘文堂　1987

D・スネルグローブ（吉永定雄訳）『ヒマラヤ巡礼』 白水社 1975
P・スピィア（大内穂・李素玲・笠原立晃訳）『インド史』3 みすず書房 1975
G・セデス（辛島昇・内田晶子・桜井由躬雄訳，山本達郎解説）『インドシナ文明史』みすず書房 1969
G・セデス（三宅一郎訳）『アンコール遺跡』連合出版 1990
高田修『印度・南海の仏教美術』創芸社 1943
高田修編『インド・東南アジア』（世界美術全集 11）平凡社 1953
高田修『仏教美術史論考』中央公論美術出版 1969
高田修『仏像の誕生』岩波書店 1987
高田修・上野照夫『インド美術』日本経済新聞社 1965
高田修・田枝幹宏『アジャンタ』平凡社 1971
S・N・ダスグプタ（高島淳訳）『ヨーガとヒンドゥー神秘主義』せりか書房 1979
田中於菟彌・荒松雄・中村平治・小谷汪之『変貌のインド亜大陸』（世界の歴史 24） 講談社 1978
田中於菟彌・坂田貞二『インドの文学』ピタカ 1978
立川武蔵『女神たちのインド』せりか書房 1990
立川武蔵『はじめてのインド哲学』（現代新書）講談社 1992
立川武蔵『ヒンドゥー神話の神々』せりか書房 2008
立川武蔵，大村次郷写真『ヒンドゥーの聖地』（世界歴史の旅）山川出版社 2009
田辺勝美『仏教の起源に学ぶ生と死』柳原出版 2006
R・ターパル（辛島昇・小西正捷・山崎元一訳）『インド史』1・2 みすず書房 1970・72
R・ターパル（山崎元一・成沢光訳）『国家の起源と伝承——古代インド社会史論』法政大学出版局 1986
玉城康四郎『近代インド思想の形成』東京大学出版会 1965
ダンディン（田中於菟弥・指田清剛訳）『十王子物語』（東洋文庫）平凡社 1966
チャン・キィ・フォン／重枝豊『チャンパ遺跡——海に向かって立つ』連合出版 1997
S・チャンドラ（小名康之・長島弘訳）『中世インドの歴史』山川出版社 1999
H・ツィンマー（宮本啓一訳）『インド・アート——神話と象徴』せりか書房 1988
辻直四郎『印度』（南方民族誌叢書 5）偕成社 1943
辻直四郎『ヴェーダとウパニシャッド』創元社 1953
辻直四郎『インド文明の曙』（岩波文庫）岩波書店 1967
辻直四郎『リグ・ヴェーダ讃歌』（岩波文庫）岩波書店 1970
辻直四郎『サンスクリット文学史』岩波書店 1973
辻直四郎『古代インドの説話——ブラーフマナ文献より』春秋社 1978
辻直四郎『バガヴァッド・ギーター』講談社 1980
J・A・デュボア（重松伸司訳注）『カーストの民——ヒンドゥーの習俗の儀礼』平凡社 1988
長崎暢子『インド大反乱 1857年』中央公論社 1980
長崎暢子『インド独立——逆光の中のチャンドラ・ボース』朝日新聞社 1990
中村元『インド古代史』上・下（中村元選集 5・6）春秋社 1963・66

中村元『ガンジスの文明』（世界の歴史 5）講談社 1977
中村元『ヒンドゥー教史』（世界宗教史叢書 6）山川出版社 1979
中村元『インド思想史』（第2版，岩波全書）岩波書店 1986
中村平治『南アジア現代史の展望』青木書店 1972
中村平治『南アジア現代史』Ⅰ（世界現代史 9）山川出版社 1977
中村雄二郎『魔女ランダ考――演劇的知とはなにか』岩波書店 2001
西岡直樹『インド花綴り――インド植物誌』木犀社 1988
錦織亮介『天部の仏像事典』東京美術 1983
J・ネルー（辻直四郎・飯塚浩二・蠟山芳郎訳）『インドの発見』上・下 岩波書店 1953
A・L・バシャム（日野紹運・金沢篤・水野善文・石上和敬訳）『バシャムのインド百科』（改訂2版）山喜房佛書林 2014
B・バッタチャルヤ（神代峻通訳）『インド密教学序説』密教文化研究所 1962
服部正明『インド古代の神秘思想』（学術文庫）講談社 1979
R・パームダット（大形孝平訳）『現代インド』岩波書店 1956
早島鏡正・高崎直道・原実・前田專学『インド思想史』東京大学出版会 1982
原真・渡辺興亜編『ヒマラヤ研究』山と溪谷社 1983
R・G・バンダルカル（島岩・池田健太郎訳）『ヒンドゥー教――ヴィシュヌとシヴァの宗教』せりか書房 1984
深沢宏『インド社会経済史研究』東洋経済新報社 1972
前田專学『ヴェーダンタの哲学』平楽寺書店 1980
松井透編『インド土地制度史研究』東京大学出版会 1972
松井透『世界市場の形成』岩波書店 1991
松井透・山崎利男編『インド史における土地制度と権力構造』東京大学出版会 1969
マルコ・ポーロ（愛宕松男訳注）『東方見聞録』1・2 平凡社 1971
丸山静雄『インド国民軍』岩波書店 1985
宮治昭『インド美術史』吉川弘文館 1981
村上真完『インド哲学概論』平楽寺書店 1991
P・モハンティ（小西正捷訳）『わがふるさとの「インド」』平凡社 1975
森本達雄『インド独立史』中央公論社 1972
モンセラーテ／パイス／ヌーネス（清水廣一郎訳・解説，池上岑夫訳，小谷汪之注・解説，浜口乃二雄訳，重松伸司注・解説）『ムガル帝国誌 ヴィジャヤナガル王国誌』（大航海時代叢書第Ⅱ期 5）岩波書店 1984
薬師義美『ヒマラヤ文献目録』白水社 1984
山折哲雄『ガンディーとネルー』評論社 1974
山際素男『不可触民――もう一つのインド』三一書房 1981
山崎元一『アショーカ王とその時代』春秋社 1982
山崎元一『古代インド社会の研究――社会の構造と庶民・下層民』刀水書房 1987
山室静・野間宏・森本達雄・我妻和男編『タゴール著作集』全12巻 第三文明社 1981-93
山本達郎編『インド史』（世界各国史 10）山川出版社 1960
山本智教『インド美術史大観』毎日新聞社 1990

吉岡昭彦『インドとイギリス』岩波書店　1975
吉田禎吾『神々の島バリ――バリ＝ヒンドゥーの儀礼と芸能』春秋社　1994
L・ルヌー（渡辺照宏・美田稔訳）『インド教』（文庫クセジュ）白水社　1960
L・ルヌー／J・フィリオザ（山本智教訳）『インド学大事典』全3巻　金花社　1979・81
渡瀬信之『マヌ法典――ヒンドゥー教世界の原型』中央公論社　1990
R・G・ワッソン／W・D・オフラハティ（徳永宗雄・藤井正人訳）『聖なるキノコ――ソーマ』せりか書房　1988

◆欧語文献

Agrawala, V. S., *The Glorification of the Great Goddess*, All-India Kashiraj Trust, Ramnojar Varanasi, 1963.

Albanese, M., *Angkor*, Asia Books, Bangkok, 2002.

Auboyer, J., *Introduction à l'étude de l'art de L'Inde*, Is. M. E. O., Roma, 1965.

Asher, F. M., *The Art of Eastern India, 300-800*, The University of Minnesota Press, Minneapolis, 1980.

Banerjea, J. N., *Paurāṇic and Tāntric Religion*, University of Culcutta, Calcutta, 1966.

Banerjea, J. N., *The Development of Hindu Iconography*, Munshiram Manoharlal, New Delhi, 1974.

Basham, A. L., *The Wonder That was India*, Grove Press, New York, 1959.

Berkson, C., *Ellora, Concept and Style*, 2nd ed., Abhinav Publications, Delhi, 2004.

Bhandarkar, R. G., *Vaiṣṇavism, Śaivism, and Minor Religious Systems* (rept. of the Collected Works of R. G. Bhandarkar), Oriental Series, Class B, No. 4, Bhandarkar Oriental Research Institute, Poona, 1982.

Bhattacharji, S., *The Indian Theogony*, The Cambridge University Press, London, 1970.

Bhattacharyya, N. N., *Indian Mother Goddess*, Indian Studies: Past & Present, Calcutta, 1971.

Bhattasali, N. K., *Iconography of Buddhist and Brahmanical Sculptures in the Dacca Museum*, Rai S. N. Bhadra Bahadur, Dacca, 1929.

Biradeau, M., *Hinduism*, tr. by Richard Nice, Oxford University Press, Delhi, 1989.

Burgess, J., *Report on the Elura Cave Temples and the Brahmanical and Jain Caces in Western India*, 1883 (rept. ed., Vanarasi, 1970).

Coomaraswamy, A. K., *History of Indian and Indonesian Art*, Dover Publications, New York, 1965.

Coomaraswamy, A. K., *The Dance of Shiva*, The Noonday Press, New York, 1918 (2nd ed., Munshiram Manoharlal, Delhi, 2004).

Crooke, W., *Religion and Folklore of Northern India*, S. Chand, Delhi, 1925.

Danielou, A., *The Gods of India, Hindu Polytheism*, Inner Traditions International, New York, 1985.

Diddee, J. and S. Gupta, *Pune, Queen of the Deccan*, Elephant Design, Pune, 2000.

Dikshitar, J., *The Purāṇa Index*, University of Madras, Madras, Vol. 1, 1951; Vol. 2, 1952; Vol. 3, 1955.

Dowson, J., *A Classical Dictionary of Hindu Mythology and Religion, Geography, History and*

Literature, Rautledge & Kegal Paul, London, 1957.
Eggeling, J. (tr.), *The Śatapatha Brāhmaṇa*, Motilal Banarsidass, Delhi, 1963 (rept. of Sacred Books of the East Vol. 41, 1984).
Fausboll, V., *Indian Mythology according to the Mahābhārata, in Outline*, Bhartiya Vidya Prakashanm, Vanarasi, 1972.
Fergusson. J. and J. Burgess, *The Cave Temples of India*, Oriental Books Reprint Cooperation, Delhi, 1969 (rept. of 1880).
Fraser, J. Nelson and K. B. Marathe, *The Poems of Tukārāma*, Motilal Banarsidass Publisheres, Delhi, 1909 (rept., 2000).
Gaston, A., *Śiva in Dance Myth and Iconography*, Oxford University Press, Delhi, 1982.
Glasenapp, H., *Der Hinduismus*, Kurt Wolff Verlag, München, 1922.
Goetz, H., *Studies in the History, Religion and Art of Classical and Mediaeval India*, Steiner, Wiesbaden, 1974.
Gonda, J., *Aspects of Early Viṣṇuism*, Motilal Banarsidass, Delhi, 1969 (rept. of 1954).
Goswami, C. L. (ed. and tr.), *Śrīmad Bhāgavata Mahāpurāṇa*, The Gītā Press, Gorakhpur, 1971.
Gunasinghe, S., *La technique de la peinture indienne*, Université de Paris, Paris, 1957.
Gupta, S. M., *Plant Myths and Traditions in India*, E. J. Brill, Leiden, 1971.
Gupta, S. P. (ed.), *Masterpieces from the National Museum Collection*, National Museum, New Delhi, 1985.
Gupte, R. S., *Iconography of the Hindus Buddhists and Jains*, D. B. Taraporevavala Sons, Bombay, 1972.
Harle, J. C., *Gupta Sculpture*, Clarendon Press, Oxford, 1974.
Härtal, H., V. Moeller und G. Bhattacharya, *Museum für Indische Kunst Berlin*, Staatliche Museen Preussicher Kulturbesitz, Berlin, 1976.
Hastings, J., *Encyclopaedia of Religion and Ethics*, Vol. 6, T. & T. Clark, New York, 1913.
Hillebrandt, A., *Vedische Mytologie*, I-III, Wilhelm Kolbner, Breslau, 1891.
Hopkins, E. W., *Epic Mythology*, Indological Book House, Delhi, 1968.
Huntington, S. L. with contribution by John C. Huntington, *The Art of Ancient India*, Weather Hill, New York/Tokyo, 1985.
Hutheesing, Krishna Nehru, *We Nehrus*, Publishing House, Bombay, 1968.
Kalle, M. R., *The Kumārasambhava of Kālidāsa*, Motilal Banarsidass, Delhi, 1967.
Kapadia, K. M., *Marriage and Family in India*, 2nd ed., Indian Branch Oxford University Press, Bombay, 1958.
Kinsley, D. R., *The Sword and the Flute*, University of California Press, Berkeley/Los Angeles, 1975.
Kinsley, D. R., *Hindu Goddesses*, Motilal Banarsidass, Delhi, 1987.
Kramrisch, S., *Hindu Temples*, 2 vols., University of Calcutta, Calcutta, 1946.
Kramrisch, S., *The Art of India*, Phaidon Press, London, 1955.
Lalye, P. G., *Sudies in Devī Bhagavatā*, Popular Prakashan, Bombay, 1973.
Lippe, A., *The Freer Indian Sculptures*, Smithsonian Institution, Washington, 1970.

Lippe, A., “Early Chalukya Icons,” *Artibus Asiae*, Vol. 34–4, 1972, 273–330.
Lippe, A., *The Presence of Śiva*, Princeton University Press, Princeton, 1981.
Lüders, H., *Varuṇa*, Vanden-hoeck & Ruprecht, Göttingen, Vol. I, 1951; Vol. II, 1959.
Macdonald, A. W. and A. V. Stahl, *Newar Art*, Vikas Publishing House, Delhi, 1979.
Macdonell, A. A., *Vedic Mythology*, Trübner, Strassbourg, 1897.
Mackay, E., *Further Excavations at Mohenjo-daro*, Government Press, Delhi, 1938.
Majumdar, R. C. (ed.), *The History and Culture of the Indian People*, 11 vols., Bharatiya Vidya Bhavan, Bombay, 1951–69.
Mani, V., *Purāṇic Encyclopaedia*, Motilal Banarsidass, Delhi, 1975.
Marshall, J., *Mohenjo Daro and the Indus Civilization*, Arthur Probsthain, London, 1931.
Menon, C. A., *Kālī-worship in Kerala*, Vol. 1, 2nd ed., Madras University Malayalam Series, No. 8, University of Madras, Madras, 1959.
Mitra, R., *The Antiquities of Orissa*, 2 vols., Indian Studies Past & Present, Calcutta, 1961 (rept. of 1875–80).
Monier-Williams, M., *Brāhmanism and Hindūism*, John Murray, London, 1891.
Mukherjee, B. N., *The Kusāṇa Genealogy*, Calcutta University, Calcutta, 1967.
Mukherjee, B. N., *Nanā on Lion*, The Asiatic Society, Calcutta, 1969.
Nagar, S. L., *The Image of Brahma*, 2 vols., Parimal Pulication, Delhi, 1992.
Nandi, R. N., *Religious Institutions and Cults in the Deccan*, Motilal Banarsidass, Delhi, 1973.
Oursel, M. P. et L. Morin, *Mythologie del'Inde*, Librairie Larousse, Paris, 1935.
Pal, Pratapaditya and Shri Dipak Chandra Bhattacharya, *The Astral Divinities of Nepal*, Prithivi Prakashan, Vanarasi, 1969.
Pandey, L. S., *Sun Worship in Ancient India*, Motilal Banarsidass, Delhi, 1971.
Pattanaik, D., *Vishnu, an Introduction*, Vakils, Feffer and Simons, Munbai, 1998.
Pham Thuy Hop, *The Collection of Champa Sculpture in the National Museum of Vietnamese History*, National Museum of Vietnamese History, Hanoi, 2003.
Piggott, S., *Prehistoric India to 1000 B. C.*, Penguin Books, Harmondsworth, Middlesex, 1950.
Pushpendra, K., *Śakti Cult in Ancient India*, Bhratiya Publishing House, Vanarasi, 1974.
Ranade, R. D., *Mysticism in Maharashtra, Indian Mysticism*, Munshiram Manoharlal, New Delhi, 2003.
Randhawa, M. S., *The Cult of Trees and Tree-Worship in Buddhist-Hindu Sculpture*, All India Fine Arts & Crafts Society, New Delhi, 1964.
Rao, G., *Elements of Hindu Iconology*, 4 vols., Paragon Book Reprint, New York, 1968 (rept. of 1914).
Ray, A., *Art of Nepal*, Indian Council for Cultural Relations, New Delhi, 1973.
Scharpe, A., *Kālidāsa-Lexicon*, 1–3, De Tempel, Brugge, 1958.
Schmidt, H., *Bṛhaspati und Indra*, Otto Harrasiowitz, Wiesbaden, 1968.
Shah, P., *Vishunudharmottara-purāṇa*, Parimal Publication, New Delhi, 1978.
Shimizu Tadashi, *The Bhāgavata-purāṇa, Miniature Paintings from the Bhandarkar Oriental Research Institute Manuscripts Dated 1648*, tr. by Rolf W. Giebel, The Centre for East Asian Cultureal Studies for Unesco, The Toyo Bunko, Tokyo, 1993.

Singh, O. P., *Iconography of Gaja-Laksmī*, Bharati Prakashan, Vanarasi, 1983.
Singh, S. B., *Brahmanical Icons in Northern India*, Sagar Publications, New Delhi, 1977.
Sircar, D. C., *The Śakti Cult and Tārā*, University of Calcutta, Calcutta, 1973.
Sircar, D. C., *The Śakta Pīṭhas*, Motilal Banarsidass, Delhi, 1973.
Slusser, M. S., *Nepal Mandala*, 2 vols., Princeton University Press, Princeton, 1982.
Smith, V. A., *History of Fine Art in India and Ceylon*, rept. ed., Bombay, 1969.
Smith, W., *The Mukteśvar Temple in Bhubaneswar*, Motilal Banarsidass, Delhi, 1994.
Sorensen, S., *An Index to the Names in the Mahābhārata*, Motilal Banarsidass, Delhi, 1963.
Spink, W., *Ajanta to Ellora*, University of Michigan, Michigan, 1967.
Staal, F., *Agni*, 2 vols., Asian Humanities, Berkeley, 1983.
Stutley, M. and J. Stutley, *A Dictionary of Hinduism*, Routledge & Kegan Paul, London/Henley, 1977.
Tachikawa, M., *The Structure of the World in Udayana's Reaslism*, Reidel, Leiden, 1981.
Tachikawa, M., *Mother Goddesses in Kathmandu*, Adroit Publishers, Delhi, 2004.
Tachikawa, M., S. Bahulkar and M. Kolhatkar, *Indian Fire Ritual*, Motilal Banarsidassk, Delhi, 2001.
Tachikawa, M., S. Hino and L. Deodhar, *Pūjā and Saṃskāra*, Motilal Banarsidass, Delhi, 2001.
van Buitenen, J. A. B., *The Mahābhārata*, Book I–V, University of Chicago Press, Chicago, 1973–78.
Vogel, J. Ph., *Indian Serpent-Lore or The Nāgas in Hindu Legend and Art*, Arthur Probsthain, London, 1926.
Wasson, R. G., *Soma: Divine Mushroom of Immortality*, Harcourt Brace Jonanovich, New York, 1969.
Weiner, S. L., *Ajanta*, University of California Press, Berkeley/Los Angeles, 1977.
Wheeler, M., *Civilization of the Indus Valley and Beyond*, Thames and Hudson, London, 1966.
Wilson, H. H., *The Vishnu Purana*, Punthi Puskak, Calcutta, 1972 (rept. of 1888).
Winternitz, M., *Geschichte der indischen literature*, C. F. Amelangs Verlag, Leipzig, 1908.
Yazdani, G., *Ajanta*, 4 vols., Oxford University Press, London, 1930–55.
Zimmer, H., *Myths and Symbols in Indian Art and Civilization*, Princeton University Press, Princeton, 1942 (rept., 1972).
Zimmer, H., *The Art of Indian Asia*, Bollingen Series, Pantheon Books, New York, 1955.

索 引

人名索引

ア

アイバク *Aybak* ?-1210(位1206-10) 185, 186
アウラングゼーブ *Aurangzeb* 1618-1707(位1658-1707) 189, 190, 192
アクバル *Akbar* 1542-1605(位1556-1605) 189
アジャータシャトル *Ajātaśatru* 位前493-前462? 44, 45
アシュヴァゴーシャ(馬鳴) *Aśvaghoṣa* 2-3世紀 120, 121, 128
アショーカ *Aśoka* 位前268-前232頃 49-51, 144
アッパル *Appar* 7-8世紀 143
アーディトヤ1世 *Āditya I* 9世紀末 141
アナンタ *Ananta* 11世紀 136
アノウラタ *Anowrata* 位1044-77 304
アーパデーヴァ *Āpadeva* 17世紀初頭 209
アフザル・ハーン *Afzal Khan* ?-1659 190
アマル(アマルカ) *Amaru (Amaruka)* 800以前 122, 123
アラーウッディーン・ハサン *Alā ad-Dīn Ḥasan* 16世紀後半 187
アリストテレス *Aristoteles* 前384-前322 46
アレクサンドロス *Alexandros* 前356-前323(位前336-前323) 46, 48
アンシュヴァルマン *Aṃśuvarman* 位605-621 267
アンチャン1世 *Angchan I* 位1516-66 303
アンナンバッタ *Annaṃ Bhaṭṭa* 16世紀末 209
イエス Jesus 前7/前4?-後30? 227
イーシャーナ・ヴァルマン1世 *Īśāṇa-varman I* 1世紀 296
イルトゥトゥミシュ *Iltutmish* ?-1236(位1211-36) 186
ヴァースデーヴァ *Vāsudeva* 3世紀 51
ヴィヴェーカーナンダ *Vivekānanda* 1863-1902 220, 227-229, 236, 239
ヴィクトリア *Victoria* 1819-1901(位1837-1901) 230
ヴィクラマーディトヤ *Vikramāditya* 前1世紀 279
ヴィクラマーディトヤ1世 *Vikramāditya I* 7世紀 140
ヴィジャヤセーナ *Vijayasena* 11-12世紀 137
ヴィマ・タクトゥ *Vima Taktu* 2世紀前半 50
ヴィヤーサ *Vyāsa* 500頃 110, 116
ウェーバー *Max Weber* 1864-1920 8, 47, 67
ウダヤナ *Udayana* 前5世紀頃 45
ウダヤナ *Udayana* 11世紀 181-184, 209
ウッチャラ *Uccala* ?-1111 136
エリアーデ *M. Eliade* 1907-86 5, 109
エリザベス1世 *Elizabeth I* 1533-1603(位1558-1603) 191
オットー *R. Otto* 1869-1937 5, 175
オルコット *Henry Steel Olcott* 1832-1907 228

カ

カウティリヤ *Kauṭilya* 前4世紀後半 48
カニシカ *Kaniṣka* 位144-171? 50
カビール *Kabīr* 1398-1448頃/1440-1518頃 210-212, 216
カマラー *Kamala* 1899-1936 245
カーリダーサ *Kālidāsa* 400頃 90-95, 98, 99, 121, 122, 125, 127-130, 149, 153
カルハナ *Kalhaṇa* 12世紀半ば 136
ガンゲーシャ *Gaṅgeśa* 14世紀 209
ガンディー(インディラ) *Indira Gandhi* 1917-84 245
ガンディー(モーハンダース・カラムチャ

ンド）*Mohandas Karamchand Gandhi* 1869-1948 242-247
義浄 635-713 308
クジューラ・カドフィセース *Kujūla Kadphises* 位30-91頃 50
クマーラグプタ１世 *Kumāragupta I* 位415頃-455頃 82, 122
クマーラデーヴィー *Kumāradevī* ４世紀 77
グラスマン *H. Grassmann* 19世紀 88
クリシュナ *Kṛṣṇa* 前７世紀頃 65
クリシュナミシュラ *Kṛṣṇamiśra* 11-12世紀 130
クン・チョームタム *Khun Jomtham* 11-12世紀 304
ゲーランダ *Gheraṇḍa* 17世紀頃 195
玄奘 602-664 133, 134
乾隆帝 1711-99（位1735-95） 272
ゴーカレー *Gopala Krishna Gokhale* 1866-1915 231
ゴーシュ *Aurobindo Ghosh* 1872-1950 240, 241, 244
ゴーパーラ *Gopāla* 位750頃-770頃 137
ゴーラクナート（ゴーラクシャ）*Gorakhnāth* (*Gorakṣa*) 13世紀 194, 195

サ

サダーナンダ *Sadānanda* 15世紀末 209
サードゥヴィー・ホルカル *Sadhvī Holkar* 18世紀 156
サムドラグプタ *Samudragupta* 位350-375 77, 80
サラスヴァティー *Sarasvatī* 1824-83 219, 220, 229
サンバンダル *Campantar* ７世紀 143
シヴァージー *Shivaji* 1627-80（位1674-80） 190, 191, 216
シェール・シャー *Sher Shāh* 位1539-45 188, 189
シカンダル・ローディー *Sikandar Lodī* 位1488-1517 211
始皇帝 前259-前210（位前247-前210） 291, 304
シッディナラシンハ・マッラ *Śiddhinarasiṃha-malla* 位1618頃-60頃 268
ジナ *Jina* 前６-前５世紀 13, 102
シャー・ジャハーン *Shāh Jahān* 位1628-58 189
シャーハジー・ボーンスレー *Shāhajī Bhonsle* 1594-1664 190
ジャハーンギール *Jahāngir* 位1605-27 189
ジャヤ・ヴァルマン２世 *Jaya-varman II* 位802-834 297
ジャヤ・ヴァルマン５世 *Jaya-varman V* 位969-1000頃 298
ジャヤ・ヴァルマン７世 *Jaya-varman VII* 1125頃-1218頃 301, 302, 304
ジャヤデーヴァ *Jayadeva* 12世紀 138
シャンカラ *Śaṅkara* ８世紀前半 68, 110, 173-180, 209, 233, 236, 273
ジュニャーネーシュヴァラ（ニャーンデーヴ）*Jñāneśvara* (*Jñāndev*) 1275-96頃 213, 254-256
ジョーティル・マッラ *Jyotir-malla* 位1409-28 268
シンハヴィシュヌ *Siṃhaviṣṇu* ６世紀後半 141
スヴァートマーラーマ *Svātmarāma* 16-17世紀 195
スカンダグプタ *Skandagupta* 位455-470頃 82
スティティ・マッラ *Sthiti-malla* 位1380-99頃 267-269
スールヤヴァティー *Sūryavatī* 11世紀 136
スールヤ・ヴァルマン２世 *Sūrya-varman II* 位1011-50 299
スレーシュヴァラ *Sureśvara* 720頃-770頃 176, 182
スンダラル *Cuntarar* ７世紀後半-８世紀前半 143
ソーパーナ *Sopāna* 13世紀後半 254

ソーマデーヴァ *Somadeva* 11世紀 136

タ

太宗(李世民) 598-649(位626-649) 291
タゴール *Rabindranath Tagore* 1861-1941 219, 237-239, 244
ダナンジャヤ *Dhanaṃjaya* 10世紀後半 131
ダルマパーラ *Dharmapāla* 位770頃-810頃 137
ダンディン *Daṇḍin* 7世紀 122
チャイタニヤ *Caitanya* 1485/86-1533 210, 212, 216
チャンドラグプタ *Candragupta* 位前321-前297頃 48
チャンドラグプタ1世 *Candragupta I* 位320頃-350頃 77, 82
チャンドラグプタ2世 *Candragupta II* 位380-415頃 80-82, 122
チャンパカ *Campaka* 11世紀後半-12世紀初期 136
チンギス・ハン *Chinggis Khan* 1155/61/62/67-1227(位1206-27) 187
ツォンカパ *Tsongkhapa* 1357-1419 223
ディッダー *Diddā* ?-1003 136
ティラク *Bal Gangadhar Tilak* 1856-1920 230-232, 236, 237, 241
ティルマンガイ *Tirumaṅgai* 9-10世紀 144
デーヴァパーラ *Devapāla* 位810頃-850頃 137
トゥーカーラーム *Tukārām* 1608-49 210, 213, 216
トゥルシーダース *Tulsīdās* 1532-1623 210, 212

ナ

ナーガルジュナ(龍樹) *Nāgārjuna* 2-3世紀 84
ナーナク *Nānak* 1469-1538/39 246
ナラシンハヴァルマン *Narasiṃhavarman* 位625-645 141
ナンビヤーンダル・ナンビ *Nambiyandar Nambi* 11世紀 143
ナンマールヴァール *Nammalvar* 8-9世紀 144
ニヴリッティ *Nivṛtti* 13世紀後半 254
ニャーンデーヴ→ジュニャーネーシュヴァラ
ネルー(パンディト・ジャワハルラル) *Pandit Jawaharlal Nehru* 1889-1964 244-246
ネルー(モティラル) *Motilal Nehru* 1861-1931 244
ネルー・フーテーシン(クリシュナー) *Krishna Nehru Hutheesing* 1907-67 244

ハ

バヴァブーティ *Bhavabhūti* 8世紀前半 129
パウロ *Paulus* ?-60以後 227
バーサ *Bhāsa* 4世紀頃 128, 129
バージ・ラーオ2世 *Baji Rao II* 1775-1851 190
バーナ *Bhāṇa* 7世紀中葉 128, 134
バネルジー *Surendranath Banerji* 1848-1925 230, 231
バハードゥル・シャー2世 *Bahādur Shāh II* 位1837-58 218
バーブル *Bābur* 1483-1530(位1526-30) 187, 188
パラーンタカ1世 *Parāntaka I* 位907-955 144
ハルシャ(ローハラ朝) *Harṣa* ?-1101 136
ハルシャ・ヴァルダナ *Harṣavardhana* 位606-647 129, 133, 134, 137, 140, 145
バルトリハリ *Bhartṛhari* 5世紀後半 122
バルバン *Balban* 位1266-87 186
ビンドゥサーラ *Bindusāra* 位前293頃-前268頃 49
ビンビサーラ *Bimbisāra* 前6世紀 45
プシュヤミトラ *Puṣyamitra* 前2世紀 50
ブッダ *Gotama Buddha* 前463-前383頃

13, 44, 45, 49, 79, 86, 102, 121, 163, 167, 237
フマーユーン *Humāyūn* 1508-56（位1530-40, 55-56） 188, 189
ブラヴァツキー *Elena Blavatsky* 1831-91 228
プラケーシン２世 *Prakeśin II* ?-643頃（位610頃-643頃） 133, 140, 141
プラディヨータ *pradyota* 前５世紀頃 45
プリティヴィーナラヤン・シャー *Pṛthivīnarayan Shāh* 位1742-55 269
ボージャ１世 *Bhoja I* 位836頃-885頃 139
ボース *Subhas Chandra Bose* 1897-1945 245
法顕 337頃-422頃 308

マ

マッリナータ *Mallinātha* 13世紀初頭-15世紀初頭 125
マドゥヴァ *Madhva* 1197-1276 179-181, 184
マーナデーヴァ１世 *Mānadeva I* ５世紀頃 266
マヘーンドラパーラ *Mahendrapāla* 位890-910 139
ミュラー *M. Müller* 1823-1900 90
ムイズッディーン・ムハンマド *Mu'izz al Din Muhammad* 1149-1206（位1203-06） 185, 186
ムクターバイ *Muktābāi* 13世紀後半 254
ムクターピータ・ラリターディトヤ *Muktapīṭha Lalitāditya* ８世紀 135
馬鳴→アシュヴァゴーシャ

ヤ

ヤクシャ・マッラ *Yakṣa-malla* 位1428-82 268
ヤショーヴァルマン *Yaśovarman* ８世紀後半 135, 136
ヤショー・ヴァルマン１世 *Yaśo-varman I* ?-910（位889-910） 297, 298
ユング *Carl Gustav Jung* 1875-1961 201, 202

ラ

ラクシュマセーナ *Lakṣmasena* 137
ラージェーンドラ・ヴァルマン１世 *Rājendra-varman I* 10世紀? 298, 302
ラージェーンドラ・プラサド *Rājendra Prasad* 1884-1963 156
ラージャラージェーンドラ１世 *Rājarājendra I* 位1012-44 144
ラージャラージャ１世 *Rājarāja I* 位985-1012 144, 145
ラトナ・マッラ *Ratna-malla* 位1484-1520 268
ラーニ・ラースマニ *Rani Rashmoni* 1793-1861 221
ラーマ９世 *Rāma IX* 1927-（位1946- ） 305
ラーマクリシュナ *Rāmakṛṣṇa* 1836-86 217, 220-223, 226, 227, 229, 239, 240, 244
ラーマーティボーディ１世 *Ramathibodi I* 1314-1369（位1351-69） 305
ラーマデーヴァ *Rāmadeva* ６世紀中葉 267
ラーマーナンダ *Rāmānanda* 1400頃-70頃 210
ラーマーヌジャ *Rāmānuja* 1017頃-1137 177-181, 184, 209, 210, 236, 255
ラームカムヘン *Rankhamhaeng* ?-1298頃（位1279頃-98頃） 305
ラーヤ・マッラ *Rāya-malla* 位1474頃-1507頃 268
李公蘊 974-1028 292
李世民→太宗
リットン *Edward Lytton* 1831-91（任1876-80） 230
龍樹→ナーガルジュナ
ローイ *Rammohun Roy* 1772/74-1833 219, 220, 229

ア

カ

サ

タ

ナ

ハ

マ

ヤ

ラ